OS ANALECTOS

CONFÚCIO

OS ANALECTOS

Tradução do inglês de CAROLINE CHANG

Tradução do chinês, introdução e notas de D.C. LAU

L&PM
EDITORES

Texto de acordo com a nova ortografia.
Também disponível na Coleção L&PM POCKET: 2006

Título original: *The Analects*

Capa: Ivan Pinheiro Machado. *Ilustração*: iStock
Tradução do chinês, introdução e notas: D.C. Lau
Tradução do inglês: Caroline Chang
Revisão: Renato Deitos, Bianca Pasqualini, Jó Saldanha e Fernanda Lisbôa

CIP-Brasil. Catalogação na publicação
Sindicato Nacional dos Editores de Livros, RJ.

C759a

Confúcio
    Os analectos / Confúcio; tradução do inglês de Caroline Chang; tradução do chinês, introdução e notas de D.C. Lau. – Porto Alegre [RS]: L&PM, 2022.
    264 p. ; 21 cm.

    Tradução de: *The Analects*
    ISBN 978-65-5666-236-7

    1. Confúcio. 2. Filosofia confucionista. I. Chang, Caroline. II. Lau, D.C. III. Título.

22-75409   CDD: 181.112
                        CDU: 14

Camila Donis Hartmann - Bibliotecária - CRB-7/6472

© D.C. Lau, 1979
    First published in the United Kingdom by Penguin Books Ltd, 1979
    The moral rights of the author have been asserted

Todos os direitos desta edição reservados a L&PM Editores
Rua Comendador Coruja, 314, loja 9 – Floresta – 90.220-180
Porto Alegre – RS – Brasil / Fone: 51.3225.5777
PEDIDOS & DEPTO. COMERCIAL: vendas@lpm.com.br
FALE CONOSCO: info@lpm.com.br
www.lpm.com.br

Impresso no Brasil
Verão de 2022

Sumário

Agradecimentos 7
Apresentação 9
OS ANALECTOS 63
Livro I 65
Livro II 69
Livro III 73
Livro IV 79
Livro V 83
Livro VI 89
Livro VII 95
Livro VIII 101
Livro IX 105
Livro X 111
Livro XI 117
Livro XII 123
Livro XIII 130
Livro XIV 136
Livro XV 145
Livro XVI 152
Livro XVII 157
Livro XVIII 163
Livro XIX 167
Livro XX 172

Apêndice 1: Acontecimentos na vida de Confúcio...............175
Cronologia...............213
Apêndice 2: Os discípulos tal como aparecem em
    Os analectos...............214
Apêndice 3: O *Lun yü*...............242
Obras citadas...............258
Glossário de nomes de pessoas e lugares...............259

Agradecimentos

Quero agradecer às seguintes pessoas por terem lido parcial ou integralmente algum dos muitos rascunhos pelos quais esta tradução passou e por terem tecido suas críticas: Roger Ames, Bill Atwell, Heather Karmay, Diana Larry, Ralph Smith e George Weys. Devo agradecimentos especiais a Paul Thompson, cuja atenta leitura crítica de um dos tratamentos resultou em uma versão final muitíssimo melhorada, e ao meu irmão, T.C. Lau, que, durante minhas muitas visitas a Hong Kong, estava sempre disposto a interromper seu próprio trabalho para debater comigo difíceis questões de interpretação e tradução.

Apresentação

Apesar de sua imensa importância na tradição chinesa, poucas das informações sobre Confúcio são de fato comprovadas. O texto canônico sobre sua vida é a biografia que integra a obra de Ssu-ma Ch'ien *Shih chi* (*Arquivos históricos*), concluída no início do século 1 a.c., mas nessa época tantas lendas já pairavam ao redor da figura do sábio que pouca certeza se pode ter em relação a qualquer um desses acontecimentos que não são confirmados por fontes anteriores e independentes. Sendo esse o caso, podemos considerar confiáveis apenas o que é possível concluir a partir do próprio *Lun yü* – conhecido como *Os analectos de Confúcio* – e do *Tso chuan* (*O comentário Zuo dos Anais do Período de Primavera e Outono**). Os textos de Mêncio podem ser usados como uma fonte suplementar. Os fatos são escassos.

Diz-se que Confúcio descendia de uma família nobre no reino de Sung.**

Nos primeiros anos do século 8 a.c., um dos ancestrais de Confúcio morreu quando o duque de Sung, que era seu superior, foi assassinado; seus descendentes fugiram para o reino de Lu e se estabeleceram na cidade de Tsou. No *Tso chuan* do décimo ano do duque Hsiang, está registrado que um tal de Shu He de

---

* A dinastia Chou – ou Zhou – do Leste divide-se no Período da Primavera e Outono e no Período dos Reinos Combatentes (quando o poder centralizado entra em franco declínio). Costuma-se situar o Período da Primavera e Outono entre 770 e 476 a.c., e foi nesse período histórico que nasceu Confúcio. (N.T.) [Notas não creditadas são de D.C. Lau.]

** Ou Song. (N.T.)

Tsou teria segurado o portão da muralha com as próprias mãos enquanto seus amigos fugiam. O *Shih chi*, entretanto, dá o seu nome como Shu Liang He e acrescentou ainda a informação de que ele era o pai de Confúcio. Sobre a mãe de Confúcio, nada de certo se sabe.

K'ung Ch'iu ou K'ung Chung-ni [Kong Fuzi], comumente conhecido no Ocidente como Confúcio, ou Confucius, nasceu em 552 ou 551 a.C. e ficou órfão muito cedo. Da sua juventude pouco se sabe, exceto que era pobre e que gostava de estudar. Ele disse: "Eu era de origem humilde quando jovem. É por isso que tenho várias habilidades manuais" (Livro IX.6), e "Aos quinze anos, dediquei-me de coração a aprender" (Livro II.4). No ano 517 a.c., o duque Chao de Lu teve de fugir do reino depois de uma malfadada tentativa de enfrentar a família Chi na guerra. É provável que tenha sido por essa época, quando tinha 35 anos, que Confúcio foi para Ch'i. Se ele o fez, logo voltou a Lu.

Foi na época do duque Ting, de Lu (por volta de 509-494 a.C.) que ele se tornou o chefe de polícia de Lu. Durante a sua gestão, aconteceram dois eventos que estão registrados no *Tso chuan*. Primeiro, ele acompanhou o duque em uma reunião com o duque Ching de Ch'i e obteve uma vitória diplomática. Segundo, ele foi responsável pela desistência de se destruir a principal cidade de cada uma das três poderosas famílias nobres.

Foi provavelmente no ano de 497 a.C. que Confúcio deixou o reino, ou o Reino, de Lu, para só retornar treze anos depois. Um relato é dado em *Os analectos* sobre por que ele deixou Lu: "Os homens de Ch'i enviaram de presente moças cantoras e dançarinas. Chi Huan Tzu aceitou-as e não foi à corte durante três dias. Confúcio foi embora" (XVIII.4). No *Mencius*, entretanto, um relato diferente é feito. "Confúcio era o chefe de polícia de Lu, mas não lhe foi dada uma parte sequer da carne do animal sacrificado. Ele abandonou o reino sem sequer tirar o chapéu cerimonial." O comentário de Mêncio foi: "Aqueles que não o entenderam acharam que ele agia desse modo por causa da carne, mas aqueles que o entenderam perceberam que ele partia porque

Lu tinha falhado em observar os ritos devidamente".* Como Mêncio provavelmente tinha razão em pensar que Confúcio partira com algum pretexto claro, não precisamos ficar surpresos se não há consenso sobre qual era esse pretexto. Confúcio primeiro foi para Wei e, durante os anos seguintes, visitou vários outros reinos, oferecendo conselhos aos senhores feudais. Sem lograr êxito, voltou para Wei em 489 a.C. Não é possível determinar quanto tempo Confúcio ficou em cada reino, já que as poucas evidências que existem a respeito tendem a ser conflitantes. Confúcio finalmente retornou para Lu em 484 a.C., quando contava já 68 anos. Dando-se por fim conta de que não havia esperanças de conseguir colocar suas ideias em prática, ele devotou o resto de sua vida ao ensino. Seus últimos anos foram entristecidos primeiro pela morte do seu filho, depois pela morte do seu discípulo favorito, Yen Hui, ainda muito jovem. Confúcio faleceu em 479 a.C.

Mas nos concentremos nos ensinamentos de Confúcio. Filósofos interessados no campo da moral geralmente podem ser divididos em dois tipos: aqueles que se interessam pela essência moral e aqueles que se interessam pelos atos morais. Confúcio com certeza tem mais a dizer sobre a essência moral do que sobre atos morais, mas isso não significa que a correção dos atos seja, em última instância, desimportante dentro da sua filosofia. Mas significa, sim, que em qualquer apreciação da filosofia de Confúcio é razoável começar com suas visões sobre a essência da moralidade.

Antes que comecemos a ver o que Confúcio tem a dizer sobre a essência moral, é conveniente, antes de mais nada, falar sobre dois conceitos que já eram correntes na época de Confúcio: o Caminho (*tao*) e a virtude (*te*). A importância que Confúcio atribuía ao Caminho pode ser percebida na seguinte observação: "Não viveu em vão aquele que morre no dia em que descobre o Caminho" (IV.8). Usado nesse sentido, o termo "Caminho" parece cobrir a soma total de verdades sobre o universo e sobre

* *Mencius*, VI.B.6 (p. 176). Para as obras citadas, ver p. 258.

o homem; e não apenas do indivíduo mas também do Estado diz-se que possui ou não o Caminho. Como se trata de algo que pode ser transmitido de professor para discípulo, é necessariamente algo que pode ser colocado em palavras. Entretanto, há um outro sentido, ligeiramente diferente, no qual o termo é usado. O Caminho é dito, também, como sendo o caminho de alguém, por exemplo, "os caminhos dos antigos reis" (I.12), "o caminho do rei Wen e do rei Wu" (XIX.22), ou "o caminho do Mestre" (IV.15). Quando for esse o caso, "caminho" naturalmente pode apenas ser tomado como algo que significa o caminho seguido pela pessoa em questão. Já o "Caminho", escolas de pensamento rivais declaravam tê-lo descoberto, mesmo que aquilo que cada escola dizia ter descoberto se mostrasse uma coisa diferente da outra. O Caminho, então, é um termo altamente subjetivo e se aproxima muito do termo "verdade", tal como é encontrado nas escrituras filosóficas e religiosas do Ocidente.

Parece haver poucas dúvidas de que a palavra *te*, virtude, seja uma palavra homófona à palavra *te*, "conseguir"*. Virtude é uma bênção que o homem recebe do Céu**. A palavra era usada nesse sentido quando Confúcio, mediante um atentado à sua vida, disse: "O Céu é o autor da virtude que há em mim" (VII.23), mas o uso da palavra nesse sentido é raro em *Os analectos*. Na época de Confúcio, o termo provavelmente já tinha se tornado uma palavra carregada de significado moral. Trata-se de algo que alguém cultiva e que permite a tal pessoa governar bem um reino. Uma das coisas que causava preocupação a Confúcio era, de acordo com ele próprio, seu fracasso em cultivar a própria virtude (VII.3). Ele também disse que, se um homem guiasse o povo por meio da virtude, o povo não apenas reformaria a si próprio como desenvolveria um sentimento de vergonha (II.3).

Tanto o Caminho quanto a virtude eram conceitos correntes antes de Confúcio e, na época dele, já tinham, provavelmente,

---
* Ver XII.21.
** Vale lembrar que para a cultura chinesa antiga, todo o universo provém do céu; por isso o imperador era chamado de "filho do céu". (N.T.)

uma certa aura. Ambos, de alguma forma, originam-se do Céu. É talvez por essa razão que, embora ele tenha dito poucas coisas concretas e específicas sobre qualquer um desses conceitos, Confúcio, ainda assim, atribuiu a eles grande importância no seu modo de ver o mundo. Ele disse: "Aplico meu coração no caminho, baseio-me na virtude, confio na benevolência para apoio e encontro entretenimento nas artes" (VII.6). Benevolência é algo cujo alcance depende totalmente de nossos próprios esforços, mas virtude é, em parte, um presente do Céu.

Por trás da busca de Confúcio da essência ideal da moral, subjaz o não falado e, portanto, inquestionado pressuposto de que o único objetivo que um homem pode ter e também a única coisa válida que pode fazer é tornar-se um homem tão bom quanto possível. Isso é algo que tem de ser perseguido somente pelo próprio valor intrínseco e com completa indiferença quanto ao sucesso ou fracasso. Diferentemente de mestres religiosos, Confúcio não podia pregar nenhuma esperança de recompensa, neste mundo ou no outro. No que tange à vida após a morte, a atitude de Confúcio pode, na melhor das hipóteses, ser descrita como agnóstica. Quando Tzu-lu perguntou como os deuses e os espíritos deveriam ser servidos, o Mestre respondeu que, como ele não era apto a servir os homens, como poderia ele servir os espíritos? E quando então Tzu-lu perguntou sobre a morte, o Mestre respondeu que, como não compreendia a vida, como poderia entender a morte? (XI.12). Isso mostra, no mínimo, uma relutância da parte de Confúcio em se comprometer com o assunto da existência após a morte. Embora sem dar aos homens qualquer segurança de uma vida após a morte, Confúcio, entretanto, fez deles grandes exigências morais. Ele disse do cavalheiro* de valor e do homem benevolente que "ao mesmo tempo em que é inconcebível que eles busquem permanecer vivos graças

---

* Ao longo deste livro, "Cavalheiro" é usado como um equivalente para shih, ao passo que "cavalheiro" é usado como equivalente para chün tzu. Shih era a hierarquia mais baixa de oficiais, enquanto que chün tzu denotava ou um homem de excelência moral ou um homem de autoridade. Sobre a relação entre os dois termos, ver p. 252.

à benevolência, pode acontecer que tenham de aceitar a morte para conseguirem realizar a benevolência" (XV.9). Quando tais exigências são feitas a homens, pouco surpreende que um dos discípulos de Confúcio tenha considerado que o fardo de um Cavalheiro "é pesado, e sua estrada, longa", pois o fardo dele é a benevolência, e a estrada só chegava ao fim com a morte (VIII.7). Se um homem não pode ter certeza sobre uma recompensa após a morte, tampouco pode ter certeza sobre o sucesso das ações morais da sua vida. O porteiro do Portão de Pedra perguntou a Tzu-lu, "o K'ung que continua perseguindo um objetivo que ele sabe ser impossível?" (XIV.38). Em outra ocasião, depois de um encontro com um preso, Tzu-lu foi levado a apontar: "O cavalheiro aceita um cargo oficial para cumprir seu dever. Quanto a colocar o Caminho em prática, ele sabe o tempo todo que é uma causa perdida" (XVIII.7). Já que, ao ser um ente moral, um homem não pode estar seguro de uma recompensa nem pode ter garantia de sucesso, a moralidade é algo a ser perseguido por ela mesma. Essa é, talvez, a mensagem mais fundamental dos ensinamentos de Confúcio, uma mensagem que diferenciou os seus ensinamentos daqueles de outras escolas de pensamento da China antiga.

Para Confúcio, não há apenas um tipo de caráter ideal, mas uma variedade deles. O mais alto é o sábio (*sheng jeng*). Esse ideal é tão alto que quase nunca se realiza. Confúcio alegava que ele próprio não era um sábio e dizia que nunca havia visto tal homem. Ele disse: "Como posso me considerar um sábio ou um homem benevolente?" (VII.26). A única vez que ele indicou o tipo de homem que mereceria o adjetivo foi quando Tzu-kung lhe perguntou: "Se houvesse um homem que desse generosamente ao povo e trouxesse auxílio às multidões, o que você pensaria dele? Ele poderia ser considerado benevolente?" A resposta de Confúcio foi: "Nesse caso não se trata mais de benevolência. Se precisa descrever tal homem, 'sábio' é, talvez, a palavra adequada" (VI.30).

Mais abaixo na escala estão o homem bom (*shan jen*) e o homem completo (*ch'eng jen*). Mesmo o homem bom Confúcio alegava não ter visto, mas o termo "homem bom" parece se aplicar essencialmente a homens responsáveis pelo governo, como quando ele disse, por exemplo: "Como é verdadeiro o ditado que diz que depois que um reino foi governado durante cem anos por bons homens é possível vencer a crueldade e acabar com a matança!" (XIII.11) e "Depois que um homem bom educou o povo por sete anos, aí então eles estarão prontos para pegar em armas" (XIII.29). Na única ocasião em que lhe perguntaram sobre o caminho do homem bom, a resposta de Confúcio foi um tanto obscura (XI.20). Quanto ao homem completo, ele é descrito em termos que não lhe são exclusivos. Ele, "à vista de uma vantagem a ser obtida, lembra-se do que é certo" e "em face do perigo, está pronto para dar a própria vida" (XIV.12). Termos similares são utilizados para descrever o Cavalheiro (XIX.1).

Não há dúvida, entretanto, que o tipo de caráter moralmente ideal para Confúcio é o *chün tzu* (cavalheiro), conforme é discutido em mais de oitenta capítulos em *Os analectos*. *Chün tzu* e *hsio jen* (pequeno homem) são termos correlativos e contrastantes. O primeiro é usado para homens de autoridade, enquanto o último aplica-se aos homens que são governados.*
Em *Os analectos*, entretanto, *chün tzu* e *hsiao jen* são termos essencialmente morais. O *chün tzu* é o homem com uma moral cultivada, enquanto *hsiao jen* é o oposto. Vale a pena acrescentar que os dois usos, indicando o *status* social e moral, não são exclusivos e, em casos específicos, é difícil ter certeza se, além das conotações morais, esses termos também não podem carregar sua conotação social comum.**

---

* Há uma teoria que será discutida mais adiante de que em *Os analectos* há uma distinção entre *jen* e *min*. O primeiro refere-se a homens que tinham o direito de assumir um cargo oficial, e o último refere-se a homens comuns, que não tinham esse direito. Segundo essa teoria, embora os *hsiao jen* fossem os governados, como *jen* eles teriam direito de assumir cargos oficiais e deveriam ser distinguidos dos *min*, a despeito do fato de que ambos pertenciam à categoria dos governados. Além disso, o termo *chün tzu* é, na verdade, muitas vezes usado em oposição a *min*.

** Nesta tradução, preferimos "homem vulgar" à tradução literal, "homem pequeno" ou "pequeno homem". (N.T.)

Como o cavalheiro é o caráter moral ideal, não se deve esperar que um homem possa se tornar um cavalheiro sem muito trabalho ou cultivo, como os chineses dizem. Há um considerável número de virtudes que um cavalheiro deve ter, e a essência dessas virtudes é frequentemente resumida em um preceito. Para ter uma total compreensão do caráter moral de um cavalheiro, precisamos olhar detalhadamente para as variadas virtudes que ele precisa possuir.

Benevolência (*jen*) é a qualidade moral mais importante que um homem pode ter. Embora o uso desse termo não tenha sido uma inovação de Confúcio, é quase certo que a complexidade de seu conteúdo e a preeminência que atingia entre outras qualidades morais sejam devidas a Confúcio. A ideia de que é *a* qualidade moral que um cavalheiro precisa possuir fica claro no seguinte provérbio:

Se o cavalheiro abandona a benevolência, de que modo pode ele construir um nome para si? Um cavalheiro nunca abandona a benevolência, nem mesmo pelo pouco tempo que demora para se comer uma refeição. Se ele se apressa e tropeça, pode-se ter certeza de que é na benevolência que ele o faz (IV.5).

Em alguns contextos "o cavalheiro" e "o homem benevolente" são termos quase intercambiáveis. Por exemplo, é dito que "o cavalheiro é livre de preocupações e medos" (XII.4), enquanto em outra passagem é do homem benevolente que se diz que não tem preocupações (IX.29, XIV.28). Como a benevolência é um conceito tão central, naturalmente espera-se que Confúcio tenha muito a dizer a respeito. Quanto a isso, as expectativas são cumpridas. Em nada menos do que seis ocasiões Confúcio respondeu perguntas diretas sobre benevolência, e, como Confúcio tinha o hábito de formular suas respostas levando em consideração as necessidades específicas da pessoa que fazia a pergunta, essas respostas, tomadas em conjunto, nos fornecem um quadro razoavelmente completo.

O ponto essencial sobre a benevolência é encontrado na resposta de Confúcio para Chung-kung:

Não imponha aos outros aquilo que você não deseja para si próprio. (XII.2)

Essas palavras foram repetidas em outra ocasião.

Tzu-kung perguntou: "Existe uma palavra que possa ser um guia de conduta durante toda a vida de alguém?". O Mestre disse: "Talvez, a palavra *shu*. Não imponha aos outros aquilo que você não deseja para si próprio". (XV.24)

Considerando as duas frases conjuntamente, podemos ver que *shu* é parte da benevolência e, como tal, é de grande importância nos ensinamentos de Confúcio. Isso é confirmado por uma frase de Tseng Tzu. À observação do Mestre de que apenas um fio amarrava o seu caminho, Tseng Tzu acrescentou a explicação: "O caminho do Mestre consiste em *chung* e *shu*. Isso é tudo" (IV. 15). Há outra frase que é, na verdade, também sobre *shu*. Em resposta a uma pergunta de Tzu-kung, Confúcio disse:

> Mas, por outro lado, um homem benevolente ajuda os outros a firmarem sua atitude do mesmo modo que ele próprio deseja firmar a sua e conduz os outros a isso do mesmo modo que ele próprio deseja chegar lá. A capacidade de tomar o que está ao alcance da mão como parâmetro pode ser considerado o método da benevolência. (VI.30)

Daí podemos ver que *shu* é o método de descobrir aquilo que os outros desejam ou não desejam que seja feito para eles. O método consiste em tomar a si mesmo – "aquilo que está ao alcance da mão" – como uma analogia* e se perguntar sobre o que gostaríamos ou não, caso estivéssemos no lugar do outro. *Shu*, entretanto, não pode ser toda a benevolência, já que se trata apenas do método de aplicação. Tendo descoberto o que a outra pessoa desejaria ou não, fazer aquilo que pensamos que a pessoa

---

* Há uma definição mais explícita de shu em um dos filósofos da época dos Reinos Combatentes. O *Shih tzu* diz: "Por shu entenda-se usar a si como medida" (*Ch'ün shu chih yao*, 36.19b).

desejaria ou evitar fazer à pessoa aquilo que acreditamos que ela não desejaria depende de algo mais do que o *shu*. Como o caminho do Mestre consiste de *chung* e *shu*, em *chung* temos o outro componente da benevolência. *Chung* é fazer o melhor de que alguém é capaz, é dar o melhor de si, e é por meio do *chung* que uma pessoa põe em prática aquilo que descobriu pelo método de *shu*. Tseng Tzu disse em outra ocasião, "Todos os dias, examino a mim mesmo sob três aspectos" e, desses, o primeiro é: "Naquilo que fiz pelo bem-estar do outro, falhei em ser *chung*?" (I.4). Outra vez, quando questionado sobre como um ministro deveria servir seu governante, a resposta de Confúcio foi a de que ele "deveria servir seu governante com *chung*" (III.19). Finalmente, também é dito que ao tratar com os outros uma pessoa deveria ser *chung* (XIII.19). Em todos esses casos, não resta absolutamente nenhuma dúvida de que *chung* significa "dar o melhor de si".*

Outra resposta que Confúcio deu a uma pergunta sobre a benevolência foi "Ame seus semelhantes" (XII.22). Como ele não elaborou o pensamento, o significado não é muito claro. Mas felizmente ele usou essa frase novamente em duas outras ocasiões. Em I.5 ele disse: "Ao governar um reino com mil carruagens (...) evite gastos excessivos e ame os seus semelhantes; empregue o trabalho do povo apenas nas épocas certas". Outra vez, o Mestre, segundo Tzu-yu, disse: "o cavalheiro instruído no Caminho ama seus semelhantes e que os homens vulgares instruídos no Caminho são fáceis de serem comandados" (XVII.4). No primeiro caso, o amor pelo semelhante (*jen*) é contrastado com o emprego das pessoas comuns (*min*) nas estações corretas, enquanto no segundo caso o cavalheiro que ama seus semelhantes é contrastado com o homem vulgar que é fácil de ser comandado. Se lembrarmos que "homem vulgar" provavelmente não era a mesma coisa que "pessoa comum" ou "povo", não podemos

---

* Tradutores tendem a usar "leal" como único equivalente para *chung*, mesmo quando se trata de traduções de textos mais antigos. Esse engano deve-se a uma dificuldade em entender que o significado da palavra mudou com o passar do tempo. No uso posterior, é verdade, *chung* costumava significar "lealdade" no sentido de "devoção cega", mas não era esse o seu significado na época de Confúcio.

eliminar a possibilidade de que, quando Confúcio definiu benevolência em termos de amar o seu semelhante, ele não tinha em mente as pessoas comuns.* Mesmo se for esse o caso, não é tão estranho quanto parece à primeira vista, e, para ver a questão em perspectiva, devemos primeiramente dar uma olhada nas bases do sistema moral de Confúcio. Confúcio tinha uma profunda admiração pelo duque de Chou**, que, como regente dos primeiros anos do reino de seu jovem sobrinho, rei Ch'eng, foi o arquiteto do sistema feudal Chou, uns quinhentos anos antes da época de Confúcio. Não é objetivo desta introdução discutir em detalhes a influência do duque na sociedade chinesa e no sistema político chinês. Basta simplesmente chamar a atenção para a sua mais importante contribuição, o sistema de herança de clãs conhecido como *tsung fa*.

---

* Deve ser enfatizado que a teoria mencionada, que diz respeito à distinção entre *jen* e *min*, não foi estabelecida sem suscitar dúvidas. Por exemplo, há dois capítulos em *Os analectos* (VI.30 e XIV.42) nos quais Confúcio descreve a tarefa de cuidar das pessoas como algo difícil até mesmo para os sábios reis Yao e Shun. A utilização das palavras é tão similar que é possível que se trate de duas versões de uma só frase. O que é interessante para o nosso presente propósito é que em uma delas (VI.30) *min* (as pessoas comuns) contrasta com *chung* (multidão, ou povo), ao passo que, na outra frase (XIV.42), *pai hsing* (as pessoas comuns) contrasta com *jen* (semelhante). Como *chung* e *jen* têm uma utilização similar (ver, por exemplo, I.6), pareceria que *min* e *pai hsing* também são usadas como quase sinônimos. Como *pai hsing* – literalmente, "os cem sobrenomes" – deve ter se referido a pessoas com sobrenomes, se se trata de um termo sinônimo a *min*, então *min* também deve se referir a pessoas com sobrenomes. Nesse caso, dificilmente essas pessoas seriam totalmente desprovidas de privilégios políticos. Isso mostra como é difícil estabelecer o significado de um termo, mesmo dentro do âmbito de uma obra. Além disso, deve-se apontar que mesmo que admitíssemos que *jen*, quando usado em contraposição a *min*, muito provavelmente tinha uma conotação de classe, há outras utilizações da palavra que certamente não tinham tal conotação. Primeiro, *jen* é usado para significar os outros, em contraposição à pessoa em questão (*chi*). Por exemplo, "Não imponha aos outros (*jen*) aquilo que você (*chi*) não deseja para si próprio" (XII.2). Segundo, *jen* é certamente a palavra para ser humano em geral. Por exemplo, "Um homem (*jen*) sem consistência não dará nem um xamã nem um médico" (XIII.22). Na tradução, para auxiliar o leitor que não lê em chinês, *jen* é transformado em "semelhante" sempre que é provável haver uma conotação de classe.

** Ver, por exemplo, VII.5.

Sob esse sistema, a sucessão passa da esposa principal ao filho mais velho. Filhos mais jovens ou filhos de concubinas tornam-se fundadores de seu próprio clã. De modo que os senhores feudais têm uma dupla relação com o rei. Em termos de relações políticas, são vassalos, ao passo que em termos de laços sanguíneos são a cabeça de uma ramificação do clã real. Obrigações políticas têm sua raiz nas obrigações familiares. O sistema social fundado pelo duque de Chou provou sua solidez com a durabilidade da dinastia Chou.

Seguindo os passos do duque de Chou, Confúcio fez do amor natural e das obrigações entre membros da família a base da moralidade. As duas relações mais importantes dentro da família são aquelas entre pai e filho e entre irmão mais velho e irmão mais novo. O amor que alguém dedica aos seus pais é *hsiao*, enquanto o respeito devido ao irmão mais velho é *t'i*. Se um homem é um bom filho e um bom irmão em casa, pode-se esperar que se comporte bem em sociedade. Tzu-yu disse:

> É raro um homem que é bom como filho (*hsiao*) e obediente (*t'i*) como jovem ter a inclinação de transgredir contra seus superiores; não se sabe de alguém que, não tendo tal tendência, tenha iniciado uma rebelião. (I.2)

Ele continua até formular a conclusão lógica de que "ser um filho bom e um jovem obediente é, talvez, a raiz do caráter de um homem".

No confucianismo posterior, foi dada ênfase indevida quanto à necessidade de ser um bom filho, mas podemos ver aqui que mesmo nos primeiros ensinamentos do confucianismo *hsiao* era uma das mais básicas virtudes.

Se um bom filho faz um bom súdito, um bom pai também fará um bom governante. O amor de um homem pelas pessoas externas à sua casa é visto como uma extensão do amor do homem pelos membros da sua família. Uma consequência dessa visão é que o amor, e portanto a obrigação de amar, diminui gradualmente conforme se projeta para fora da família. Geograficamente, uma pessoa amará os membros da sua família mais do que a seus vizinhos; amará a seus vizinhos mais do que àqueles que são meros habitantes da mesma aldeia, e daí por diante. Socialmente, uma pessoa ama os membros da sua própria classe social mais do que os de outras classes. De modo que não seria de surpreender se a benevolência ficasse confinada aos semelhantes dessa pessoa (*jen*); mas o que é mais importante lembrar é que isso não significa que essa pessoa não ame as pessoas comuns. Ela as ama, mas em um grau mais baixo e, talvez, de uma maneira diferente. Na terminologia de Confúcio, uma pessoa deveria ser generosa (*hui*) para com as pessoas comuns (V.16). Trata-se de fazer jus à atitude de Confúcio para com as obrigações. Nossas obrigações para com os outros deveriam ter a mesma proporção que o benefício que deles recebemos. Parece ser esse o caso mesmo entre pais e filhos. Ao comentar sobre Tsai Yü, que queria abreviar o período de luto de três anos, Confúcio disse: "Não foram dados a Yü três anos de amor por parte de seus pais?" (XVII. 21). Isso pode significar que a observância do período de luto de três anos é, de alguma forma, uma retribuição do amor recebido dos pais nos primeiros anos da vida de uma pessoa. Se é esse o caso, não é difícil enxergar por que as obrigações que temos para com as outras pessoas também deveriam ter a proporção da proximidade das nossas relações com elas. Quanto à questão de como um governante deveria tratar as pessoas comuns, é um tópico ao qual voltaremos.

A respeito da natureza da benevolência, há uma outra resposta dada por Confúcio que é de grande importância porque a pergunta lhe foi colocada pelo seu discípulo mais talentoso.

> Yen Yüan perguntou sobre a benevolência. O Mestre disse: "Voltar-se à observância dos ritos sobrepondo-se ao indivíduo constitui a benevolência. Se por um único dia um homem puder retornar à observância dos ritos ao sobrepor-se a si mesmo, então todo o Império o consideraria benevolente. Entretanto, a prática da benevolência depende inteiramente da pessoa, e não dos outros". (XII.1)

Há dois pontos nessa definição de benevolência que merecem atenção. Primeiro, benevolência consiste em superar o eu. Segundo, para ser benevolente uma pessoa precisa retornar à observância dos ritos. Consideremos primeiro o primeiro ponto. É uma crença central dos ensinamentos de Confúcio de que ser moral não tem nada a ver com interesses próprios. Para ser mais preciso, dizer que duas coisas nada têm a ver uma com a outra é dizer que não há absolutamente nenhuma relação entre elas, seja positiva ou negativa. Se ser moral nada tem a ver com buscar os próprios interesses, tampouco tem a ver com deliberadamente ir contra os próprios interesses. Por que, então – podemos perguntar –, é tão importante enfatizar a ausência de relação entre os dois? A resposta é a seguinte: de todas as coisas que podem distorcer o julgamento moral de um homem e desviá-lo de seus objetivos morais, o interesse próprio é a mais forte, a mais persistente e a mais insidiosa. Confúcio tinha plena consciência disso. Foi por isso que ele disse, mais de uma vez, que, à vista de uma vantagem a ser obtida, uma pessoa deveria pensar naquilo que é direito (XIV.12, XVI.10 e XIX.1). Em outro contexto, ele advertiu homens idosos quanto aos perigos da ganância (XVI.7). Ele também perguntou: "É realmente possível trabalhar lado a lado com um homem mau ao serviço de um senhor? Antes que ele consiga o que quer, ele se preocupa com a possibilidade de não consegui-lo. Depois de consegui-lo, ele se preocupa com a possibilidade de perdê-lo, e, quando isso acontecer, nada o deterá" (XVII.15). Confúcio chegou à conclusão de que não se conformaria com uma riqueza ou posição não merecidas, apesar de serem coisas desejáveis (IV.5).

O ponto sobre retornar à observância dos ritos é igualmente importante. Os ritos (*li*) eram um corpo de regras que governavam as ações de todos os aspectos da vida e eram o repositório dos ideais passados sobre a moralidade. É, portanto, importante que uma pessoa os observe, a não ser que haja fortes razões para o contrário. Embora não exista garantia de que a observância desses ritos leve necessariamente ao comportamento adequado, é provável que, de fato, assim aconteça. Voltaremos a esse ponto. Por enquanto, basta dizer que Confúcio tinha um grande respeito pelo corpo de regras que recebiam o nome de *li*. É por isso que, quando Yen Yüan o pressionou por mais detalhes, foi-lhe dito para não olhar ou ouvir, falar ou se mover, a não ser de acordo com os ritos (XII.1). Isso, no ponto de vista de Confúcio, não era tarefa fácil, tanto que "se por um único dia um homem puder retornar à observância dos ritos ao sobrepor-se a si mesmo, então todo o Império o considerará benevolente".

Há duas ocasiões em que são dadas respostas que enfatizam outro aspecto da benevolência. Quando Fan Ch'ih perguntou sobre benevolência, o Mestre disse: "O homem benevolente colhe o benefício apenas após vencer as dificuldades" (VI.22). Do mesmo modo, quando Ssu-ma Niu perguntou sobre benevolência, o Mestre disse: "A marca do homem benevolente é que ele reluta em falar", e então seguiu explicando: "Quando agir é difícil, causa alguma surpresa que alguém relute em falar?" (XII.3). Que ele considerava a benevolência algo difícil de ser atingido pode ser deduzido da sua relutância em dizer que qualquer pessoa fosse benevolente. Ele não se comprometeu quando questionado se Tzu-lu, Jan Ch'iu e Kung-hsi Ch'ih eram benevolentes (V.8). Tampouco admitiu que Ling Yin Tzu-wen ou Ch'en Wen Tzu fossem benevolentes (V.19). E se recusou a reclamar benevolência para si próprio (VII.32). Isso não é nada mais do que se poderia esperar de um homem modesto. Entretanto, ele disse de Yen Yüan: "em seu coração, Hui pode praticar a benevolência durante três meses ininterruptos" enquanto "os outros atingem a benevolência meramente por ataques repentinos" (VI.7). Essa ênfase na dificuldade de praticar a benevolência encontra eco, conforme vimos, em Tseng Tzu, que descreveu a benevolência como "um fardo pesado" (VII.7). Mas embora Confúcio tenha dado ênfase à dificuldade de praticar a benevolência, ele também deixou absolutamente claro que ter ou não êxito quanto a isso depende inteiramente de nós. Conforme já vimos, ele disse, em resposta à pergunta de Yen Yüan, que "a prática da benevolência depende inteiramente da própria pessoa, e não dos outros" (XII.1). Ele tinha muito claro que o fracasso de praticar a benevolência não era devido à falta de força de vontade. Ele disse: "Existe um homem que, pelo período de um só dia, seja capaz de dedicar toda a sua força à benevolência? Nunca conheci um homem cuja força seja insuficiente para essa tarefa. Deve haver casos de força insuficiente, mas simplesmente não os encontrei" (IV.6). Assim, quando Jan Ch'iu pediu desculpas ao dizer "Não é que eu não esteja satisfeito com o Caminho do Mestre, mas me faltam forças", o comentário de Confúcio foi: "Um homem a quem faltam forças entra em colapso ao longo do trajeto. Mas você desiste antes de começar" (VI.12). Confúcio declarou sua convicção de modo definitivo quando disse: "A benevolência é realmente algo tão distante? Tão logo a desejo e ela está aqui" (VII.30). Nas linhas das *Odes*

> As flores da cerejeira,
> Como ondulam no ar!
> Não é que eu não pense em você,
> Mas sua casa fica tão longe.

Confúcio comentou: "Ele não a amava de verdade. Se amasse, não existiria algo como 'longe demais'" (IX.31). Ele deve ter feito tal comentário tendo em mente sua possível aplicação quanto à benevolência.

Além da benevolência, há várias outras virtudes que se esperam de um cavalheiro, e devemos discutir pelo menos as mais importantes delas. Há duas virtudes que são frequentemente mencionadas junto com a benevolência. São a sabedoria ou inteligência (*chih*) e a coragem (*yung*). Por exemplo. Confúcio disse: "O homem sábio nunca fica indeciso; o homem benevolente nunca fica aflito; o homem corajoso nunca tem medo" (IX.29), e "Os cavalheiros têm sempre três princípios em mente, nenhum dos quais consegui seguir: O homem benevolente nunca fica aflito; o homem sábio nunca fica indeciso; o homem corajoso nunca tem medo" (XIV.28).

Um homem sábio nunca fica indeciso no seu julgamento sobre o certo e o errado. Um homem que não é sábio, entretanto, pode facilmente confundir o hipócrita pelo genuíno. Isso pode acontecer com casos extremos em que a aplicação de uma regra ou uma definição se torna incerta, particularmente na esfera da moral. Peguemos um exemplo concreto. Quando um governante dá à sua concubina os mesmos privilégios da sua consorte, ou dá ao seu filho mais novo o mesmo privilégio que ao herdeiro, a dúvida implanta-se na cabeça das pessoas. Para todas as aparências externas, a concubina torna-se indistinguível da consorte, ou o filho mais novo do herdeiro. É necessário um homem de sabedoria para compreender e não ficar perplexo com tal fenômeno. Outro atributo do homem sábio é que ele conhece os homens. Em outras palavras, ele é bom ao julgar o caráter das pessoas. Na visão chinesa, o fator mais importante que contribui para a dificuldade de prever o futuro reside na natureza imprevisível do homem. Assim, o estudo do homem de caráter, no qual reside a única esperança de conseguir algum grau de controle sobre eventos futuros, foi considerado uma questão de vital importância para o governante, já que a presente assim como a futura estabilidade do reino frequentemente dependiam da sua escolha de ministros. Esse tipo de estudo do caráter humano, que se tornaria, a partir da dinastia Han do Leste, uma das maiores preocupações dos pensadores chineses, já tinha grande importância na época de Confúcio. Assim, quando Fan Ch'ih perguntou sobre sabedoria, o Mestre disse: "Conheça os homens" (XII.22).

Mas pode a sabedoria ser adquirida? É verdade, disse Confúcio, que "aqueles que nascem com conhecimento são os mais elevados. A seguir vêm aqueles que atingem o conhecimento por meio do estudo. A seguir vêm aqueles que se voltam para o estudo depois de terem passado por dificuldades. No nível mais baixo estão as pessoas comuns, por não fazerem esforço algum para estudar mesmo depois de terem passado por dificuldades" (XVI.9), mas ele não reclamou para si lugar entre aqueles nascidos com conhecimento. Na verdade, ele explicitamente rejeitou essa possibilidade ao dizer "não nasci com conhecimento, mas, por gostar do que é antigo, apressei-me em buscá-lo" (VII.20). Mais tarde, ele falou o seguinte sobre si próprio: "Faço amplo uso de meus ouvidos e sigo o que é bom daquilo que ouvi; faço amplo uso dos meus olhos e retenho na minha mente o que vi" (VII.28). Aparentemente ele não admitiu que alguém efetivamente tivesse nascido com conhecimento. Tudo o que fez foi deixar aberta a possibilidade de existir, de fato, esse tipo de pessoa. A julgar pela enorme ênfase que deu ao ato de aprender, o que importava para ele era o fato de ser possível adquirir conhecimento por meio do aprendizado. Aprender é, para ele, um processo que jamais pode ser finalizado. Como Tzu-hsia disse, "Um homem pode, de fato, ser considerado alguém que gosta de aprender se é consciente, ao longo de um dia, sobre aquilo que ele não sabe e se nunca esquece, ao longo de um mês, aquilo que ele já dominou" (XIX. 5). De fato, de acordo com Confúcio, "Merece ser um professor o homem que descobre o novo ao refrescar na sua mente aquilo que ele já conhece" (II.11).

A coisa mais importante em nossa atitude em relação ao conhecimento é sermos honestos conosco. Confúcio disse para Tzu-lu: "Yu, vou lhe contar o que há para saber. Dizer que você sabe quando você sabe, e dizer que você não sabe quando não sabe: isso é conhecimento" (II.17). Em outra ocasião, quando Tzu-lu sugeriu algo que Confúcio considerou um comentário impertinente, ele o admoestou, dizendo: "Espera-se que um cavalheiro não ofereça nenhuma opinião sobre aquilo que desconhece" (XIII.3). De sua parte, Confúcio nunca propôs nada que não fosse fundamentado em conhecimento: "Existem, presumivelmente, homens que inovam sem possuir conhecimento, mas essa é uma falha que não tenho" (VII.28). Essa atitude responsável para com o conhecimento é ainda mais importante para o professor. Um dos aspectos sob os quais Tseng Tzu se examinava diariamente era: "Ensinei aos outros algo que eu próprio não tenha experimentado?" (I.4).

Coragem era considerada uma das maiores virtudes. Isso fica claro no seguinte comentário, atribuído a Confúcio no *Chung* *yung*: "Sabedoria, benevolência e coragem, essas três são virtudes universalmente reconhecidas no Império".* Em *Os analectos*, a atitude de Confúcio em relação à coragem é, de fato, muito mais crítica. É verdade, trata-se de uma virtude indispensável em um cavalheiro se ele deve cumprir seus objetivos, porque ele tem de perseguir tais propostas destemidamente, e apenas "o homem corajoso nunca tem medo" (IX.29, XIV.28). "Não fazer o que é certo", de acordo com Confúcio, "demonstra falta de coragem" (II.24). Por isso, Confúcio disse: "Um homem benevolente com certeza é corajoso", porém ele acrescenta imediatamente, "mas um homem corajoso não necessariamente é benevolente" (XIV.4). A coragem é, de fato, uma faca de dois gumes. Nas mãos dos bons, é um meio para a realização da bondade, mas nas mãos dos maus, é igualmente um meio para a realização da maldade. Para colocar isso de forma mais clara, nem a extrema bondade nem a extrema maldade podem ser realizadas por homens sem coragem. Confúcio mostrou que tinha plena consciência disso. Ele disse: "A menos que um homem tenha o espírito dos ritos (...) ao ter coragem ele vai se tornar indisciplinado" (VIII.2). Em outra ocasião, ele diz sobre o cavalheiro: "Ele detesta aqueles a quem, embora possuam coragem, falta o espírito dos ritos" (XVII.24). Igualmente, "A insatisfação com a pobreza levará um homem de índole corajosa a um comportamento indisciplinado" (VIII.10). A coragem, para ser uma virtude, precisa estar a serviço da moralidade. Assim, quando questionado se o cavalheiro considerava coragem uma qualidade suprema, Confúcio respondeu: "Para o cavalheiro, é a moralidade que é suprema. Com coragem mas desprovido de moralidade, um cavalheiro causará problemas, ao passo que um homem vulgar se tornará um bandido" (XVII.23).

    Restam duas virtudes a serem abordadas. Primeiro, há *hsin*. É um conceito que não tem equivalente exato em inglês [ou em português]. Ser *hsin* é ter palavra. Uma parte importante disso tem a ver, é claro, com a capacidade de manter a palavra empenhada. Mas quando Confúcio fala de ser *hsin* nas palavras

---

* *Li chi chu shu*, 52.19a.

(I.7, XIII.20, XV.6), ele quer dizer mais do que isso. Ser *hsin* com as palavras se aplica a *todas* as palavras de uma pessoa. Refere-se, além de promessas, a resoluções sobre ações futuras, ou mesmo a simples constatações de fatos. Não levar adiante uma resolução é fracassar em ser *hsin*; fazer uma constatação que não é comprovada por fatos – sejam eles fatos presentes ou futuros – também significa fracasso em ser *hsin*.

Nesse sentido, Confúcio frequentemente opõe os termos *yen* (palavra) e *hsing* (ação). Se a *ação* de alguém não corresponde à *palavra* de alguém, significa fracasso em ser *hsin*. Daí a importância de cuidar para que vivamos de acordo com as nossas palavras. "O cavalheiro tem vergonha de que suas palavras sejam mais ambiciosas que suas ações" (XIV.27) e "Promessas feitas imodestamente são difíceis de cumprir" (XIV.20). Portanto, "na Antiguidade, os homens relutavam em falar. Isso porque consideravam vergonhoso se não conseguissem ser fiéis às suas palavras" (IV.22). A medida mais segura a tomar é nunca fazer nenhuma declaração antes de agir. Assim, o cavalheiro "coloca suas palavras em ação e só então permite que as palavras sigam-lhe a ação" (II.13). O conselho de Confúcio é que um homem deve ser rápido ao agir e lento ao falar (I.14, IV.24).

Sobre *hsin*, há um capítulo que é particularmente interessante. Yu Tzu disse: "Ser coerente com as próprias palavras (*hsin*) é ter moral, no sentido de que isso faz com que as palavras dessa pessoa possam ser repetidas" (I.13). A tragédia do menino que gritou "lobo!" é que quando ele repetiu o grito ninguém o levou a sério, porque ele não havia sido *hsin* nas ocasiões anteriores. Ter palavra é algo muito próximo de se ter moral, precisamente por causa desse aspecto de se ter palavra, e era para esse aspecto que Yu Tzu queria chamar a nossa atenção.* Mas dizer que ter palavra é algo *próximo* de ser uma pessoa moral é dizer que os dois não são idênticos. Inevitavelmente, há casos em que a aderência

---

* Para uma discussão mais ampla sobre a interpretação da citação de I.13, ver D.C. Lau, "On the expression fu yen", *Bulletin of the School of Oriental and African Studies*, XXXVI, 2, (1973), p. 324-33.

ao princípio de ser coerente à própria palavra levará a uma ação que não é moral. Confúcio descreve "Um homem que insiste em manter sua palavra e em levar suas ações até o fim" como alguém que demonstra "uma teimosa estreiteza da mente" (XIII.20).

Em segundo lugar, há *ching* (reverência). Trata-se de um conceito bem antigo. Na antiga literatura Chou, *ching* descreve o estado de espírito de um homem que toma parte em um sacrifício. É diferente daquele demonstrado em outras religiões. Em outras religiões, há medo e abjeta submissão em face ao poder da deidade. *Ching*, diferentemente, é oriundo da consciência da imensidão da responsabilidade de alguém em promover o bem-estar do povo. É uma combinação de medo de fracassar na responsabilidade de que alguém é imbuído com a solene e única concentração voltada para o cumprimento satisfatório dessa responsabilidade. Em *Os analectos*, *ching* ainda mostra alguns traços dessa conexão com religião. Há uma passagem na qual é mencionado em relação com os sacrifícios. Confúcio disse: "manter-se à distância dos deuses e dos espíritos enquanto lhes mostra reverência pode ser chamado de sabedoria" (VI.22). Sob sua outra acepção, *ching* sempre é mencionado de forma ligada a questões de governo e a como servir um superior.

O termo *ching* (reverência) deve ser distinguido do *kung* (respeito). O último é uma questão de atitude aparente e modos. *Kung* é normalmente mencionado de forma relativa à observância dos ritos. Por exemplo, o cavalheiro é "respeitoso para com os outros e observa os ritos" (XII.5), e diz-se que dirige sua atenção a "ter um comportamento respeitoso" (XVI.10). Um homem deve ser respeitável nas suas relações com os outros porque desse modo ele pode evitar insultos e humilhações. "Se um homem é respeitoso, ele não será tratado com insolência" (XVII.6). "Ser respeitoso significa ser observador dos ritos, no sentido de que isso possibilita que se fique longe da desgraça e do insulto" (I.13).

Isso mais ou menos completa o resumo das maiores virtudes morais que fazem parte da formação de um cavalheiro. Entretanto, deixei, deliberadamente, *yi* para o fim. *Yi* é uma palavra que pode ser usada em relação a uma ação, quando ela pode ser considerada "correta", ou pode ser usada para designar um ato que uma pessoa deveria fazer, quando então significa "dever", ou pode se referir a uma pessoa, quando então significa "correto" ou "cumpridor do dever". Quando usado no sentido amplo, às vezes a única tradução possível é "moral", ou "moralidade". De certa forma, a maior parte das palavras que denotam virtudes morais pode ser aplicada tanto a pessoas quanto a ações. Entretanto, no que diz respeito a isso, *yi* é diferente das outras palavras morais. Coloquemo-na, por exemplo, em contraste com a benevolência. Claro que tanto uma ação quanto uma pessoa podem ser descritas como benevolentes, mas benevolência é basicamente uma característica de pessoas, e sua aplicação a atos é apenas derivativa. Um ato benevolente é o ato de um homem benevolente. Como característica de pessoas morais, benevolência tem mais a ver com disposição e intenção do que com circunstâncias objetivas. O contrário é verdade sobre a retidão. Retidão é basicamente uma característica de atos, e sua aplicação a pessoas é derivativa. Um homem é correto apenas na medida em que faz o que é certo. A retidão dos atos depende da sua conveniência moral nas dadas circunstâncias e tem pouco a ver com a disposição ou a intenção da pessoa que age. É aqui que a distinção entre agente-ético e ação-ética se torna relevante. Antes dissemos que Confúcio estava mais interessado nas virtudes morais do homem do que na qualidade moral dos seus atos. Mas nenhum sistema moral pode ser baseado apenas em virtudes morais, e o sistema de Confúcio não é exceção. Vimos que, no que diz respeito aos próprios interesses de uma pessoa, a oposição é entre vantagem a ser obtida e retidão. Novamente, no teste para saber se coragem é uma virtude, é o *yi* que é o critério. Embora Confúcio não o declare explicitamente, não se pode deixar de ficar com a impressão de que ele percebeu que, em última instância, *yi* é o critério pelo qual todos os atos devem ser julgados enquanto não há outro critério pelo qual *yi* pode ser julgado. Afinal de contas, mesmo a benevolência não carrega sua própria garantia moral.

"Amar a benevolência sem amar o aprendizado pode levar à tolice" (XVII.8). Como veremos, o objetivo a ser perseguido por meio do estudo, nesse contexto, provavelmente deve ter sido os ritos, e os ritos, como regras de conduta, só podem, em última análise, ser baseados no *yi*. Podemos então dizer que no sistema moral de Confúcio, embora a benevolência ocupe uma posição mais central, *yi* é, ainda assim, mais fundamental.

Nenhuma referência ao cavalheiro estará completa a menos que algo seja dito sobre sua atitude em relação a *t'ien* (Céu) e *t'ien ming* (Decreto do Céu), mas essa tarefa acaba por revelar alguma dificuldade. Em primeiro lugar, à parte *t'ien ming* – literalmente, o comando do Céu –, *ming* também é usado por si só, e parece haver uma diferença básica entre as duas expressões. Em segundo lugar, o termo *t'ien ming* é encontrado apenas duas vezes em *Os analectos*, e é difícil fixar uma interpretação para o termo partindo de uma base tão pequena. Entretanto, a tentativa tem que ser feita, já que a distinção entre *t'ien ming* e *ming* parece ser vital para o entendimento da opinião de Confúcio.

Embora *t'ien ming* ocorra apenas duas vezes em todos *Os analectos*, para nossa sorte trata-se de um termo considerado antigo. A crença no decreto divino muito provavelmente remonta a uma época bem anterior à fundação da dinastia Chou, por volta do final do segundo milênio a.C. A teoria sobre o decreto do céu foi, mais provavelmente, uma inovação da parte do duque de Chou. De acordo com essa teoria, o Céu se importa profundamente com o bem-estar do povo, e o imperador é enviado expressamente para promover esse bem-estar. Ele governa em função do Decreto do Céu e permanece imperador apenas na medida em que exerce essa função. Assim que ele esquece sua função e começa a governar visando seus próprios interesses, o Céu retirará o Decreto e elegerá alguém mais merecedor para a tarefa. Assim o Decreto do Céu é um imperativo moral e, como tal, nada tem a ver com o comando do Céu em relação às coisas que acontecem no mundo. O único desenvolvimento da época de Confúcio foi que o Decreto do Céu não era mais restrito ao imperador. Todo e qualquer homem estava sujeito ao Decreto do Céu, que o obrigava a ser moral e transformava em dever estar à altura das demandas desse Decreto. Confúcio disse: "Aos cinquenta anos, entendi (*chih*) *t'ien ming*" (II.4). Isso implica que *t'ien ming* é algo difícil de ser compreendido, mas também mostra, inconfundivelmente, que é algo passível de ser entendido. A única outra menção a *t'ien ming* em *Os analectos* é quando Confúcio disse que era uma das coisas que o cavalheiro temia (XVI.8).

Quanto à possibilidade de *ming* ser simplesmente usado como abreviação para *t'ien ming* nos textos mais antigos, não há dúvida de que na época de Confúcio *ming* já havia se tornado um termo com um significado diferente e independente. Esse significado é melhor ilustrado pelo dizer citado por Tzu-hsia em uma conversa com Ssu-ma Niu: "vida e morte são uma questão de *ming*; riqueza e honra dependem do Céu" (XII.5). O contexto mostra que *ming* é usado no sentido de Destino e que Céu é apenas um sinônimo para *ming*. Há uma observação de Mêncio na qual Céu e Destino também são justapostos como sinônimos e que pode servir como uma glosa sobre esses termos. Mêncio disse: "Quando uma coisa não é feita por ninguém específico, então é um trabalho do Céu; quando uma coisa acontece sem que ninguém a provoque, então é o Decreto" (V.A.6).* Dessa forma, há certas coisas que são provocadas, não por ação humana, mas pelo Destino. Essas são as coisas sobre as quais a vontade humana não tem influência. Se um homem vai ser rico, ter honra e uma longa vida, é algo da alçada do Destino. Nenhum esforço da parte dele vai fazer qualquer diferença no resultado. Assim, no contexto das fortunas de um indivíduo, *ming* é o seu quinhão. Por exemplo, duas vezes Confúcio disse sobre Yen Yüan, que morreu jovem, que "infelizmente, o tempo de vida que lhe coube (*ming*) era curto, e ele morreu" (VI.3, XI.7). Novamente, ele corrigiu Tzu-kung por recusar-se a aceitar seu quinhão (*ming*) e por ganhar dinheiro (XI.19). A razão pela qual tanta importância é dada do *ming* é a seguinte: se um homem está convencido de que todas as coisas

* *Mencius*, p. 145.

desejáveis da vida devem-se ao Destino, ele perceberá mais facilmente a futilidade de persegui-las e, em vez disso, conduzirá seus esforços na busca da moralidade. Moralidade é o único objeto que um homem deveria perseguir porque ser moral reside apenas em fazer tal esforço, e não no resultado bem-sucedido da ação de um homem. Esse é o significado da frase "Um homem não pode se tornar um cavalheiro a menos que entenda o Destino (*chih ming*)" (XX.3). A frase *chih ming* (entender o Destino) parece-se muito com a frase *chich t'ien ming* (entender o Decreto do Céu), que, conforme vimos, Confúcio usou referindo-se a si na idade de cinquenta anos; mas o significado, na verdade, é muito diferente nos dois casos. Entender o Decreto do Céu é entender *por que* o Céu assim deveria decretar, mas entender Destino é saber que algumas coisas na vida acontecem sob a influência do Destino e que é fútil tentar persegui-las.

A diferença entre *t'ien ming* e *ming* pode ser resumida do seguinte modo: *t'ien ming*, como imperativo moral, diz respeito ao que o homem deveria fazer; *ming*, no sentido de Destino, tem a ver com como acontecem as coisas que acontecem. *T'ien ming*, necessariamente difícil de ser compreendido, é, ainda assim, compreensível; já *ming* é um total mistério. O que *t'ien ming* ordena nós devemos obedecer; o que reside no domínio de *ming* devemos deixar em paz.

Se *ming* e *t'ien ming* são termos de sentido diferente, igualmente há dois sentidos de *t'ien* (Céu), cada um correlato a um dos dois termos. Já vimos que Céu foi usado como sinônimo de Destino na observação de Tzu-hsia. Esse também é o caso em lamentações ou exclamações de fé. Tome estes dois casos, por exemplo. Quando Yen Yüan morreu, Confúcio disse: "Ai! O Céu está me destruindo! O Céu está me destruindo!" (XI.9). Entretanto, quando Jan Po-niu foi atingido por uma terrível doença, Confúcio disse: "Deve ser o Destino!" (VI.10). Nessas duas observações, Céu e Destino parecem ser termos intercambiáveis. Por outro lado, há casos em que o termo Céu parece trazer um significado muito diferente de Destino. Por exemplo, quando sua vida esteve em perigo em Sung, Confúcio disse: "O Céu é o autor da virtude que há em mim. O que pode Huan T'ui fazer comigo?" (VII.23). Na ocasião em que Tzu-lu foi caluniado, ele, entretanto, disse: "Como pode Kung-po Liao desafiar o Destino?" (XIV.36). Os dois comentários me parecem ter significados muito diferentes. No último caso, Confúcio estava, com efeito, dizendo "Que será, será". No primeiro caso, entretanto, ele estava dizendo que o Céu o dotara com uma virtude especial para que ele pudesse suportar *t'ien ming* de acordar o império para seus objetivos morais e que, se fosse permitido que Huan T'hui o matasse, o Céu estaria frustrando os próprios propósitos.

Céu, como sinônimo de *ming*, é o agente que provoca o que acontece, mas, quando se trata de proposta moral e imperativo moral, o Céu é a fonte do Decreto. Quanto a se, em última análise, é o mesmo Céu que é responsável tanto por acontecimentos que estão predestinados quanto pelo decreto de imperativos morais, e ainda quanto a saber se *ming*, como Destino que provoca os acontecimentos também tem um aspecto imperativo, não temos meios de decidir, mas o importante é que, para fins práticos, *ming* e *t'ien ming* limitam e definem para nós a esfera legítima da influência humana. Antes vimos a importância da distinção entre *li* (lucro, ganho ou vantagem) e *yi* (retidão). A distinção entre *ming* e *t'ien ming* é, com efeito, a mesma distinção, vista de um ângulo diferente. *Li* pertence a *ming* e, portanto, não é um objeto para ser perseguido apenas por si. *Yi* pertence ao *t'ien ming* e é, consequentemente, algo que devemos seguir.

Até agora lidamos apenas com as qualidades morais do cavalheiro. Para dar a essas qualidades sua máxima expressão, o cavalheiro deve tomar parte no governo. Isso, entretanto, não significa que o árduo processo de autocultivo e aprendizado seja meramente um meio para se chegar ao objetivo da promoção pessoal. Confúcio disse: "Não é fácil achar um homem capaz de estudar durante três anos sem pensar em receber um salário" (VIII.12), e ele aprovou quando Min Tzu-ch'ien não se considerou pronto quando lhe foi oferecido um cargo (VI.9). Mas como um homem pode se preparar para o trabalho apenas por meio do estudo, enquanto estuda ele está, na verdade, preparando-se para uma carreira oficial, ao mesmo tempo (XV.32). Estudar e ocupar um cargo são as atividades gêmeas inseparáveis do conceito do cavalheiro. "Quando um homem com um cargo oficial descobre que pode fazer mais do que dar conta dos seus deveres, então ele estuda; quando um estudante descobre que ele pode mais do que dar conta dos seus estudos, então ele aceita um cargo oficial" (XIX.13). Mas que um homem deve se preparar adequadamente para o trabalho não é a única precondição para ele ocupar, de fato, um cargo. A época deve ser a correta, também. Que um homem seja tão ambicioso a ponto de estar pronto para ocupar um cargo oficial independentemente de a ordem reinar no reino ou não é algo condenado por Confúcio. "É vergonhoso", ele disse, "fazer do salário seu único objetivo, indiferente quanto a se o Caminho prevalece no reino ou não" (XIV.1). A razão disso é que quando o Caminho não prevalece em um reino, um homem só pode permanecer no cargo quebrando seus princípios. Se um homem não faz isso, pode colocar a si mesmo em perigo. Em uma situação como essa, a única escolha de alguém é ficar longe de problemas, devotando a si mesmo à busca do mais elevado padrão moral na sua vida como um cidadão. Shih Yü era certeiro como uma flecha quanto a se o Caminho prevalecia no reino ou não. Tudo o que Confúcio admitia quanto a ele era que ele era correto. Por outro lado, Ch'ü Po-yü, que foi empossado quando o Caminho prevalecia no reino mas que se deixou ser enrolado e guardado em algum lugar seguro quando o Caminho caiu em desgraça, foi descrito por Confúcio como um cavalheiro (XV.7). Essa é uma atitude que Confúcio manifesta várias vezes. "O Mestre disse de Nan-jung que, quando o Caminho prevaleceu no reino, ele não foi posto de lado e, quando o Caminho caiu em desgraça, ele ficou longe da humilhação e da punição" (V.2). Ning Wu Tzu era inteligente quando o Caminho prevaleceu no reino, mas pareceu estúpido quando o Caminho caiu em desgraça. O comentário de Confúcio foi: "Outros podem igualar sua inteligência, mas não podem igualar sua estupidez" (V.21). A maneira para ficar longe de problemas ao mesmo tempo em que se mantém a própria integridade moral, de acordo com Confúcio, é a seguinte: "Quando o Caminho prevalece no reino, fale e aja destemidamente e com altivez; quando o Caminho não prevalece, aja destemidamente e com altivez mas fale com reserva e de modo suave" (XIV.3). Isso é condizente com sua ideia de que um homem não deveria se preocupar com questões do governo a menos que sejam da sua alçada e com a opinião de Tseng Tzu de que o cavalheiro não permite a seus pensamentos irem além do seu cargo (XIV.26). Que ele não considerava isso algo fácil de ser seguido é mostrado em seu comentário para Yen Yüan: "Apenas você e eu temos a habilidade de aparecer quando requisitados e de desaparecer quando deixados de lado" (VII.11).

Entretanto, quando o caminho prevalece no reino, não apenas é o dever de um homem ocupar um cargo oficial como ocupar um cargo oficial é a culminação dos anos de preparação para tal acontecimento. Assim, de acordo com Confúcio, não apenas é "vergonhoso ser rico e nobre quando o Caminho cai em desgraça no reino", mas igualmente "é vergonhoso ser pobre e humilde quando o Caminho prevalece no reino" (VIII.13).

A proposta última do governo é o bem-estar do povo (*min*). Esse é o mais básico princípio do confucianismo e permaneceu imutável ao longo do tempo. Promover o bem-estar do povo começa com satisfazer suas necessidades materiais. Tzu-kung perguntou sobre governo. O Mestre disse: "Dê-lhes comida suficiente" (XII.7). Para atingir esse objetivo, o trabalho do povo deve ser empregado nas épocas certas (I.5), isto é, ele não deve ser tirado de sua terra durante as épocas de mais trabalho. Em termos mais amplos, Tzu-ch'an era considerado generoso no trato com o povo e justo ao empregar o seu trabalho (V.16). Mas além das necessidades básicas, o povo também deve ser provido com armas em quantidade suficiente. Entretanto, antes que possa ser mandado para a guerra, também lhe deve ser dada educação adequada. Confúcio disse: "Mandar o povo para a guerra sem que ele tenha educação é jogá-lo fora" (XIII.30). Em que consiste essa educação, não ficamos sabendo. Apesar de a educação que o governante dá ao povo provavelmente ser diferente dos ensinamentos que Confúcio dá aos seus discípulos, é inconcebível que tal educação seja exclusivamente de natureza militar. Deve incluir elementos morais importantes. De outro modo, é difícil entender por que demoraria tanto tempo, já que, de acordo com Confúcio, "Depois que um homem bom educou o povo por sete anos, aí então o povo estará pronto para pegar em armas" (XIII.29).* Entretanto, alimento e armas não são as coisas mais importantes que o povo deve ter. Sobretudo, é preciso que eles tenham confiança no governante e é preciso que vejam nele um exemplo. Em resposta à pergunta de Tzu-kung sobre o governo, Confúcio disse: "Dê-lhes comida suficiente, dê-lhes armas suficientes, e as pessoas comuns confiarão em você". Quando ele perguntou de qual dos três se deveria abrir mão antes, sua resposta foi: "Abra mão das armas". Isso não causa surpresa se considerarmos a atitude de Confúcio em relação ao uso da força na guerra, mas sua próxima resposta, sim, é surpreendente. Quando pressionado a dizer de qual dos dois restantes se deveria abrir mão primeiro, sua resposta foi: "Abra mão da comida. A morte sempre esteve conosco, desde o começo dos tempos, mas quando não há confiança, as pessoas comuns não terão nada a que se agarrar" (XII.7).

Essa ênfase quanto à base moral do governo é fundamental para os ensinamentos de Confúcio. Ele disse:

---

* Há embasamento para essa ideia em *Tso chuan*. Nos registros do 27º ano do duque Hsi, há um relato sobre como o duque Wen de Chin tornou-se o líder dos senhores feudais. Na sua volta para Chin, o duque começou a treinar e educar o povo. Depois de dois anos, ele queria ir à guerra, mas Tzu-fan aconselhou-o de que antes que isso pudesse acontecer, o povo deveria entender o que é certo, aprender a ser coerente com as próprias palavras e conhecer os ritos. O duque aceitou seu conselho. O *Tso chuan* termina o relato com a seguinte observação: "O fato de o duque Wen ter tido êxito em se tornar o líder dos senhores feudais deveu-se à educação que ele deu ao povo" (*Tso chuan chu shu*, 16.13a). Isso mostra muito claramente que, na educação do povo, o lado moral é muito mais importante do que o lado puramente militar.

Guie-o por meio de editos, mantenha-o na linha com punições, e o povo se manterá longe de problemas, mas não terá noção de vergonha.

Obrigações e punição podem, na melhor das hipóteses, garantir um aparente conformismo. O povo vai ficar longe de problemas não porque tenha vergonha de fazer algo errado, mas porque tem medo da punição. Em contraste a isso:

> Guie-o pela virtude, mantenha-o na linha com os ritos, e o povo, além de ser capaz de sentir vergonha, reformará a si mesmo. (II.3)

Quando o povo reforma a si próprio e tem noção de vergonha, a lei e, por conseguinte, a ameaça de punição nunca precisam ser evocadas.

A orientação pela virtude, entretanto, não pode ser efetiva a menos que o governante dê um exemplo moral para o seu povo. Aqui, talvez, deveríamos observar o fato de que a palavra chinesa *cheng* (governar) e *cheng* (corrigir) são homófonas.

> Chi K'ang Tzu perguntou a Confúcio sobre governo. Confúcio respondeu: "Governar (*cheng*) é corrigir (*cheng*). Se você der exemplo ao ser correto, quem ousaria continuar sendo incorreto?". (XII.17)

Há um ponto positivo e um negativo quanto a isso. O ponto negativo é que se o próprio governante falha em ser correto mas insiste em punir seus súditos por serem incorretos, ele estará se colocando acima da lei, e o povo terá consciência da injustiça. O ponto positivo é que o povo sempre olha para os seus melhores homens, e se aqueles em posição de autoridade dão um exemplo, isso será imitado mesmo se o povo não receber ordens para assim fazer. Esse ponto fica bem claro na seguinte passagem:

> O Mestre disse: "Se um homem é correto, então haverá obediência sem que ordens sejam dadas; mas se ele não é correto, não haverá obediência, mesmo que ordens sejam dadas". (XIII.6)

Um bom exemplo é muito mais efetivo do que editos, e onde editos contradizem o exemplo, é o exemplo de que o povo vai levar em consideração, e não os editos. Esse ponto é colocado de modo mais persuasivo por Confúcio em outra ocasião.

Chi K'ang Tzu perguntou a Confúcio sobre o governo, dizendo: "O que o Mestre pensaria se, para chegar mais próximo àqueles que seguem o Caminho, eu matasse aqueles que não o seguem?". Confúcio respondeu: "Qual a necessidade de matar para administrar um governo? Apenas deseje o bem e o povo será bom. A virtude do cavalheiro é como o vento; a virtude do homem comum é como grama. Que o vento sopre sobre a grama, e ela com certeza se dobrará". (XII.19)

Aqui, Confúcio estava falando sobre os "homens vulgares" – aqueles que presumivelmente gozavam de poder político embora pertencessem à classe dos governados – e não sobre o povo, mas o que é verdade sobre o homem vulgar forçosamente é verdade também quanto ao povo. O bom exemplo tem uma influência que, embora imperceptível, é, de fato, irresistível. É, portanto, da maior importância colocar os homens corretos em posição de autoridade. Em resposta à pergunta a ele colocada pelo duque Ai, "O que devo fazer para que o povo veja em mim um exemplo?", Confúcio disse: "Promova os homens corretos e coloque-os acima dos desonestos, e o povo o admirará. Promova os homens desonestos e coloque-os acima dos homens corretos, e o povo não o admirará" (II.19). Em outra ocasião, falando com Fan Ch'ih, Confúcio aprofundou a questão. Promover os justos e colocá-los acima dos corrompidos pode "endireitar os corrompidos" (XII.22). Tzu-hsia, a quem Fan Ch'ih relatou o comentário, ilustrou-o com um episódio histórico. Ao promover os justos a posições de autoridade, Shun e T'ang afastaram aqueles que não eram benevolentes.

Já que a influência por meio de um bom exemplo funciona de um modo imperceptível, o governante ideal é frequentemente caracterizado não apenas como alguém que não faz nada, mas também como alguém que, aos olhos do povo, nada fez que pudesse ser valorizado. "O governo pela virtude pode ser comparado à estrela Polar, que comanda a homenagem da multidão de estrelas sem sair do lugar" (II.1). T'ai Po abdicou do seu direito de governar, "sem dar ao povo oportunidade de louvá-lo" (VIII.1). Yao foi o rei que se espelhou no Céu, o único que é grande, mas "ele era tão grandioso que o povo não tinha palavras para louvar-lhe as virtudes" (VIII.19). Essa descrição do governante ideal é aparentemente muito semelhante à oferecida pelos taoistas, mas na verdade as duas são bem diferentes. O governante taoista genuinamente não faz nada porque o Império funciona melhor quando deixado em paz. O governante confucianista apenas aparenta nada fazer porque a influência moral que ele exerce funciona de modo imperceptível.

Não podemos encerrar o assunto do governo sem discutir a atitude de Confúcio para com o povo (*min*) ou as pessoas. Ele não tentou disfarçar o fato de que, no seu ponto de vista, o povo era muito limitado intelectualmente. Ele disse: "O povo pode ser obrigado a seguir um caminho, mas não pode ser forçado a entendê-lo". (VIII.9). O povo não consegue entender por que razão é conduzido ao longo de um caminho em específico, pois nunca se dá o trabalho de estudar. Ele disse: "Aqueles que nascem com conhecimento são os mais elevados. A seguir vêm aqueles que atingem o conhecimento por meio do estudo. A seguir vêm aqueles que voltam-se para o estudo depois de terem passado por dificuldades. No nível mais baixo estão as pessoas comuns, por não fazerem esforço algum para estudar mesmo depois de terem passado por dificuldades" (XVI. 9). Não é de surpreender que Confúcio tivesse tal opinião. O estudo, tal qual por ele concebido, é um árduo processo que nunca se completa. As pessoas comuns são imensamente prejudicadas. Raramente têm a capacidade de estudar e praticamente nunca têm a oportunidade. Nas raras ocasiões em que têm tanto a capacidade e a oportunidade, é pouco provável que consigam aguentar o rigor da tarefa. Confúcio descreveu como o seu discípulo favorito, Yen Hui, conseguiu seguir os estudos obstinadamente nas seguintes palavras. "Como Hui é admirável! Morar em um pequeno casebre com uma tigela de arroz e um concha de água por dia é uma provação que a maioria dos homens acharia intolerável, mas Hui não permite que isso atrapalhe sua alegria. Como Hui é admirável!" (VI.11).

Confúcio podia não ter uma opinião muito boa quanto às capacidades intelectuais e morais das pessoas comuns, mas absolutamente não é verdade que ele tenha diminuído a importância delas no esquema geral das coisas. Talvez seja precisamente porque o povo é incapaz de garantir seu próprio bem-estar sem receber auxílio que o dever supremo do governante é trabalhar em benefício do povo, proporcionando a ele o que lhe é benéfico. As pessoas comuns deveriam ser tratadas com o mesmo amor e carinho dispensados a nenês, que são indefesos. Isso é anunciado em um comentário memorável do *Livro da História* citado por Mêncio: os governantes antigos agiam "como se estivessem cuidando de um recém-nascido".* Mêncio descreve tais governantes como mãe e pai do povo. É, portanto, inegável que Confúcio advogava um forte paternalismo no governo, e isso permaneceu imutável como princípio básico ao longo de toda a história do confucianismo.

A importância das pessoas comuns e seu bem-estar é enfatizada repetidas vezes em *Os analectos*. Por exemplo,

> Tzu-kung disse: "Se houvesse um homem que desse generosamente ao povo e trouxesse auxílio às multidões, o que você pensaria dele? Ele poderia ser considerado benevolente?".
> O Mestre disse: "Nesse caso não se trata mais de benevolência. Se precisa descrever tal homem, 'sábio' é, talvez, a palavra adequada. Mesmo Yao e Shun achariam difícil realizar tanto." (VI.30)

Se lembrarmos que Yao e Shun eram tidos em alta conta por Confúcio e o quão pouco inclinado ele era a dar o título de "sábio" para qualquer pessoa, podemos ver o imenso significado do comentário. Finalmente, Confúcio disse que se ele elogiava alguém,

---

* *Mencius*, III.A.5 (p. 105).

podia-se ter certeza de que esse alguém havia sido testado. O teste se revelou ser o governo das pessoas comuns, pois ele continuou ao dizer: "Essas pessoas comuns são a pedra de toque por meio da qual as Três Dinastias foram mantidas no caminho certo" (XV. 25). O único teste ao qual é submetido um bom governante é quanto a se ele tem êxito em promover o bem-estar das pessoas comuns.

Até agora examinamos apenas as qualidades morais indispensáveis ao cavalheiro, mas o ideal do cavalheiro é mais amplo do que o do homem moral. É necessário mais atributos para se ter o perfeito cavalheiro. Para entender isso, é preciso primeiro darmos uma olhada em dois termos, *wen* e *chih*. *Chih*, dos dois, é o mais fácil de ser compreendido. É a matéria-prima ou a substância nativa da qual um homem ou uma coisa é feita. *Wen* é mais difícil de compreender por causa da sua ampla aplicação. Em primeiro lugar, *wen* significa um belo padrão. Por exemplo, o padrão das estrelas é o *wen* do céu, e o padrão da pele de um tigre é o seu *wen*. Aplicado ao homem, refere-se às belas qualidades que ele adquiriu por meio da educação. Daí o contraste com *chih*. Aquilo que um homem adquire por meio da educação cobre uma ampla gama de realizações. Inclui talentos como arqueiro ou na condução de carruagens, de escrita e matemática, mas os campos mais importantes são a literatura e a música, uma conduta condizente à de um cavalheiro. Literatura, na época de Confúcio, significava, basicamente, as *Odes*, enquanto que música para Confúcio era a música tocada em cerimônias da corte e em cerimônias sacrificiais. Um comportamento condizente a um cavalheiro significava observância dos ritos, que incluía entre outras coisas o código da conduta correta. Além de denotar as realizações de um indivíduo, *wen* também pode ser usado para designar a cultura de uma sociedade como um todo. Assim, *wen* é uma palavra com uma ampla gama de significados, que em inglês [e português] são cobertos por uma variedade de palavras, como ornamento, adorno, refinamento, realização, boa educação e cultura.

Não é suficiente para um homem nascer com uma boa substância nativa. Um longo processo de amadurecimento é necessário para dar a ele a educação indispensável a um cavalheiro. Quando Chi Tzu-ch'eng disse "O mais importante a respeito de um cavalheiro é o material do qual ele é feito. Para que ele precisa de refinamento?", a opinião de Tzu-kung foi a de que não se podia separar refinamento da matéria, pois "a pele de um tigre ou de um leopardo, desprovida de pelos, não é diferente da de um cachorro ou de uma ovelha" (XII.8). O que Tzu-kung está dizendo é que são as qualidades totais de um cavalheiro – matéria-prima assim como refinamento – que o distinguem dos "homens vulgares", e é fútil separar a matéria-prima do refinamento, na equivocada tentativa de apontá-la como o fator básico. Em toda parte encontramos Confúcio enfatizando a importância do equilíbrio entre os dois elementos. Ele disse: "Quando a natureza de alguém prevalece sobre a educação recebida, o resultado será uma pessoa intratável. Quando a educação prevalece sobre a natureza, o resultado será uma pessoa pedante. Apenas uma mistura bem equilibrada das duas resultará em cavalheirismo" (VI.18).

Há um comentário de Confúcio que joga alguma luz sobre o que seria essa substância nativa ou natureza. Ele disse: "O cavalheiro tem a moralidade como matéria-prima e, ao observar os ritos, coloca-a em prática, ao ser modesto dá-lhe expressão e, ao ser fiel às próprias palavras, a completa. Assim é um cavalheiro, de fato!" (XV.18). Aqui vemos que a relação entre *chih* e *wen* corresponde à relação entre moralidade (*yi*) e os ritos (*li*). Não basta um homem ter a inclinação natural de fazer o que é certo; é essencial que ele seja versado de modo que possa dar uma expressão refinada a essa inclinação. Um homem pode ter uma forte necessidade de mostrar respeito por outro homem em uma dada sociedade, mas, a menos que ele saiba o código de comportamento pelo qual esse respeito é expresso, ele ou falhará completamente em expressá-lo ou, no máximo, conseguirá expressá-lo de modo não totalmente aceito naquela sociedade. Isso traz à tona uma questão importante quanto aos ritos. Moralidade não consiste apenas na ação que afeta o bem-estar de outras pessoas. Às vezes também requer comportamentos que expressem uma atitude em relação às outras pessoas. Isso explica o fato de que a palavra *li*, embora tenha também uma conotação moral, é mais apropriadamente traduzida como "ritos" ou "ritual".

Como vimos, além da observância dos ritos, a parte mais importante de *wen* é a poesia e a música. É por isso que, quando um equivalente teve que ser encontrado para o termo ocidental "literatura", a expressão usada foi naturalmente "*wen hsüeh*". Esse parece ser um ponto conveniente a partir do qual avaliar a atitude de Confúcio para com a poesia e a música, já que a influência que o pensador exerceu nas gerações subsequentes foi imensa. O primeiro ponto a salientar é que na época de Confúcio a conexão entre a poesia e a música era muito próxima. Embora houvesse música que não envolvesse palavras, toda poesia podia, provavelmente, ser cantada. Por essa razão, Confúcio provavelmente tinha a mesma atitude para com ambas.

Comecemos com a seguinte passagem:

> O Mestre disse, sobre *shao*, que era perfeitamente linda e perfeitamente boa e, sobre *wu*, que era perfeitamente linda, mas não perfeitamente boa. (III.25)

Podemos ver com essa passagem que Confúcio exigia da música e, consequentemente, da literatura, não apenas perfeição estética, mas também que fosse perfeitamente boa. *Shao* era a música de Shun, que, escolhido por sua virtude, subiu ao trono por meio da abdicação de Yao, enquanto *wu* era a música do rei Wu, que, apesar da própria virtude, conquistou o Império apenas depois de recorrer à força – daí o nome *wu*, "força militar". Por esta razão, o primeiro era não apenas perfeitamente belo, mas também perfeitamente bom, enquanto o último, embora perfeitamente belo, deixou a desejar quanto à sua bondade. Que Confúcio considerasse o *wu* inferior ao *shao* não é surpreendente se lembrarmos sua ojeriza em relação ao uso da força ou à violência, que se dizia estarem entre as coisas sobre as quais ele nunca falava (VII.21).

Para Confúcio, algo ser perfeitamente bom era mais importante do que a perfeição estética. Se uma peça de música é ou não aceitável depende de sua qualidade moral. A perfeição estética é importante porque é o único veículo apropriado para conduzir a perfeita bondade. A música esteticamente perfeita pode-se ouvir com alegria, mas apenas quando a perfeição moral é fundida com a perfeição estética é que pode ser experimentada a alegria que vai além de qualquer expectativa.

O Mestre ouviu o *shao* em Ch'i e por três meses não sentiu o gosto das refeições que comia. Ele disse: "Jamais sonhei que as alegrias da música pudessem chegar a tais alturas". (VII.14)

Não é por acaso que a música que encantava Confúcio fosse precisamente *shao*, que ele elogiava por ser perfeitamente bom assim como por perfeição estética.

Quando lhe perguntaram como um reino deveria ser governado, Confúcio disse: "Quanto à música, adote o *shao* e o *wu*. Bane as melodias de Cheng e mantenha homens de fala persuasiva à distância. As melodias de Cheng são insolentes, e homens de fala persuasiva são perigosos" (XV.11). Depois ele disse: "Detesto o púrpura por deslocar o vermelho. Detesto as melodias de Cheng por corromperem a música clássica. Detesto homens de fala esperta que derrubam reinos e famílias nobres" (XVII.18).

Não há dúvida de que Confúcio detestava "as melodias de Cheng", mas ele as detestava não devido à falta de beleza, mas por causa de sua falta de disciplina. Deve ser observado que cada uma das coisas que Confúcio detestava ofereciam uma aparente semelhança à coisa certa, e é por causa dessa semelhança superficial que os hipócritas podem ser confundidos com os genuínos. A ojeriza de Confúcio é dirigida contra a falsidade. As "melodias de Cheng" são colocadas juntas aos "falantes espertos" e "homens de fala persuasiva", já que, como "falantes espertos" e "homens de fala persuasiva", as "melodias de Chang" são capazes de conquistar nossa preferência caso estejamos desatentos. Não são, portanto, pouco atraentes como música. No final das contas, não é a falta de beleza, mas a falta de correção ou moralidade que marca a música chamada de "melodias de Cheng".

As "melodias de Cheng" certamente não diziam respeito somente à música. O que é dito sobre as melodias aplica-se também às palavras, já que a falsidade existe tanto no significado das palavras quanto no charme da música. Em oposição às melodias de Cheng, encontramos Confúcio aclamando o *Kuan chü*, com os quais as *Odes* abrem:

> No *kuan chü* há alegria sem futilidade, e tristeza sem amargura. (III.20)

Isso mostra que não era pela expressão de prazer em si, mas pela expressão de imoderado prazer que Confúcio condenava as melodias de Cheng. Em contraposição, o *Kuan chü* é um exemplo da expressão de prazer e de tristeza exatamente na mesma medida.

Confúcio resumiu suas opiniões sobre poesia nas seguintes palavras:

> As *Odes* são trezentas, em número. Podem ser resumidas a uma frase:
> Não se desvie do caminho. (II.2)

Edificação, entretanto, não é o único propósito da poesia. Entre outras coisas, as *Odes* podem "estimular a imaginação" (XVII.9). Quando se lê poesia, uma pessoa acorda para as similaridades subjacentes entre fenômenos que, para os de pouca imaginação, parecem não ter nenhuma relação.

> Tzu-hsia perguntou:
> "Seu encantador sorriso com covinhas,
> Seus belos olhos esgazeando,
> Padrões de cores em seda lisa."
> Qual o significado de tais linhas?
> O Mestre disse: "As cores são acrescentadas após o branco".
> "E a prática dos ritos, também vem depois?"
> O Mestre disse: "É você, Shang, quem iluminou o texto para mim. Apenas com um homem como você é possível discutir as *Odes*". (III.8)

O Mestre elogiou Tzu-hsia pela sua compreensão das *Odes* porque ele viu que, assim como na pintura as cores são acrescentadas depois que as linhas gerais são dadas em branco, também o refinamento de observar os ritos é inculcado em um homem que já nasceu com a substância certa.* As *Odes* têm um outro uso, que é possibilitar que um homem fale bem. O filho de Confúcio relatou uma conversa que certa vez teve com seu pai. "Você estudou as *Odes*?" "Não." "A menos que estude as *Odes*, não será capaz de sustentar uma conversa" (XVI.13). As *Odes* eram uma antologia que todo homem educado conhecia plenamente, de modo que uma citação correta delas extraída podia ser usada para comunicar a opinião de alguém em situações delicadas ou que requeressem extrema polidez. Habilidade de falar por meio do disfarce de uma citação era particularmente útil em conversas diplomáticas. É por essa razão que Confúcio disse: "Se um homem que conhece as trezentas *Odes* de cor (...) se mostra incapaz de ter iniciativa própria quando enviado para reinos estrangeiros, então qual a utilidade das *Odes* para ele, independentemente de quantas ele tenha aprendido?" (XIII.5).

Esse jeito de usar as *Odes* não se limita a situações diplomáticas. Ao criticar o governante e seu governo, um homem também deveria recorrer a citações das *Odes*. Como colocou o autor anônimo do prefácio de *Kuan chü*, "Aquele que fala não ofende, ao passo que aquele que ouve pode entender o aviso".** Isso é importante em sistemas políticos nos quais ofensas feitas àqueles no poder podem facilmente causar sérios problemas a alguém. E há outra vantagem. Quando a verdadeira opinião de alguém é amortecida por uma citação, é sempre possível que esse alguém negue, posteriormente, que tal significado, seja qual for, tenha sido intencional. Por essa razão, tais práticas persistiram até os dias de hoje.

Em *Os analectos* há um bom exemplo desse costume de falar veladamente. O príncipe K'uai K'ui, o filho do duque Ling,

---

* Em I.15, também Tzu-kung é elogiado por sua compreensão das *Odes*.
** *Shih ching chu shu*, I.11b.

de Wei, fugiu para Chin depois de uma fracassada tentativa de assassinar Nan Tzu, a famosa mulher do seu pai. Quando da morte do duque de Ling, o filho de K'uai K'ui, Che, sucedeu ao seu avô. Com o apoio do Exército Chin, o príncipe K'uai K'ui se instalou em uma cidade fronteiriça de Wei, esperando por uma oportunidade de destronar seu filho. Jan Yu queria saber se Confúcio estava do lado de Che, mas já que tanto ele quanto Confúcio eram visitantes naquele reino não lhes cabia serem vistos discutindo abertamente as políticas de Wei; e se uma pergunta direta lhe tivesse sido colocada, Confúcio muito provavelmente teria se recusado a respondê-la. Tzu-kung, que tinha a reputação de ser um orador talentoso (XI.3), ofereceu-se para tentar descobrir. Assim foi como correu a conversa.

Ele entrou e disse: "Que tipo de homens eram Po Yi e Shu Ch'i?".
"Eram excelentes anciãos."
"Tinham alguma queixa?"
"Procuravam a benevolência e a encontraram. Então, por que teriam qualquer queixa?"

Sequer uma palavra foi dita sobre Wei, mas Tzu-kung ficou satisfeito por ter obtido a resposta. Ele saiu e disse: "O Mestre não está do lado dele" (VII.15). Po Yi e Shu Ch'i eram os filhos do senhor de Ku Chu. O pai queria que Shu Ch'i, o filho mais novo, o sucedesse, mas, quando ele morreu, nenhum dos filhos estava disposto a tirar do outro a sucessão, e ambos foram às montanhas e passaram a viver como eremitas. Ao aprovar Po Yi e Shu Ch'i em sua tentativa de entregar a sucessão um ao outro, Confúcio estava implicitamente reprovando Che, que estava envolvido em uma vergonhosa briga com o próprio pai pelo trono.

Até agora olhamos apenas para os ensinamentos morais de Confúcio relacionados ao seu ideal de cavalheiro. Há, entretanto, outro lado de seus ensinamentos que foi amplamente negligenciado pelos intelectuais e estudiosos. É a sua preocupação com o que pode ser descrito como questões de método. No âmago desse aspecto dos seus ensinamentos está a oposição entre *hsüeh* (aprendizado) e *ssu* (pensamento).

Para compreender o significado desta oposição, precisamos, antes de tudo, descobrir o que constituía *aprendizado*. Um rápido exame das dificuldades que se encontram em traduzir a palavra *hsüeh* se mostrará esclarecedor. A escolha natural em inglês por um equivalente é o verbo "to learn" [aprender], mas muito frequentemente somos forçados, pelas exigências da língua inglesa, a usar "to study" [estudar]. A razão é a seguinte: o verbo "aprender" requer um objeto explícito. Por exemplo, não dizemos "ele aprende". Podemos, é claro, dizer "Ele aprende rápido", ou "Ele está disposto a aprender", mas esses são casos especiais em que o ponto principal da frase não está na palavra "aprender". Por outro lado, dizemos "ele estuda". Há, entretanto, outras diferenças entre "aprender" e "estudar". Tendemos a "aprender" algumas coisas mas "estudar" outras. Por exemplo, uma criança aprende a andar, mas um entomólogo estuda o comportamento das formigas. Aprendemos algo prático; estudamos algo teórico. Quando se trata de aprender, o foco está naquele que aprende; ao estudar, o foco está no objeto de estudo. Ao aprender algo novo, um homem se aprimora. Ou ele adquire uma nova técnica ou se torna mais proficiente em uma técnica antiga. Ao estudar, um homem adquire novos conhecimentos, mas esses novos conhecimentos não necessariamente fazem alguma diferença para ele do ponto de vista prático. Essa diferença de uso entre "aprender" e "estudar" é importante para o entendimento de *hsüeh*. *Hsüeh* está muito mais perto de "aprender" do que de "estudar". Do mesmo modo que "aprender", *hsüeh* faz diferença para o homem enquanto pessoa. É uma atividade que capacita o homem a adquirir uma habilidade nova ou se tornar mais proficiente em uma habilidade já adquirida. Mas, no contexto confuciano, o ponto mais importante é lembrar que é *hsüeh* que capacita o homem a se tornar um homem melhor do ponto de vista moral. Assim, a moralidade, na visão de Confúcio, é algo muito próximo à ideia de habilidade. Pode ser transmitida de mestre a discípulo. É por causa dessa possibilidade que Confúcio dava tanta ênfase a *hsüeh*. Embora "aprender" seja um equivalente muito mais satisfatório para *hsüeh* do que "estudar", uma tentativa de se ater rigidamente ao uso de "aprender" pode, por si só, dar margem ao surgimento de dificuldades. Quando, por exemplo, Confúcio fala sobre *hsüeh shih*, é natural traduzir isso por "estudar as *Odes*", mas isso, conforme vimos, transforma uma atividade prática em uma teórica. Porém, traduzir a frase por "aprender as *Odes*" sugere aprender as *Odes* de cor. Embora isso sem dúvida seja parte do significado, definitivamente não é todo o significado nem mesmo a parte mais importante dele. Como vimos, a principal proposta de *hsüeh shih* é tanto aprimorar a sensibilidade de uma pessoa quanto capacitá-la a usar linhas das *Odes* para disfarçar o que quer dizer.* Assim, às vezes o tradutor se vê em dificuldade para encontrar um equivalente satisfatório para *hsüeh*.

"Aprender" é algo que diz respeito a toda a sabedoria acumulada do passado. Embora não exclua necessariamente conhecimento teórico, a ênfase, conforme é previsível, é no aprendizado moral. E essas verdades morais são, na maior parte das vezes, epitomizadas na forma de preceitos. Os ritos eram, claro, um código para tais preceitos, embora provavelmente também devem ter existido preceitos que não eram contemplados por esses códigos. Que os ritos formavam uma grande parte daquilo que um homem precisava aprender é confirmado por duas passagens de *Os analectos*. Na primeira, Confúcio disse: "A menos que um homem tenha o espírito dos ritos (...) ao ter coragem ele vai se tornar indisciplinado e, ao ser íntegro, ele vai se tornar intolerante" (VIII.2). Entretanto, em outra passagem ele disse: "Amar a determinação sem amar o aprendizado pode levar

---

* Há mais diferenças entre "aprender" e *hsüeh*. "Aprender", no particípio passado, é uma palavra de realização, "aprendido"; *hsüeh*, por outro lado, não é. A pergunta "*hsüeh shih hu?*" simplesmente questiona se alguém tentou dominar as Odes, mas "Você aprendeu as *Odes*?" é uma pergunta quanto ao resultado. Nesse sentido, "estudar" é um equivalente mais satisfatório. Para um tratamento mais completo do problema de traduzir a palavra *hsüeh*, ver D.C. Lau "Translating philosophical works in Classical Chinese – Some Difficultires" (*The art and profession of translation*, 1976, Hong Kong, p. 52-60).

à intolerância" (XVII.8). As duas declarações são praticamente idênticas, exceto pelo fato de que em uma temos "os ritos", enquanto na outra temos "aprender".

Se "aprender" tem um papel tão importante nos ensinamentos de Confúcio, por que não aparece mais frequentemente em *Os analectos*? Porque "aprender" não é o único termo que é usado para a atividade. Muito frequentemente Confúcio usa, no lugar de "aprender", *wen* (ouvir) e, mais raramente, *chien* (ver).* Em especial, "ouvir" é usado quando há alguma referência ao aprendizado de preceitos específicos ou quando "aprender" é colocado em contraste com a ação de colocar em prática aquilo que é aprendido. Aqui estão exemplos do ensinamento de um preceito específico.

> O Mestre disse: (...) "Sempre ouvi dizer que um cavalheiro dá para ajudar os necessitados, e não para manter os ricos em uma vida farta". (VI.4)

> Ch'en Ssu-pai disse: "Ouvi dizer que um cavalheiro não demonstra parcialidade. E mesmo assim o seu Mestre é parcial?". (VII.31)

> Tzu-hsia disse: "Já ouvi dizer: vida e morte são uma questão de Destino; riqueza e honra dependem do Céu". (XII.5)

> Confúcio disse: "Sempre ouvi dizer que o chefe de um reino ou de uma família nobre preocupa-se não com subpopulação, mas com a distribuição desigual; não com a pobreza, mas com a instabilidade". (XVI.1)

> Tzu-yu respondeu: "Há algum tempo ouvi do senhor, Mestre, que o cavalheiro instruído no Caminho ama seus semelhantes

---

* Que *wen* e *chien* são equivalentes a *hsüeh* pode ser visto nas duas passagens seguintes. Em VII.28, encontramos "Faço amplo uso de meus ouvidos (*wen*) e sigo o que é bom daquilo que ouvi; faço amplo uso dos meus olhos (*chien*) e retenho na minha mente o que vi", ao passo que em XV.3 temos um "homem que aprende (*hsüeh*) muitas coisas e que depois armazena cada uma dessas coisas que aprendeu na sua mente".

e que os homens vulgares instruídos no Caminho são fáceis de serem comandados". (XVII.4)

Tzu-lu disse: "Há algum tempo ouvi do senhor, Mestre, que o cavalheiro não entra nos domínios daquele que não pratica o bem". (XVII.7)

Tzu-chang disse: "Isso é diferente do que eu ouvi. Ouvi que o cavalheiro honra aqueles que lhe são superiores e é tolerante para com a multidão, que é cheio de elogios para com os bons ao mesmo tempo em que se apieda dos incapazes". (XIX.3)

A relação entre ouvir e colocar em prática o que se ouviu é claramente abordada nas seguintes passagens:

> O Mestre disse: "Use seus ouvidos (*wen*) amplamente, mas deixe de fora o que é duvidoso; repita o resto com cuidado e você cometerá poucos erros. Use seus olhos (*chien*) amplamente e deixe de fora o que é perigoso; coloque o resto em prática com cautela e você terá poucos arrependimentos". (II.18)

> A única coisa que Tzu-lu temia era que, antes que pudesse colocar em prática algo que aprendera, lhe ensinassem outra coisa diferente. (V.14)

> O Mestre disse: "Estas são as coisas que me causam preocupação: (...) incapacidade de, quando me é dito (*wen*) o que é correto, tomar uma atitude". (VII.3)

> O Mestre disse: "Faço amplo uso de meus ouvidos e sigo o que é bom daquilo que ouvi; faço amplo uso dos meus olhos e retenho na minha mente o que vi". (VII.28)

> Tzu-lu perguntou: "Deve-se imediatamente colocar em prática o que se ouviu?". (XI.22)

A inter-relação entre aprender e colocar em prática o que se aprendeu é forte porque entre as coisas que se aprende estão os preceitos, e qual seria a utilidade de aprender um preceito se não se fizesse uma tentativa de colocá-lo em prática? Daí a preocupação de Confúcio quanto a sua incapacidade de se mover para uma nova posição assim que ele aprendeu que essa posição é moralmente correta e o medo de Tzu-lu de se atrasar se preceitos surgirem mais rápido do que ele pode acompanhar. Mas isso não significa que se deve colocar um preceito em prática simplesmente porque é um preceito. Deve-se, antes de tudo, refletir profundamente quanto a se ele é correto. É por isso que Confúcio está constantemente aconselhando que se deve escolher daquilo que foi aprendido apenas o que é bom e deixar de fora o que é duvidoso. A única maneira de fazer isso é por meio do pensamento. Isso nos traz de volta à questão de aprender e pensar. Há um ditado bem conhecido em *Os analectos*: "Se um homem aprende com os outros mas não pensa, ele ficará confuso. Se, por outro lado, um homem pensa mas não aprende com os outros, ele estará em perigo" (II.15). Deve-se aprender com os sábios do passado e do presente, mas, ao mesmo tempo, deve-se tentar aprimorar aquilo que foi aprendido. Embora tanto aprender quanto pensar sejam indispensáveis, Confúcio parece considerar o ato de aprender, de alguma forma, mais importante. Ele disse: "Uma vez passei todo o dia pensando, sem comer nada, e toda a noite pensando sem ir para a cama, mas descobri que nada ganhei com isso. Teria sido melhor gastar o tempo estudando" (XV.31). Aqui Confúcio está falando que se devêssemos nos entregar a uma busca apenas, então aprender seria mais proveitoso do que pensar. Um momento de reflexão mostrará que essa visão é bastante razoável. Se a meta de um homem é conseguir avanços de conhecimento, tanto pensamento quanto aprendizado são igualmente necessários, mas, em casos em que o homem não tem esse objetivo, por meio do aprendizado ele pode ao menos ganhar algo, ao tomar conhecimento do que já é sabido, mas dificilmente terá qualquer ganho se ficar pensando *in vacuo*.

Tomemos um exemplo que ilustra o modo como Confúcio refletiu sobre os ritos existentes.

O Mestre disse: "Os ritos prescrevem um boné cerimonial de linho. Hoje, usamos seda preta no lugar. Isso é mais frugal, e eu sigo a maioria. Os ritos prescrevem que a pessoa prostre-se antes de subir os degraus. Hoje faz-se isso após tê-los descido. Isso é casual, e, embora indo de encontro à maioria, sigo a prática de prostrar-me antes de subir". (IX.3)

Aqui temos um caso claro de uma visão crítica de Confúcio quanto aos ritos. Ele concluiu que em um determinado caso estava preparado para seguir a maioria, mas não no outro caso. Ele chegou a essa conclusão voltando aos princípios que subjazem aos ritos em questão. No segundo caso, o princípio subjacente é respeito, enquanto no primeiro caso há igualmente frugalidade. Que o respeito devesse ser o princípio subjacente é nada menos do que algo a ser esperado, mas que a frugalidade devesse ser tal princípio pode parecer surpreendente, até que lembremos da resposta de Confúcio para uma pergunta quanto aos fundamentos dos ritos. Parte desta resposta foi: "Com os ritos, é melhor pecar pela simplicidade do que pela extravagância" (III.4). Todas as coisas sendo iguais, é melhor ser frugal. O gorro de seda cinza é mais frugal, mas nada perde em respeito. Daí a aprovação de Confúcio. Prostração depois de subir os degraus, por outro lado, é casual, em outras palavras, menos respeitoso, e não tem ganhos compensatórios. Daí a desaprovação de Confúcio.

Conforme vimos, preceitos são muitas vezes introduzidos pela fórmula "Ouvi dizer". Muitas vezes, entretanto, essa fórmula é dispensada, particularmente nos casos em que o preceito está para ser examinado. Nesses casos, a pergunta "O que você acha desse dizer?" é simplesmente colocada. Por exemplo:

Tzu-kung disse: "'Pobre sem ser servil, rico sem ser arrogante'. O que o senhor pensa desse provérbio?"

O Mestre disse: "É bom, mas melhor ainda é: 'Pobre, mas alegre no Caminho; rico, porém observador dos ritos'" (I.15).

Aqui o preceito citado por Tzu-kung trata da superação da pobreza e da riqueza como obstáculos para a realização moral. Confúcio examina o preceito sob esse aspecto e propõe uma versão aprimorada.

Alguém disse:
"'Pague uma injúria com uma boa ação'. O que você acha desse ditado?".
O Mestre disse: "Com o que, então, você paga uma boa ação? Deve-se pagar a injúria com a retidão, mas pagar com uma boa ação apenas uma boa ação". (XIV.34)

Aqui Confúcio critica o provérbio existente "Pague uma injúria com uma boa ação" por ela ser generosa demais, já que não deixa nada com o que se pagar uma boa ação. É suficiente, na visão de Confúcio, que não sejamos motivados pela vingança. O que Confúcio advoga é o caminho do meio entre vingança e generosidade excessiva.

De exemplos como esses, em que Confúcio examina criticamente preceitos existentes, podemos inferir algumas coisas sobre sua opinião geral quanto ao problema das regras e dos princípios. Na época de Confúcio, se alguém devesse explicitar o problema, seria correto colocá-lo em termos de *li* (os ritos) e *yi* (retidão). Já abordamos a relação entre os dois no contexto da moralidade dos atos e dos agentes. Agora examinaremos mais detidamente essa relação. Os ritos são um código de regras de comportamento. Embora os ritos, por serem algo herdado da Antiguidade, carregassem grande autoridade, mesmo assim essa autoridade não pode garantir a correção deles. Se eles estão corretos ou não depende de estarem à altura das exigências do que é correto. Serem ou não corretos, por outro lado, é o critério pelo qual todos os atos têm, em última instância, de ser avaliados. Assim, há uma íntima relação entre *li* e *yi*. O exame crítico dos preceitos existentes é precisamente isso, sujeitar as regras à prova de se ele condiz ou não ao que é considerado correto. Mas por que uma regra que foi considerada correta no passado deveria ser submetida a novo e fresco escrutínio? A resposta é a seguinte: primeiro, uma regra, uma vez formulada em termos precisos, não pode se adaptar a circunstâncias cambiantes. O que foi correto em uma época anterior não necessariamente continua sendo correto em uma época subsequente. Essa consciência de que as regras têm de estar de acordo com os tempos – que mudam – é claramente sentida por Confúcio. Ele disse: "Os Yin basearam-se nos ritos de Hsia. Pode-se saber o que foi acrescentado e o que foi omitido. Os Chou basearam-se nos ritos de Yin. Pode-se saber o que foi acrescentado e o que foi omitido" (II.23). Aqui podemos ver que, embora os ritos de uma época posterior tenham tido como base aqueles de uma época anterior, por causa do passar do tempo novas regras tiveram de ser acrescidas, e outras, obsoletas, tiveram de ser suprimidas. Essa consciência de que aquilo que é apropriado muda com o tempo foi uma das características diferenciadoras do pensamento de Confúcio, tanto que Mêncio o descreve como "o sábio cujas ações eram apropriadas ao seu tempo" (*Mencius*, V.B.1). Em segundo lugar, podem surgir circunstâncias em que uma regra entre em conflito com outra. Tal conflito apenas pode ser solucionado lançando-se mão de princípios morais básicos. Em terceiro lugar, mesmo com uma regra que possa ser satisfatória em si, há ocasiões em que a observância dela entra em conflito com a ideia por trás da regra. Por todas essas razões, é preciso sempre estar alerta à possibilidade de que uma regra necessite reformulação a qualquer momento e em qualquer ocasião. Até agora, apenas observamos o problema do ponto de vista da subordinação da regra ao princípio. Igualmente, o princípio não pode existir sem regras que lhe deem expressão. Princípios morais precisam ser aplicados na prática, e qualquer ato que dê expressão a um princípio moral será, na verdade, um exemplo de uma ou outra regra. Isso é, conforme vimos, especialmente verdade nos casos em que o objetivo de um ato é mostrar certa atitude, por exemplo, respeito. Nenhuma ação é, inerentemente, um sinal de respeito. Uma ação pode apenas servir para demonstrar respeito dentro de uma certa convenção, e uma convenção apenas pode ser pronunciada, declarada, em uma regra. Dessa forma, enquanto uma regra pode continuar correta apenas sendo constantemente medida e avaliada mediante necessidades de princípios, um princípio não pode existir sem regras, no que diz respeito a ter expressão. Esse diálogo entre regra e princípio constitui a essência do sistema de pensamento moral de Confúcio.

Nesse sentido, a abordagem de Confúcio pode ter algo a oferecer ao debate sobre se moral é algo objetivo ou uma convenção. O argumento funciona mais ou menos da seguinte forma. Se moralidade é uma convenção, não tem nenhuma objetividade. Apenas se podem julgar regras morais dentro das convenções de um dado sistema social do qual elas fazem parte. Não há como julgá-las misturando critérios de sistemas diferentes. Por outro lado, se a moralidade é algo objetivo, como ficamos sabendo que essa realidade objetiva nos coloca problemas epistemológicos? A abordagem de Confúcio parece oferecer uma saída. Todas as regras morais têm implícito algum princípio ou princípios. Uma regra pode, portanto, ser julgada por seu sucesso em realizar esses princípios. Em outras palavras, regras morais têm embutidos padrões pelos quais podem ser julgadas. Se deixam a desejar, isso aponta para o caminho do seu aprimoramento. Por outro lado, os princípios implícitos são ideais que se tornam mais claros para nós na medida em que são usados como padrões para criticar as regras. Adquirimos uma visão mais aprofundada sobre um princípio moral ao descobrir as inadequações das regras que lhe dão expressão.

Além de refletir sobre questões morais do passado, pensar também é importante se conseguimos ver conexões entre fenômenos que à primeira vista parecem não ter relação. Vimos que isso é importante tanto na esfera da literatura quanto na esfera da moralidade. Na literatura, vimos que as *Odes* podem estimular a imaginação de modo que seja possível ver similaridades subjacentes entre fenômenos díspares. No campo da moralidade, é por meio do método *shu* que podemos esperar ser capazes de praticar a benevolência, e *shu* consiste em usar a nós mesmos como analogia para descobrir sobre as preferências e aversões de outros seres humanos. Confúcio não toleraria nenhum discípulo que, por não conseguir pensar, fosse incapaz de descobrir novas aplicações para princípios já conhecidos. Ele disse: "Se mostro um dos cantos de um quadrado para alguém e essa pessoa não consegue encontrar os outros três, não mostro uma segunda vez". De fato, Confúcio acreditava tanto no valor do estudante que fizesse o máximo de esforço para pensar por si próprio que ele disse, na mesma ocasião: "Nunca explico nada para alguém que não esqueça do mundo ao tentar entender um problema ou que não entre em um frenesi ao tentar se expressar por palavras" (VII.8). Vimos que Confúcio elogiou Tzu-hsia como alguém com quem valia a pena discutir as *Odes* (III.8). Ao elogiar Tzu-kung de modo similar, ele acrescentou a seguinte observação: "Diga algo a este homem, e ele poderá ver sua relevância em relação ao que não foi dito" (I.15). Essa também é a característica essencial para um professor. "Merece ser um professor o homem que descobre o novo ao refrescar na sua mente aquilo que ele já conhece" (II.11).

Inteligência é algo que Confúcio valorizava muito. O maior elogio feito por ele foi dirigido a Yen Hui, que não apenas era superior aos seus colegas discípulos em matéria de compreensão moral como também em inteligência. Quando Tzu-kung, que não era homem de pouca inteligência, observou "Como eu ousaria me comparar a Hui? Quando lhe é dita uma coisa, ele compreende cem coisas. Quando me é dita uma coisa, eu entendo apenas duas", Confúcio consolou-o dizendo: "De fato, você não é tão bom quanto ele. Nenhum de nós dois é tão bom quanto ele" (V.9).

Confúcio era um grande pensador, assim como um grande ser humano. Na condição de pensador, ele propunha um ideal para todos os homens. Este consistia na possibilidade de uma pessoa aperfeiçoar o próprio caráter. A realização desse ideal envolve não apenas ser benevolente com outros indivíduos, mas também trabalhar arduamente pelo bem-estar do povo. Por isso Confúcio não podia oferecer nenhuma esperança de recompensa, seja nesta vida ou na próxima. A recompensa reside no ato de fazer o que é bom, e isso constitui a alegria de perseguir o Caminho. Ele tinha grande respeito pela sabedoria do passado, mas não a aceitava sem fazer críticas. Para ele, o único modo de progredir é refletir sobre aquilo que nos foi entregue pelo passado. Confúcio era tudo, menos dogmático: "recusava-se a fazer conjecturas ou a ser dogmático; recusava-se a ser inflexível ou egocêntrico" (IX.4). Ao descrever a si próprio, ele disse: "Não tenho preconceitos quanto ao que deve e ao que não deve ser feito" (XVIII.8). Não se pode negar que, ao longo dos séculos, o confucianismo incorporou muitos dogmas e desenvolveu tendências autoritárias, mas seria tão injusto acusar disso Confúcio quanto culpar Jesus pelos excessos da Igreja Católica ao longo da história.

Confúcio era modesto quanto às suas próprias realizações. Ele disse: "Como posso me considerar um sábio ou um homem benevolente?" (VII.34). Apesar dessa modéstia, ele provavelmente realizou, em grande parte, o seu próprio ideal. De outra forma, seria impossível justificar a reverência e a afeição a ele demonstradas pelos discípulos, que eram muito diferentes em termos de talento e temperamento.

Yen Hui, que era excepcional em matéria de moral e inteligência, disse-lhe certa vez, quando Confúcio achou que ele tinha sido morto em uma emboscada: "Enquanto o senhor, Mestre, estiver vivo, como eu ousaria morrer?" (XI.23). Ele descreveu o ideal do Mestre e seu método de ensino da seguinte maneira:

> Quanto mais o observo, mais alto ele parece. Quanto mais o pressiono, mais duro ele se torna. Vejo-o à minha frente. De repente, está atrás de mim.
> O Mestre é bom em conduzir alguém passo a passo. Ele me estimula com a literatura e me traz de volta às coisas essenciais por meio dos ritos. Eu não conseguiria desistir nem que quisesse, mas, uma vez que dei o melhor que pude, ele parece levantar-se acima de mim e não consigo segui-lo, por mais que eu queira. (IX.11)

Tzu-kung, o homem do mundo que teve uma carreira bem-sucedida tanto como diplomata quanto mercador, fez o seguinte comentário quando alguém criticou Confúcio:

Não é possível difamar Chung-ni. Em outros casos, homens de excelência são como montanhas que uma pessoa pode escalar. Chung-ni é como o sol e a lua, que ninguém escala. Mesmo que alguém quisesse escapar do sol e da lua, como isso deporia contra eles? Isso somente serviria para mostrar mais claramente que esse alguém não teve consciência do seu próprio tamanho. (XIX.24)

Mais adiante ele disse:

> O Mestre não pode ser igualado, assim como o céu não pode ser medido. (...) Em vida, ele é glorificado e, na morte, será pranteado. Como pode ele ser igualado? (XIX.25)

Tseng Tzu, o discípulo que levava sua responsabilidade moral tão seriamente (VIII.7), disse, de acordo com *Mencius*, o seguinte sobre Confúcio:

> Banhado pelo Rio e por Han, alvejado pelo sol de outono, tão imaculado era ele que seu testemunho não pode ser ultrapassado. (III.1.4)

Mêncio deu eco a esse sentimento quando disse:

> Desde que o ser humano veio para este planeta, nunca houve um maior do que Confúcio. (II.A.2)

De sua parte, Confúcio nunca se disse superior em inteligência ou em qualidades morais. Ele disse: "Não nasci com conhecimento, mas, por gostar do que é antigo, apressei-me em buscá-lo" (VII.20), e "Em um vilarejo de dez casas, sempre haverá aqueles que são meus iguais quanto a fazer o melhor que podem pelos outros e quanto a ser fiéis às próprias palavras, mas dificilmente terão tanta vontade de aprender quanto eu tenho" (V.28). Em ambos os dizeres, tudo o que ele proclamava era sua sede de aprender. Esta era igualada apenas por sua sede de ensinar. Ele disse: "Silenciosamente depositar conhecimento na minha mente, aprender sem perder a curiosidade, ensinar sem cansar: isso não me apresenta dificuldade alguma" (VII.2). Novamente, ao negar que fosse um sábio, ele disse: "Talvez possa ser dito sobre mim que aprendo sem esmorecer e que ensino sem me cansar" (VII.34). Como professor, ele era capaz tanto de criticar seus discípulos com firmeza quanto de provocá-los de forma bem-humorada. Quando Tsai Yü tirou um cochilo durante o dia, Confúcio disse: "Um pedaço de madeira podre não pode ser esculpido, tampouco pode uma parede de esterco seco ser aplainada" (V.10). De novo, quando o mesmo discípulo duvidou da sabedoria do período de luto de três anos, Confúcio disse: "Quão insensível é Yü. (...) Os pais de Yü não lhe deram três anos de amor?" (XVII.21) Na ocasião em que Confúcio foi até Wu Ch'eng e encontrou Tzu-yu ensinando música às pessoas, ele brincou com o discípulo ao dizer: "Para que usar um cutelo de boi para matar uma galinha?" Quando Tzu-yu levou isso a sério e começou a defender suas próprias ações, Confúcio admitiu que estava apenas brincando (XVII.4).

A impressão predominante que fica de Confúcio, ao se ler *Os analectos*, é a de um homem cuja vida era cheia de alegrias. Quando o prefeito de She perguntou a Tzu-lu que tipo de homem Confúcio era, Tzu-lu não respondeu. O comentário de Confúcio foi:

> Por que você não falou simplesmente o seguinte: ele é o tipo de homem que esquece de comer quando está distraído com um problema, que é tão alegre que esquece suas preocupações e que não percebe a aproximação da velhice? (VII.19)

Ele descreve essa alegria em termos mais concretos quando diz:

> Ao comer arroz comum e ao beber água, ao utilizar o próprio cotovelo como apoio, a alegria será encontrada. Riqueza e *status* conquistados por meios imorais têm tanto a ver comigo quanto as nuvens que passam. (VII.16)

Não há dúvida de que parte dessa alegria vinha da busca do Caminho. Confúcio disse: "aos setenta, segui o meu coração, sem passar dos limites" (II.4). É compreensível que ele tenha ficado alegre quando, após toda uma vida de cultivação moral, ele descobriu que aquilo que ele desejava naturalmente coincidia com aquilo que era moral. Mas a alegria não era confinada ao lado moral da sua vida. Em uma ocasião em que ele estava com um grupo de discípulos, Confúcio pediu que dissessem o que gostariam de fazer. Quando terminaram, Confúcio demonstrou que sua simpatia estava com Tseng Hsi, que dissera:

> No final da primavera, uma vez confeccionadas as roupas da estação, eu gostaria de, junto com cinco ou seis adultos ou sete meninos, ir tomar banho no rio Yi e aproveitar a brisa no Altar da Chuva e então voltar para casa entoando poesias. (XI.26)

Eis aqui um homem que, de fato, apreciava as alegrias da vida.

Qualquer um que tenha lido os dizeres de Confúcio atentamente e sem preconceitos com certeza achará difícil reconhecer o incorrigível conservador e arquivilão no qual às vezes ele é transformado. Confúcio é, talvez, uma nova instância do profeta-modelo.

D.C.L.

OS ANALECTOS

LIVRO I

1. O Mestre disse: "Não é um prazer, uma vez que se aprendeu algo, colocá-lo em prática nas horas certas? Não é uma alegria ter amigos que vêm de longe? Não é cavalheiresco não se ofender quando os outros falham em apreciar suas habilidades?".

2. Yu Tzu* disse: "É raro um homem que é bom como filho e obediente como jovem ter a inclinação de transgredir contra seus superiores; não se sabe de alguém que, não tendo tal tendência, tenha iniciado uma rebelião. O cavalheiro dedica seus esforços às raízes, pois, uma vez que as raízes estão estabelecidas, o Caminho daí brotará. Ser um filho bom e um jovem obediente é, talvez, a raiz do caráter de um homem".

3. O Mestre disse: "É raro, de fato, que um homem com palavras ardilosas e um rosto bajulador seja benevolente".

4. Tseng Tzu disse: "Todos os dias, examino a mim mesmo sob três aspectos. Naquilo que fiz pelo bem-estar do outro, falhei em fazer o meu melhor? Ao tratar com meus amigos, falhei em ser fiel às minhas palavras? Ensinei aos outros algo que eu próprio não tenha experimentado?".

5. O Mestre disse: "Ao governar um reino com mil carruagens, trate dos negócios com reverência e seja coerente com aquilo que fala; evite gastos excessivos e ame os seus semelhantes; empregue o trabalho do povo apenas nas épocas certas".

---

* Para nomes de pessoas, ver glossário.

6. O Mestre disse: "Um rapaz deveria ser um bom filho em casa e um jovem obediente fora de casa, parcimonioso com a fala, mas coerente com o que diz, e deveria amar todo o povo, mas cultivar a amizade dos seus semelhantes.* Se lhe sobrar alguma energia dessas ações, que ele a dedique a tornar-se um homem culto".

7. Tzu-hsia disse: "Eu diria que recebeu instrução aquele que aprecia homens de excelência enquanto outros homens apreciam belas mulheres; que se dedica ao máximo ao servir os seus pais e oferece a sua pessoa a serviço do seu senhor: e que, nas relações com seus amigos, é coerente àquilo que diz, mesmo que afirme que nunca recebeu educação".

8. O Mestre disse: "Um homem a quem falta seriedade não inspira admiração. Um cavalheiro que estuda não costuma ser inflexível.

"Estabeleça** como princípio fazer o melhor pelos outros e ser coerente com o que diz. Não aceite como amigo ninguém que não seja tão bom quanto você.

"Quando cometer um erro, não tenha medo de corrigi-lo."

9. Tseng Tzu disse: "Conduza os funerais dos seus pais com esmero e não deixe que sacrifícios aos seus remotos ancestrais sejam esquecidos, e a virtude do povo penderá para a perfeição".

10. Tzu-ch'in perguntou a Tzu-kung: "Quando o Mestre chega em um reino, ele invariavelmente fica sabendo sobre o governo do lugar. Ele busca tais informações? Ou elas lhe são fornecidas?".

Tzu-kung disse: "O Mestre conquista-as sendo cordial, bom, respeitador, moderado e deferente. O modo com que o Mestre busca informação é, talvez, diferente do modo com que outros homens as buscam".

---

* Sobre a diferença de *jen* (semelhante) e *chung* (povo), veja XVII.6, e para uma discussão sobre a palavra *jen*, veja a introdução, p. 15.
** O conteúdo integral do que segue também é encontrado em IX.25, enquanto a abertura da frase também é encontrada em XII.10.

11. O Mestre disse: "Observe o que um homem, enquanto seu pai está vivo, planeja fazer e então observe o que ele faz quando seu pai falece. Se, durante três anos, ele não se desviar do caminho do pai, ele pode ser chamado de um bom filho".*

12. Yu Tzu disse: "Das coisas proporcionadas pelos ritos, a harmonia é a mais valiosa. Dos Caminhos dos antigos reis, este é o mais belo e é seguido igualmente em questões grandes ou pequenas, embora nem sempre funcione: buscar sempre a harmonia sem regulá-la pelos ritos, simplesmente pela harmonia, na verdade não funcionará".

13. Yu Tzu disse: "Ser coerente com as próprias palavras é ter moral, no sentido de que isso faz com que as palavras dessa pessoa possam ser repetidas.** Ser respeitoso significa ser observador dos ritos, no sentido de que isso possibilita que se fique longe da desgraça e do insulto. Se, ao promover as boas relações com parentes da sua esposa, um homem consegue não perder a boa vontade de seus próprios parentes, então ele merece ser considerado o chefe do clã".***

14. O Mestre disse: "O cavalheiro não almeja nem uma barriga cheia nem uma casa confortável. Ele é rápido na ação mas cauteloso com o que diz.**** Ele se dirije a homens virtuosos para receber orientação. Tal homem pode ser descrito como alguém ávido por aprender".

15. Tzu-kung disse: "'Pobre sem ser servil, rico sem ser arrogante'. O que o senhor pensa desse provérbio?".

---

* Essa frase é novamente encontrada em IV.20. Ver também XIX.18.
** Para uma discussão sobre a interpretação da frase, ver D.C. Lau "On the expression *fu yen*", *Bulletin of the School of Oriental and African Studies*, XXXVI, 2, (1973), p. 424-33.
*** O significado desta última frase é um tanto obscuro. A presente tradução é baseada em um comentário de Cheng Hsüan sobre a palavra *yin* em *Chou li* (*Chou li chu shu*, 10.24b).
**** Ver IV.24.

O Mestre disse: "É bom, mas melhor ainda é: 'Pobre, mas alegre no Caminho; rico, porém observador dos ritos'".

Tzu-kung disse: "As *Odes* dizem

> Cortado como osso, polido como chifre
> Esculpido como jade, moído como pedra.

O que o senhor disse não é um caso semelhante?".

16. O Mestre disse: "Ssu, apenas com um homem como você pode outro homem discutir as *Odes*. Diga algo a este homem, e ele poderá ver sua relevância em relação ao que não foi dito".

Não é quando os outros falham em apreciar as suas habilidades que você deveria ficar incomodado, mas, antes, quando você falha em apreciar as habilidades dos outros.

LIVRO II

1. O Mestre disse: "O governo pela virtude pode ser comparado à estrela Polar, que comanda a homenagem da multidão de estrelas sem sair do lugar".

2. O Mestre disse: "As *Odes* são trezentas, em número. Podem ser resumidas a uma frase:

Não se desvie do caminho."*

3. O Mestre disse: "Guie-o por meio de editos, mantenha-o na linha com punições, e o povo se manterá longe de problemas, mas não será capaz de sentir vergonha. Guie-o pela virtude, mantenha-o na linha com os ritos, e o povo, além de ser capaz de sentir vergonha, reformará a si mesmo".

4. O Mestre disse: "Aos quinze anos, dediquei-me de coração a aprender; aos trinta, tomei uma posição; aos quarenta, livrei-me das dúvidas; aos cinquenta, entendi o Decreto do Céu; aos sessenta meus ouvidos foram sintonizados**; aos setenta, segui o meu coração, sem passar dos limites".

5. Meng Yi Tzu perguntou sobre piedade filial. O Mestre respondeu: "Nunca deixe de obedecer".

Fan Ch'ih estava conduzindo. O Mestre contou-lhe sobre a audiência: "Meng-sun me perguntou sobre piedade filial. Eu respondi: 'Nunca deixe de obedecer'".

---

* Essa frase é da Ode 297, na qual descreve um grupo de cavalos seguindo adiante sem se desviar à esquerda ou à direita.

** A expressão *erh shun* é bastante obscura e sua tradução é aproximada.

Fan Ch'ih perguntou: "O que isso significa?".

O Mestre disse: "Quando seus pais estão vivos, obedeça aos ritos ao servi-los; quando eles morrerem, obedeça aos ritos ao enterrá-los; obedeça aos ritos ao sacrificar-se por eles".

6. Meng Wu Po perguntou sobre piedade filial. O Mestre disse: "Não dê ao seu pai e à sua mãe nenhuma outra causa de preocupação além da doença".

7. Tzu-yu perguntou sobre piedade filial. O Mestre disse: "Hoje em dia, ser filial não quer dizer mais do que ser capaz de prover seus pais com comida. Até mesmo cães e cavalos são, de algum modo, alimentados. Se um homem não mostra reverência, qual é a diferença?".

8. Tzu-hsia perguntou sobre piedade filial. O Mestre disse: "O que é difícil é a atitude das pessoas. Quanto aos jovens tomarem para si o fardo quando há trabalho a ser feito ou deixarem os velhos aproveitarem o vinho e a comida quando há, isso dificilmente merece ser chamado de filial".

9. O Mestre perguntou: "Posso falar com Hui o dia inteiro sem que ele discorde de mim sobre qualquer coisa. Poderia parecer que ele é estúpido. Entretanto, quando examino melhor o que ele faz privadamente, depois que saiu da minha presença, descubro que, de fato, joga alguma luz sobre o que eu disse. Hui não é estúpido, afinal das contas".

10. O Mestre disse: "Veja os meios que um homem emprega, observe o caminho que ele toma e examine a circunstância em que ele se sente confortável.* Como poderia o verdadeiro caráter de um homem esconder-se? Como poderia o verdadeiro caráter de um homem esconder-se?"

11. O Mestre disse: "Merece ser um professor o homem que descobre o novo ao refrescar na sua mente aquilo que ele já conhece".

---

* Ver "O homem benevolente sente-se confortável com a benevolência" (IV.2).

12. O Mestre disse: "O cavalheiro não é um pote".*

13. Tzu-kung perguntou sobre como é o verdadeiro cavalheiro. O Mestre disse: "Ele coloca suas palavras em ação e só então permite que as palavras sigam-lhe a ação".

14. O Mestre disse: "O cavalheiro associa-se com pessoas, mas não entra em clubes; o pequeno homem entra em clubes, mas não se associa com ninguém".

15. O Mestre disse: "Se um homem aprende com os outros mas não pensa, ele ficará confuso. Se, por outro lado, um homem pensa mas não aprende com os outros, ele estará em perigo".

16. O Mestre disse: "Atacar uma questão pelo lado errado nada mais pode senão causar danos".

17. O Mestre disse: "Yu, vou lhe contar o que há para saber. Dizer que você sabe quando você sabe, e dizer que você não sabe quando não sabe: isso é conhecimento".

18. Tzu-chang estudava com o objetivo de seguir uma carreira oficial. O Mestre disse: "Use seus ouvidos amplamente, mas deixe de fora o que é duvidoso; repita o resto com cuidado e você cometerá poucos erros. Use seus olhos amplamente e deixe de fora o que é perigoso; coloque o resto em prática com cautela e você terá poucos arrependimentos. Quando ao falar você cometer poucos enganos e ao agir tiver poucos arrependimentos, uma carreira oficial decorrerá com certeza".

19. O duque Ai perguntou: "O que devo fazer para que o povo me admire?".

Confúcio respondeu: "Promova os homens corretos e coloque-os acima dos desonestos**, e o povo o admirará. Promova os

---

* Isto é, não é nenhum especialista, já que todo pote era destinado a um tipo de alimento apenas.
** Ver XII.22.

homens desonestos e coloque-os acima dos homens corretos, e o povo não o admirará".

20. Chi K'ang perguntou: "Como se pode inculcar no povo a virtude da reverência, de dar o melhor de si e com entusiasmo?".

O Mestre disse: "Governe-o com dignidade e o povo será reverente; trate-o com bondade e o povo dará o melhor de si; promova os homens bons e eduque os mais atrasados, e o povo ficará tomado de entusiasmo".

21. Alguém disse para Confúcio: "Por que o senhor não faz parte do governo?".

O Mestre disse: "O *Livro da História* diz: 'Oh, um homem pode exercer influência no governo simplesmente sendo um bom filho e amistoso com seus irmãos'.* Ao agir dessa forma um homem estará, de fato, fazendo parte do governo. Como ousam perguntar sobre ele fazer ativamente 'parte do governo'?".

22. O Mestre disse: "Não entendo como pode ser aceitável um homem que é desleal com suas palavras. Se falta um prego na canga de uma grande carruagem ou nos arreios de uma pequena carruagem, como pode se esperar que o carro vá em frente?".

23. Tzu-chang perguntou: "Pode-se prever como será o futuro, daqui a dez gerações?".

O Mestre disse: "Os Yin basearam-se nos ritos de Hsia. Pode-se saber o que foi acrescentado e o que foi omitido. Os Chou basearam-se nos ritos de Yin. Pode-se saber o que foi acrescentado e o que foi omitido. Se houver sucessores aos Chou, pode-se saber como serão, até mesmo daqui a cem gerações".

24. O Mestre disse: "Oferecer sacrifício ao espírito de um ancestral que não é nosso é bajulação. Não fazer o que é certo demonstra falta de coragem".

---

* Trecho de um capítulo que se perdeu de *Shu ching*, mas que foi incorporado de uma forma modificada no capítulo espúrio *Chün shih*. Veja *Shu ching chu shu*, 18.10a.

LIVRO III

1. Confúcio disse da família Chi: "Eles usam oito fileiras de dançarinas cada um* para performances no jardim. Se isso pode ser tolerado, o que não pode ser tolerado?".

2. As Três Famílias** recitavam o *yung**** quando as oferendas sacrificiais estavam sendo retiradas. O Mestre disse:

> Como plateia figuravam os grandes senhores,
> Em dignidade solene estava o imperador.

Que aplicação isso pode ter nos salões das Três Famílias?"

3. O Mestre disse: "O que pode um homem fazer com os ritos se ele não é benevolente? O que pode um homem fazer com a música se ele não é benevolente?"

4. Lin Fang perguntou sobre o fundamento dos ritos. O Mestre disse: "Uma nobre pergunta, de fato! Com os ritos, é melhor pecar pela simplicidade do que pela extravagância; em matéria de luto, é melhor pecar pela tristeza do que pela formalidade".

5. O Mestre disse: "Tribos bárbaras com seus líderes são inferiores aos reinos chineses sem líderes".

---

* Uma prerrogativa do imperador.
** As três famílias nobres do reino de Lu: Meng-sun, Shu-sun e Chi-sun.
*** A Ode 282, de onde vêm os versos citados.

6. A família Chi estava indo fazer sacrifícios para o monte T'ai*. O Mestre disse para Jan Ch'iu**: "Você não pode impedi-los?". "Não, não posso." O Mestre disse: "Oh! Mas quem pode imaginar que o monte T'ai desconhece os ritos assim como Lin Fang?".***

7. O Mestre disse: "Não há competição entre cavalheiros. O mais próximo disso é, talvez, no tiro com arco. No tiro com arco eles se curvam e dão lugar um para o outro quando iniciam e, ao terminarem, bebem juntos. Até mesmo a maneira com que competem é cavalheiresca".

8. Tzu-hsia perguntou:

"Seu encantador sorriso com covinhas,
Seus belos olhos esgazeando,
Padrões de cores em seda lisa.****

Qual o significado de tais linhas?".
O Mestre disse: "As cores são acrescentadas após o branco".
"E a prática dos ritos, também vem depois?"
O Mestre disse: "É você, Shang, quem iluminou o texto para mim. Apenas com um homem como você é possível discutir as *Odes*".

9. O Mestre disse: "Posso falar sobre os ritos de Hsia, mas o reino de Ch'i***** não preservou evidências suficientes; posso falar sobre

---

* Não sendo senhor do reino de Lu, o líder da família Chi não tinha direito de comandar o sacrifício para o monte T'ai, o que seria uma violação dos ritos.
** Que estava a serviço da família Chi.
*** Ver III.4, em que Lin Fang fez uma pergunta quanto aos fundamentos dos ritos.
**** As duas primeiras linhas dessa citação podem ser encontradas na Ode 57, mas não a terceira linha.
***** Após a deposição das duas dinastias, os descendentes da dinastia Hsia foram enfeudados pelo reino de Ch'i, enquanto que os da dinastia Yin foram enfeudados pelo reino de Sung.

os ritos de Yin, mas o reino de Sung não preservou evidências suficientes. Isso é porque não há registros suficientes nem homens de erudição. Não fosse assim, eu poderia sustentar o que digo em evidências".

10. O Mestre disse: "Não quero assistir à parte do sacrifício *ti** que vem depois da libação de abertura ao personificador".**

11. Alguém perguntou sobre o significado do sacrifício *ti*. O Mestre disse: "Não é algo que eu entenda, pois quem entender terá capacidade para gerenciar o império com tanta facilidade quanto se o tivesse aqui", apontando para a palma da mão.

12. "Sacrifício presente" diz-se que significa "sacrifique aos deuses como se os deuses estivessem presentes."
O Mestre, entretanto, disse: "A menos que eu participe do sacrifício, é como se eu nada tivesse sacrificado".

13. Wang-sun Chia disse:

"Melhor homenagear o fogão da cozinha
Do que o canto sudoeste da casa.***

O que isso significa?".
O Mestre disse: "O ditado está errado. Quando você ofende o Céu, não adianta voltar suas preces para nenhum outro lugar".

14. O Mestre disse: "A cultura de Chou resplandece, tendo o exemplo de duas dinastias anteriores****. Sou a favor dos Chou".

---

* Um sacrifício importante realizado pelo imperador, mas o privilégio de realizá--lo era concedido ao duque de Chou, o fundador da dinastia de Lu.

** O menino ou a menina que personificavam o ancestral morto para o qual as oferendas eram feitas.

*** "O canto sudoeste da casa" é o lugar de honra, de forma que Wang-sun Chia, sendo um ministro de Wei, provavelmente queria fazer referência ao senhor de Wei; e por "fogão", que deveria receber as homenagens, referia-se a si próprio.

**** Os Hsia e os Yin.

15. Quando o Mestre entrou no Grande Templo*, ele fez perguntas sobre tudo. Alguém observou: "Quem disse que o filho do homem de Tsou** entendia os ritos? Quando ele entrou no Grande Templo, ele fez perguntas sobre tudo".
O Mestre, ao ouvir isso, disse: "Fazer perguntas é, em si, o ritual correto".

16. O Mestre disse:

> "No tiro com arco, o objetivo não reside em perfurar o alvo
> Pela razão de que a força varia de homem para homem.

Essa era a ideia na Antiguidade".

17. Tzu-kung queria libertar a ovelha sacrificial no anúncio da lua nova. O Mestre disse: "Ssu, você está relutando em se desfazer do valor da ovelha, mas eu reluto em ver o fracasso do ritual".

18. O Mestre disse: "Você será visto pelos outros como alguém bajulador se observar cada detalhe dos ritos ao servir o seu senhor".

19. O duque Ting perguntou: "De que modo o governante deveria empregar o serviço dos seus ministros? Qual o modo com que um ministro deveria servir ao seu governante?".
Confúcio respondeu: "O governante deveria empregar o serviço dos seus ministros de acordo com os ritos. Um ministro deveria servir o seu governante dando o melhor de si".

20. O Mestre disse: "No *kuan chü**** há alegria sem futilidade, e tristeza sem amargura".

21. O duque Ai perguntou a Tsai Wo sobre o altar de sacrifício ao deus da terra. Tsai Wo respondeu: "Os Hsia usavam o pinho, os

---

* O templo do duque de Chou, o fundador do reino de Lu.
** "O homem de Tsou" refere-se ao pai de Confúcio.
*** A primeira das *Odes*.

Yin usavam o cedro, e os homens de Chou usavam castanheira (*li*), dizendo que fazia o povo tremer (*li*)".

O Mestre, ouvindo a resposta, comentou: "Não se explica o que já está feito, não se discute sobre o que já foi realizado, e não se condena o que já passou".

22. O Mestre disse: "Kuan Chung era, de fato, um vassalo de pouca capacidade".

Alguém observou: "Kuan Chung era frugal, então?".

"Kuan Chung mantinha três estabelecimentos independentes, cada um com uma equipe própria. Como poderia ele ser chamado de frugal?"

"Nesse caso, Kuan Chung entendia os ritos?"

"Governantes de reinos erigem anteparos de tela para seus portões; Kuan Chung também erigia tal anteparo. O governante de um reino, quando recebe o governante de outro reino, tem um suporte especial para descansar sua xícara; Kuan Chung igualmente tinha tal suporte. Se até Kuan Chung entendia os ritos, quem não os entende?"

23. O Mestre conversou sobre música com o grande musicista de Lu, dizendo: "Isso é o que se pode saber sobre música. Começa sendo tocada em uníssono. Quando flui totalmente, é harmoniosa, límpida e contínua. Desse modo chega à conclusão".

24. O fiscal de fronteira de Yi requereu uma audiência [com Confúcio], dizendo: "Nunca me foi negada nenhuma audiência por um cavalheiro que tenha vindo aqui". Os acompanhantes o apresentaram [a Confúcio]. Quando saiu, o oficial disse: "Estão preocupados, cavalheiros, com a perda do cargo? O Império há muito não segue o Caminho. O Céu vai usar o Mestre de vocês como o badalo de um sino".*

---

* Para sublevar o Império.

25. O Mestre disse, sobre *shao**, que era perfeitamente linda e perfeitamente boa e, sobre *wu***, que era perfeitamente linda, mas não perfeitamente boa.

26. O Mestre disse: "O que posso achar digno de nota em um homem a quem falta tolerância quando em uma alta posição, a quem falta reverência quando realiza os ritos e a quem falta tristeza quando em luto?".

---

* A música de Shun, que subiu ao trono por meio da abdicação de Yao.
** A música de King Wu, que subiu ao trono após derrubar Yin com auxílio de forças militares.

LIVRO IV

1. O Mestre disse: "A benevolência constitui o mais belo aspecto de uma vizinhança. Como pode ser considerado sábio um homem que, quando tem a possibilidade, não se estabelece em uma vizinhança benevolente?".

2. O Mestre disse: "Quem não é benevolente não pode permanecer por muito tempo em uma situação difícil e tampouco pode permanecer durante muito tempo em circunstâncias favoráveis.
"O homem benevolente é atraído pela benevolência porque ele se sente confortável com ela. O homem sábio é atraído pela benevolência porque percebe que ela lhe é favorável."

3. O Mestre disse: "Apenas o homem benevolente é capaz de gostar ou de não gostar de outros homens".

4. O Mestre disse: "Se um homem aplica o seu coração no caminho da benevolência, ele estará livre do mal".

5. O Mestre disse: "Riqueza e posições altas são o que os homens desejam, mas a menos que eu as conseguisse do jeito certo, eu não as manteria. Pobreza e posições baixas são o que os homens não querem, mas mesmo se eu não as conseguisse do modo certo, eu não tentaria escapar delas.*
"Se o cavalheiro abandona a benevolência, de que modo pode ele construir um nome para si? Um cavalheiro nunca abandona

---

* A frase provavelmente foi alterada. A negativa é provavelmente uma interpretação, e a frase deveria ser lida da seguinte forma: "Os homens não querem nem pobreza nem posições humildes, mas, se agindo do modo certo, fosse isso o que eu conseguisse, eu não tentaria fugir".

a benevolência, nem mesmo pelo pouco tempo que demora para se comer uma refeição. Se ele se apressa e tropeça, pode-se ter certeza de que é na benevolência que ele o faz".

6. O Mestre disse: "Nunca conheci um homem que amasse a benevolência ou um homem que odiasse a ausência dela*. Um homem que ama a benevolência não pode ser superado. Um homem que odeia a falta de benevolência pode, talvez, ser considerado benevolente, pois ele não permitiria que aquilo que não é benevolente contaminasse sua pessoa.
"Existe um homem que, pelo período de um só dia, seja capaz de dedicar toda a sua força à benevolência? Nunca conheci um homem cuja força seja insuficiente para essa tarefa. Deve haver casos de força insuficiente, mas simplesmente não os encontrei".*

7. O Mestre disse: "Os erros de um homem são condizentes ao tipo de pessoa que ele é. Observe os erros e você conhecerá o homem".

8. O Mestre disse: "Não viveu em vão aquele que morre no dia em que descobre o Caminho".

9. O Mestre disse: "Não há razão de buscar as opiniões de um Cavalheiro** que, apesar de aplicar seu coração no Caminho, tenha vergonha da comida simples e de suas roupas pobres".

10. O Mestre disse: "Nas suas relações com o mundo, o cavalheiro não é rigidamente contra ou a favor de nada. Ele fica do lado daquilo que é justo".

11. O Mestre disse: "Enquanto o cavalheiro acalenta o bom governo, o homem vulgar acalenta sua terra natal. Enquanto o

---

* Ver VI.12.
** Sobre o uso de "cavalheiro" e "Cavalheiro" na presente tradução, ver nota da p. 13.

cavalheiro acalenta respeito pela lei, o homem vulgar acalenta um tratamento generoso".*

12. O Mestre disse: "Se as ações de alguém são guiadas pelo lucro, esse alguém provocará muitos ressentimentos".

13. O Mestre disse: "Se um homem é capaz de governar um reino por meio da observação dos ritos e do respeito, que dificuldades terá na vida pública? Se ele é incapaz de governar um reino por meio da observação dos ritos e do respeito, de que lhe servem os ritos?"

14. O Mestre disse: "Não se preocupe por não ter um cargo oficial. Preocupe-se com as suas qualificações. Não se preocupe porque ninguém aprecia as suas qualidades. Procure ser merecedor de apreço".

15. O Mestre disse: "Ts'an! Uma única linha amarra todo o meu pensamento".
Tseng Tzu assentiu.
Depois que o Mestre tinha saído, os discípulos perguntaram: "O que ele quis dizer?"
Tseng Tzu disse: "O caminho do Mestre consiste em dar o melhor de si e usar a si próprio como medida para julgar os outros. Isso é tudo."

16. O Mestre disse: "O cavalheiro entende o que é moral. O homem vulgar entende o que é lucrativo".

17. O Mestre disse: "Quando conhecer alguém melhor do que você, dirija seus pensamentos para tornar-se igual a essa pessoa. Quando conhecer alguém tão bom quanto você, olhe para dentro e examine a si próprio".

_____
* A distinção entre "cavalheiro" e "homem vulgar" não é como a diferença entre o governante e o governado; tanto "cavalheiro" quanto "homem vulgar" incluem-se dentre a classe dos governados.

18. O Mestre disse: "Ao servir seu pai e sua mãe, você deve dissuadi-los das ações erradas do modo mais gentil. Se você vir seu conselho ser ignorado, não deve se tornar desobediente, mas permanecer reverente. Não reclame, mesmo que, com isso, você se canse".

19. O Mestre disse: "Enquanto seus pais estiverem vivos, não viaje para muito longe. Se o fizer, seu paradeiro deve sempre ser conhecido por eles".

20. O Mestre disse: "Se, por três anos, um homem não se desviar do caminho do seu pai, ele pode ser chamado de um bom filho".*

21. O Mestre disse: "Um homem não deve desconhecer a idade do seu pai e da sua mãe. É, por um lado, uma razão para alegrias e, por outro, para ansiedade".

22. O Mestre disse: "Na Antiguidade, os homens relutavam em falar. Isso porque consideravam vergonhoso se não conseguissem ser fiéis às suas palavras".

23. O Mestre disse: "É raro que um homem apegado às coisas essenciais perca o autocontrole".

24. O Mestre disse: "O cavalheiro procura ser suave no falar mas rápido no agir".

25. O Mestre disse: "A virtude nunca está sozinha. Está destinada a ter vizinhos".

26. Tzu-yu disse: "Ser inoportuno com seu senhor significará humilhação. Ser inoportuno com os amigos significará afastamento".

---

* Esse dizer também faz parte de I.11.

LIVRO V

1. O Mestre disse de Kung-yeh Ch'ang que ele era uma boa escolha para marido, pois, embora estivesse preso, não havia feito nada errado. E lhe deu sua filha em casamento.

2. O Mestre disse de Nan-jung que, quando o Caminho prevaleceu no reino, este não foi posto de lado e, quando o Caminho caiu em desgraça, ele ficou longe da humilhação e da punição. E lhe deu a filha do seu irmão mais velho em casamento.*

3. O comentário do Mestre sobre Tzu-chien foi "Que cavalheiro! Onde ele teria adquirido as suas qualidades, se não houvesse cavalheiros no reino de Lu?".

4. Tzu-kung perguntou: "O que acha de mim?".
O Mestre disse: "Você é um navio".**
"Que tipo de navio?"
"Um navio sacrificial".***

5. Alguém disse: "Yung é benevolente mas não fala muito bem".
O Mestre disse: "Qual a necessidade de ele falar bem? Um homem rápido nas respostas frequentemente provocará o ódio dos outros. Não posso dizer se Yung é benevolente ou não, mas qual a necessidade de ele falar bem?".

---

* Ver XI.6.
** Ver II.13.
*** Feito de jade.

6. O Mestre aconselhou Ch'i-tiao K'ai a assumir um cargo oficial. Ch'i-tiao K'ai disse: "Acho que ainda não estou pronto". O Mestre ficou satisfeito.

7. O Mestre disse: "Se o Caminho não pudesse prevalecer e eu fosse lançado ao mar em uma jangada, aquele que me seguiria seria Yu, sem dúvida alguma". Tzu-lu, ao ouvir isso, transbordou de alegria. O Mestre disse: "Yu tem mais amor à coragem do que eu, mas lhe falta juízo".

8. Meng Wu Po perguntou se Tzu-lu era benevolente. O Mestre disse: "Não posso dizer". Meng Wu Po repetiu a pergunta. O Mestre disse: "A Yu pode ser dada a responsabilidade de coordenar as tropas de um reino de mil carruagens, mas se ele é benevolente ou não, não posso dizer".

"E quanto a Ch'iu?"

O Mestre disse: "A Ch'iu pode ser dada a responsabilidade de administrar uma cidade de mil casas ou uma família nobre de cem carruagens, mas se ele é benevolente ou não, não posso dizer".

"E quanto a Ch'ih?"

O Mestre disse: "Quando Ch'ih coloca a sua faixa e toma lugar na corte, a ele pode ser dada a responsabilidade de conversar com os convidados, mas se ele é benevolente ou não, não posso dizer".

9. O Mestre disse a Tzu-kung: "Quem é o melhor homem, você ou Hui?".

"Como eu ousaria me comparar a Hui? Quando lhe é dita uma coisa, ele compreende cem coisas. Quando me é dita uma coisa, eu entendo apenas duas."

O Mestre disse: "De fato, você não é tão bom quanto ele. Nenhum de nós dois é tão bom quanto ele."

10. Tsai Yü estava na cama durante o dia. O Mestre disse: "Um pedaço de madeira podre não pode ser esculpido, tampouco pode uma parede de esterco seco ser aplainada. Em se tratando de Yü, de

que adianta condená-lo?". O Mestre acrescentou: "Eu costumava ouvir as palavras de um homem e confiar que ele agiria de acordo. Agora, tendo ouvido as palavras de um homem, parto para observar suas ações. Foi por causa de Yü que mudei quanto a isso."

11. O Mestre disse: "Nunca conheci alguém que fosse verdadeiramente constante".
Alguém perguntou: "E quanto a Shen Ch'eng?".
O Mestre disse: "Ch'eng é cheio de desejos. Como pode ser constante?".

12. Tzu-kung disse: "Do mesmo modo que não quero que os outros mandem em mim, também não quero mandar nos outros".
O Mestre disse: "Ssu, isso ainda está bem acima de você".

13. Tzu-kung disse: "Pode-se ouvir sobre as realizações do Mestre, mas não se pode ouvir suas opiniões sobre a natureza humana e o Caminho para o Céu".

14. A única coisa que Tzu-lu temia era que, antes que pudesse colocar em prática algo que aprendera, lhe ensinassem outra coisa diferente.

15. Tzu-kung perguntou: "Por que K'ung Wen Tzu foi chamado de *wen*?".
O Mestre disse: "Ele era rápido e ávido por aprender: não teve vergonha de buscar o conselho daqueles que lhe eram inferiores em posição. É por isso que ele é chamado *wen*".*

16. O Mestre disse sobre Tzu-ch'an que sob quatro aspectos ele tinha as maneiras de um cavalheiro: era respeitoso no modo como se comportava; era reverente no serviço ao seu senhor; ao

---

* No capítulo que trata de títulos póstumos no Yi Chou shu é dito que "a concentração no estudo e a busca de aconselhamento são chamados de wen" (p. 196). É bem provável que o Yi chou shu, embora tradicionalmente seja considerado mais antigo, tenha, na verdade, em *Os analectos* uma das suas fontes.

tratar com as pessoas comuns, ele era generoso e, ao empregar os serviços destas, era justo.

17. O Mestre disse: "Yen P'ing-chung era um excelente amigo: mesmo quando conhecia seus amigos há muito tempo, ele os tratava com reverência".

18. O Mestre disse: "Ao fazer uma casa para sua grande tartaruga, Wen-chung mandou esculpir os capitéis dos pilares na forma de montanhas e pintar os caibros do telhado com desenhos de plantas aquáticas. O que se deve pensar sobre a inteligência dele?".

19. Tzu-chang perguntou: "Ling Yin* Tzu-wen não demonstrou júbilo algum quando por três vezes foi feito primeiro-ministro. Tampouco demonstrou desgosto quando por três vezes foi removido do cargo. Ele sempre dizia ao seu sucessor o que havia feito durante seu mandato. O que acha disso?"

O Mestre disse: "Ele pode, de fato, ser considerado um homem que dá o melhor de si".

"E pode ele ser chamado de benevolente?"

"Sequer pode ser chamado de sábio. Como poderia ser chamado de benevolente?"

"Quando o senhor de Ch'i foi assassinado por Ts'ui Tzu, Ch'en Wen Tzu, que possuía dez grupos de quatro cavalos cada, abandonou-os e deixou o reino. Ao chegar em outro reino, ele disse: 'Os oficiais aqui não são melhores do que o nosso ministro Ts'ui Tzu' e partiu de novo. O que acha disso?"

O Mestre disse: "Ele pode, de fato, ser considerado um homem puro".

"Pode ele ser chamado de benevolente?"

"Sequer pode ser chamado de sábio. Como poderia ser chamado de benevolente?"

---

* Ling Yin era o título dado no reino de Lu para primeiro-ministro.

20. Chi Wen Tzu sempre pensava três vezes antes de agir. Quando o Mestre ficou sabendo disso, comentou: "Duas vezes é suficiente".

21. O Mestre disse: "Ning Wu Tzu era inteligente enquanto o Caminho prevalecia no reino, mas foi estúpido quando não prevaleceu. Outros podem igualar sua inteligência, mas não podem igualar sua estupidez".

22. Quando estava em Ch'en, o Mestre disse: "Vamos para casa. Vamos para casa. Em casa, nossos jovens rapazes são furiosamente ambiciosos e têm grandes talentos, mas não sabem usá-los".

23. O Mestre disse: "Po Yi e Shu Ch'i nunca lembravam de velhas rixas. Por essa razão, muito raramente provocavam ressentimentos".

24. O Mestre disse: "Quem disse que Wei-sheng era correto? Uma vez, quando um pedinte lhe mendigou vinagre, ele foi e pediu-o para um vizinho".

25. O Mestre disse: "Palavras ardilosas, rosto adulador e absoluta subserviência: essas coisas Tso-ch'iu considerava vergonhosas. Eu também as considero vergonhosas. Ser amigável com alguém enquanto escondemos nossa hostilidade: também isso Tso-ch'iu considerava vergonhoso. Eu também considero vergonhoso".

26. Yen Yüan e Chi-lu estavam presentes. O Mestre disse: "Sugiro que cada um de vocês me conte os seus desejos mais fortes".

Tzu-lu disse: "Eu desejaria partilhar minha carruagem e cavalos, roupas e peles com meus amigos sem me arrepender, mesmo que eles ficassem gastos".

Yen Yüan disse: "Eu desejaria nunca me vangloriar da minha própria bondade e nunca impor tarefas pesadas aos outros".

Tzu-lu disse: "Eu gostaria de ouvir quais os seus desejos secretos, Mestre".

O Mestre disse: "Trazer paz aos velhos, ter confiança nos meus amigos e dar afeto aos jovens".

27. O Mestre disse: "Acho que devo abandonar as esperanças. Ainda estou para conhecer o homem que, ao ver os próprios erros, seja capaz de se criticar internamente".

28. O Mestre disse: "Em um vilarejo de dez casas, sempre haverá aqueles que são meus iguais quanto a fazer o melhor que podem pelos outros e quanto a ser fiéis às próprias palavras, mas dificilmente terão tanta vontade de aprender quanto eu tenho".

LIVRO VI

1. O Mestre disse: "A Yung pode ser dado o assento de frente para o sul".*

2. Chung-kung perguntou sobre Tzu-sang Po-tzu. O Mestre disse: "É sua simplicidade de estilo que o torna aceitável".
Chung-kung disse: "Ao governar o povo, não é aceitável ser exigente consigo mesmo e condescendente ao tomar medidas? Por outro lado, não é exagerar na simplicidade ser condescendente consigo mesmo, assim como ao tomar medidas?".
O Mestre disse: "Yung tem razão no que ele diz".

3. Quando o duque Ai perguntou qual dos seus discípulos tinha sede de aprender, Confúcio respondeu: "Havia um Yen Hui que tinha sede de aprender. Ele não descarregava sua raiva em uma pessoa inocente, tampouco cometia o mesmo erro duas vezes. Infelizmente, o tempo de vida que lhe coube era curto, e ele morreu. Agora, não há ninguém. Ninguém com sede de aprender chegou ao meu conhecimento".

4. Jan Tzu pediu grãos para dar à mãe de Tzu-hua, que estava fora em uma missão para Ch'i. O Mestre disse: "Dê-lhe um *fu***". Jan Tzu pediu mais. "Dê-lhe um *yü*". Jan Tzu deu-lhe cinco *ping* de grãos.
O Mestre disse: "Ch'ih foi para Ch'i carregado por cavalos bem-alimentados e usando finas peles. Sempre ouvi dizer que

---

* O assento do governante.

** *Fu*, *yü* e *ping* são medidas para alimentos secos em ordem crescente de quantidade.

um cavalheiro dá para ajudar os necessitados, e não para manter os ricos em uma vida farta".

5. Ao tornar-se seu* administrador, Yüan Ssu recebeu novecentas medidas de grãos, as quais declinou. O Mestre disse: "Os grãos não podem ser úteis para ajudar as pessoas no teu vilarejo?".

6. O Mestre disse de Chung-kung: "Se um touro nascido de gado de arado tivesse cor castanha e chifres bem-formados, será que os espíritos das montanhas e dos rios o rejeitariam, mesmo que não o achássemos bom o suficiente para ser usado?".

7. O Mestre disse: "Em seu coração, Hui pode praticar a benevolência durante três meses ininterruptos. Os outros atingem a benevolência meramente por ataques repentinos".

8. Chi K'ang Tzu perguntou: "Chung Yu é bom o suficiente para que lhe seja oferecido um cargo oficial?".
O Mestre disse: "Yu é decidido. Que dificuldades ele poderia encontrar ao assumir um cargo?".
"Ssu é bom o suficiente para que lhe seja oferecido um cargo oficial?"
"Ssu é um homem inteligente. Que dificuldades ele poderia encontrar ao assumir um cargo?"
"Ch'iu é bom o suficiente para que lhe seja oferecido um cargo oficial?"
"Ch'iu é um homem completo. Que dificuldades ele poderia encontrar ao assumir um cargo?"

9. A família Chi queria fazer de Min Tzu-ch'ien o administrador de Pi. Min Tzu-ch'ien disse: "Decline a oferta delicadamente por mim. Se alguém tornar a vir atrás de mim, estarei do outro lado do rio Wen".**

---

* Ou seja, de Confúcio.
** Isto é, do outro lado da fronteira, no reino de Ch'i.

10. Po-niu estava doente. O Mestre visitou-o e, segurando sua mão através da janela, disse: "Vamos perdê-lo. Deve ser o Destino. Por que outra razão tal homem seria fulminado por tal doença? Por que outra razão tal homem seria fulminado por tal doença?".

11. O Mestre disse: "Como Hui é admirável! Morar em um pequeno casebre com uma tigela de arroz e uma concha de água por dia é uma provação que a maioria dos homens acharia intolerável, mas Hui não permite que isso atrapalhe sua alegria. Como Hui é admirável!".

12. Jan Ch'iu disse: "Não é que eu não esteja satisfeito com o Caminho do Mestre, mas me faltam forças". O Mestre disse: "Um homem a quem faltam forças entra em colapso ao longo do trajeto. Mas você desiste antes de começar".

13. O Mestre disse para Tzu-hsia: "Seja um *ju** cavalheiro, não um *ju* mesquinho".

14. Tzu-yu era o governador de Wu Ch'eng. O Mestre disse: "Você fez alguma descoberta lá?".
"Há um T'an-t'ai Mieh-ming que nunca toma atalhos e que nunca esteve em meus aposentos, exceto por razões oficiais".

15. O Mestre disse: "Meng chih Fan não era dado a vangloriar--se. Quando o exército tomou a estrada, ele ficou na retaguarda. Mas, ao adentrar o portão, ele esporeava** seu cavalo, dizendo: 'Eu não fiquei para trás por modéstia. Simplesmente, meu cavalo recusava-se a ir adiante'".

---

* O significado original da palavra é incerto, mas provavelmente se referia a homens para os quais as qualidades intelectuais eram mais importantes do que as qualidades de um guerreiro. Em épocas posteriores, *ju* tornou-se o nome dado aos confucianistas.

** De acordo com o relato em *Tso chuan*.

16. O Mestre disse: "Você pode ter a beleza de Sung Chao, mas será difícil escapar ileso neste mundo se, ao mesmo tempo, não tiver a eloquência do sacerdote T'uo".

17. O Mestre disse: "Quem é que pode sair de uma casa sem usar a porta? Por que, então, este Caminho não é seguido?".

18. O Mestre disse: "Quando a natureza de alguém prevalece sobre a educação recebida, o resultado será uma pessoa intratável. Quando a educação prevalece sobre a natureza, o resultado será uma pessoa pedante. Apenas uma mistura bem equilibrada das duas resultará em cavalheirismo".

19. O Mestre disse: "Um homem sobrevive graças à sua retidão. Um homem que engana os outros sobrevive graças à sorte de ser poupado".

20. O Mestre disse: "Gostar de algo é melhor do que meramente conhecê-lo, e encontrar alegria nesse algo é melhor do que meramente gostar dele".

21. O Mestre disse: "Você pode explicar àqueles que estão acima da média sobre os melhores, mas não pode explicar àqueles que estão abaixo da média".

22. Fan Ch'ih perguntou sobre a sabedoria. O Mestre disse: "Trabalhar pelas coisas às quais o povo tem direito e manter-se à distância dos deuses e dos espíritos enquanto lhes mostra reverência pode ser chamado de sabedoria".

Fan Ch'ih perguntou sobre a benevolência. O Mestre disse: "O homem benevolente colhe o benefício apenas após vencer as dificuldades. Isso pode ser chamado de benevolência".*

23. O Mestre disse: "O sábio encontra alegria na água. O bene-

---

* Ver XII. 22, em que Confúcio dá respostas diferentes a perguntas iguais de Fan Ch'ih.

volente encontra alegria nas montanhas. Os sábios são ativos; os benevolentes são plácidos. Os sábios são alegres; os benevolentes são longevos".

24. O Mestre disse: "Com uma só reforma, Ch'i pode ser transformado em um Lu, e Lu, com uma só reforma, pode ser levado a atingir o Caminho".*

25. O Mestre disse: "Uma garrafa *ku*** que não mede volume algum. Que garrafa *ku* estranha! Que garrafa *ku* estranha!".

26. Tsai Wo perguntou: "Se a um homem benevolente fosse dito que havia outro homem benevolente no poço, iria ele, ainda assim, juntar-se ao outro?".
O Mestre disse: "Por que deveria ser esse o caso? Um cavalheiro pode ser mandado para lá, mas não pode ser atraído à armadilha. Ele pode ser enganado, mas não pode ser feito de bobo".

27. O Mestre disse: "O cavalheiro que é muito culto mas que é levado às coisas essenciais pelos ritos dificilmente vai se voltar contra aquilo que apoiou".

28. O Mestre foi ver Nan Tzu.*** Tzu-lu não gostou. O Mestre jurou: "Se fiz algo inapropriado, que o castigo do Céu caia sobre mim! Que o castigo do Céu caia sobre mim!".

29. O Mestre disse: "Supremo, de fato, é o Caminho do Meio como virtude moral. Tem sido raro entre o povo há muito tempo".

30. Tzu-kung disse: "Se houvesse um homem que desse generosamente ao povo e trouxesse auxílio às multidões, o que o senhor pensaria dele? Ele poderia ser considerado benevolente?".

---

* Por "Ch'i" e "Lu" o texto refere-se, mais provavelmente, ao reino de Ch'i e ao reino de Lu, este último terra natal de Confúcio. (N.T.)
** Com medidor de capacidade.
*** A conhecida mulher do duque Ling, de Wei.

O Mestre disse: "Nesse caso não se trata mais de benevolência. Se é preciso descrever tal homem, 'sábio' é, talvez, a palavra adequada. Mesmo Yao e Shun achariam difícil realizar tanto. Mas, por outro lado, um homem benevolente ajuda os outros a firmar sua atitude do mesmo modo que ele próprio deseja firmar a sua* e conduz os outros a isso do mesmo modo que ele próprio deseja chegar lá. A capacidade de tomar o que está ao alcance da mão** como parâmetro pode ser considerado o método da benevolência".

---

* É nos ritos que alguém firma sua atitude. Ver "firme sua atitude com os ritos" (VIII.8) e "A menos que estude os ritos, não será capaz de assumir teu lugar no mundo" (XVI.13).
** Isto é, a própria pessoa que faz o julgamento.

LIVRO VII

1. O Mestre disse: "Eu transmito, mas não inovo; sou verdadeiro no que digo e devotado à Antiguidade. Arrisco me comparar ao nosso Velho P'eng".*

2. O Mestre disse: "Silenciosamente depositar conhecimento na minha mente, aprender sem perder a curiosidade, ensinar sem cansar: isso não me apresenta dificuldade alguma".

3. O Mestre disse: "Estas são as coisas que me causam preocupação: não conseguir cultivar a virtude, não conseguir ir mais fundo naquilo que aprendi, incapacidade de, quando me é dito o que é certo, tomar uma atitude e incapacidade de me reformar quando apresento defeitos".

4. Durante seus momentos de lazer, o Mestre permanecia altivo, embora relaxado.

5. O Mestre disse: "Como caí montanha abaixo! Faz tanto tempo desde que sonhei com o duque de Chou".

6. O Mestre disse: "Aplico meu coração no caminho, baseio-me na virtude, confio na benevolência para apoio e encontro entretenimento nas artes".

7. O Mestre disse: "Nunca neguei instrução para ninguém que, por vontade própria, tenha me dado um pacote de carne seca de presente".

---
* Não se sabe quem era o Velho P'eng.

8. O Mestre disse: "Nunca explico nada para alguém que não esqueça do mundo ao tentar entender um problema ou que não entre em um frenesi ao tentar se expressar por palavras.

"Se mostro um dos cantos de um quadrado para alguém e essa pessoa não consegue encontrar os outros três, não mostro uma segunda vez."

9. Ao fazer uma refeição na presença de alguém que estivesse de luto, o Mestre nunca comia toda sua porção.

10. O Mestre nunca cantava se, naquele dia, tivesse chorado.

11. O Mestre disse para Yen Yüan: "Apenas você e eu temos a habilidade de aparecer quando requisitados e de desaparecer quando deixados de lado".

Tzu-lu disse: "Se você estivesse liderando os Três Exércitos, quem levaria consigo?".

O Mestre disse: "Eu não levaria comigo ninguém que tentasse lutar com um tigre usando apenas as próprias mãos ou cruzar o rio* a nado e morrer na tentativa sem mostrar arrependimento. Se eu levasse alguém, teria que ser um homem que, ao se defrontar com uma missão, tivesse medo do fracasso e que, ao mesmo tempo que gostasse de fazer planos, fosse capaz de executá-los com sucesso".

12. O Mestre disse: "Se a riqueza fosse um objetivo decente, eu, para obtê-la, estaria disposto até mesmo a trabalhar como zelador do lado de fora do mercado, com um chicote na mão. Se não é, devo seguir minhas próprias preferências".

13. Jejum, guerra e doença eram coisas que o Mestre tratava com cuidado.

14. O Mestre ouviu o *shao*** em Ch'i e por três meses não sentiu

---

* Na literatura chinesa antiga, "o Rio" significava o rio Amarelo.
** A música de Shun. Ver III.25.

o gosto das refeições que comia. Ele disse: "Jamais sonhei que as alegrias da música pudessem chegar a tais alturas".

15. Jan Yu disse: "O Mestre está do lado do senhor de Wei?".*
Tzu-kung disse: "Bem, vou perguntar a ele".
Ele entrou e disse: "Que tipo de homens eram Po Yi e Shu Ch'i?".
"Eram excelentes anciãos."
"Tinham alguma queixa?"
"Procuravam a benevolência e a encontraram. Então, por que teriam qualquer queixa?"
Quando Tzu-kung saiu, ele disse: "O Mestre não está do lado dele".

16. O Mestre disse: "Ao comer arroz comum e ao beber água, ao utilizar o próprio cotovelo como apoio, a alegria será encontrada. Riqueza e *status* conquistados por meios imorais têm tanto a ver comigo quanto as nuvens que passam".

17. O Mestre disse: "Concedam-me mais alguns anos para que eu possa estudar até os cinquenta, e então estarei livre de maiores erros".

18. As coisas para as quais o Mestre usava a pronúncia correta: as *Odes*, o *Livro da História* e a realização das cerimônias rituais. Em todos esses casos ele usava a pronúncia correta.

19. O governador do She perguntou a Tzu-lu sobre Confúcio. Tzu-lu não respondeu. O Mestre disse: "Por que você não falou simplesmente o seguinte: ele é o tipo de homem que esquece de comer quando está distraído com um problema, que é tão alegre

---

* Isto é, Che, filho do príncipe K'uai K'ui, que era filho do duque Ling. Depois de fracassar em sua tentativa de matar Nan Tzu, a conhecida esposa do seu pai, o príncipe K'uai K'ui fugiu para Chin. Com a morte do duque Ling, Che subiu ao trono. Com o apoio do exército Chin, o príncipe K'uai K'ui conseguiu instalar-se na cidade de Ch'i, em Wei, esperando por uma oportunidade de tirar seu filho do poder. Nessa época Confúcio esteve em Wei, e o que Jan Yu queria saber era se ele era favorável a Che.

que esquece suas preocupações e que não percebe a aproximação da velhice?".

20. O Mestre disse: "Não nasci com conhecimento, mas, por gostar do que é antigo, apressei-me em buscá-lo".

21. Os assuntos sobre os quais o Mestre não discorria eram milagres, violência, desordem e espíritos.

22. O Mestre disse: "Sou fadado a, mesmo enquanto caminho na companhia de dois homens quaisquer, aprender com eles. Imito as qualidades de um; os defeitos do outro, corrijo-os em mim mesmo".

23. O Mestre disse: "O Céu é o autor da virtude que há em mim. O que pode Huan T'ui fazer comigo?".*

24. O Mestre disse: "Meus amigos, acham que sou misterioso? Não há nada que eu esconda de vocês. Não há nada que eu não compartilhe com vocês, meus amigos. Eis como sou".

25. O Mestre ensina quatro matérias: cultura, conduta moral, fazer o melhor possível e ser coerente com aquilo que se diz.

26. O Mestre disse: "Não tenho qualquer esperança de encontrar um sábio. Ficaria contente se encontrasse um cavalheiro".

O Mestre disse: "Não tenho qualquer esperança de encontrar um homem bom. Eu ficaria contente se encontrasse alguém constante.** É difícil considerar constante um homem que diz ter quando lhe falta, que diz estar cheio quando está vazio e estar confortável quando está em circunstâncias difíceis".

27. O Mestre usava uma linha de pesca, mas não uma rede; ele sabia usar o arco, mas não atirava em pássaros que cantassem.

___

* De acordo com a tradição, isso foi dito quando Huan T'ui, o ministro da Guerra de Sung, tentou matar Confúcio.
** Ver XII.22.

28. O Mestre disse: "Existem, presumivelmente, homens que inovam sem possuir conhecimento, mas essa é uma falha que não tenho. Faço amplo uso de meus ouvidos e sigo o que é bom daquilo que ouvi; faço amplo uso dos meus olhos e retenho na minha mente o que vi.* Isso constitui o melhor substituto para o conhecimento inato".**

29. Era difícil ensinar algo ao povo de Hu Hsiang. Um menino foi recebido pelo Mestre, e os discípulos ficaram perplexos. O Mestre disse: "Aprovação à vinda dele não significa aprovação quando ele não está aqui. Por que deveríamos ser tão preciosistas? Quando um homem vem a nós após ter se purificado, aprovamos sua purificação, mas não podemos chancelar seu passado".***

30. O Mestre disse: "A benevolência é realmente algo tão distante? Tão logo a desejo e ela está aqui".

31. Ch'en Ssu-pai perguntou se o duque Chao era versado nos ritos. Confúcio disse: "Sim".

Depois de Confúcio ir embora, Ch'en Ssu-pai, curvando-se para Wu-ma Ch'i, convidou este para se aproximar e disse: "Ouvi dizer que um cavalheiro não demonstra parcialidade. E mesmo assim o seu Mestre é parcial? O senhor tomou como esposa uma filha de Wu, que é do mesmo clã que ele****, mas ele permite que ela seja chamada Wu Meng Tzu*****. Se esse senhor é versado nos ritos, quem não é?".

---

* Ver XV.3.
** Ver "Os melhores são aqueles que nascem com conhecimento. Em seguida vêm aqueles que adquirem conhecimento por meio do estudo" (XVI.9).
*** Foi sugerido que essa frase deveria, na verdade, situar-se no início da observação de Confúcio.
**** Que leva o nome Chi.
***** Quando ela devia se chamar Wu Chi. Chamá-la de Wu Meng era uma tentativa de tentar passar por cima do fato de que ela partilhava o mesmo nome de família, Chi.

Quando Wu-ma Ch'i relatou-lhe isso, o Mestre disse: "Sou um homem de sorte. Sempre que cometo um erro, as outras pessoas percebem".*

32. Quando o Mestre estava cantando na companhia de outros homens e gostava da música de um companheiro, ele sempre pedia para ouvi-la mais uma vez antes de tomar parte no coro.

33. O Mestre disse: "Quanto a fazer esforços irrestritos, sou igual aos outros homens, mas quanto a viver de acordo com os preceitos de um cavalheiro, não obtive, ainda, sucesso algum".

34. O Mestre disse: "Como posso me considerar um sábio ou um homem benevolente? Talvez possa ser dito sobre mim que aprendo sem esmorecer e que ensino sem me cansar".** Jung-hsi Hua disse: "Isso é, precisamente, aquilo que nós, discípulos, somos incapazes de aprender com o seu exemplo".

35. O Mestre estava gravemente doente. Tzu-lu pediu permissão para fazer uma oração. O Mestre disse: "Isso foi feito alguma vez?". Tzu-lu disse: "Sim, foi. A oração foi a seguinte: rogo aos espíritos do mundo inferior e do mundo superior". O Mestre disse: "Nesse caso, há tempos venho oferecendo minhas orações".

36. O Mestre disse: "Extravagância significa ostentação; frugalidade significa desalinho. Eu preferiria ser um maltrapilho do que um ostentador".

37. O Mestre disse: "O cavalheiro tem a mente tranquila, enquanto o homem vulgar está sempre tomado de ansiedade".

38. O Mestre é cordial embora severo, inspira autoridade sem ser bravo e é respeitoso ao mesmo tempo em que é tranquilo.

---

* Sendo um nativo de Lu, Confúcio preferiria ser criticado por parcialidade do que aparentar uma atitude abertamente crítica em relação ao senhor.
** *Mencius*, II.A.2 (p. 29), contém o que parece ser uma versão mais completa dessa passagem.

LIVRO VIII

1. O Mestre disse: "Seguramente T'ai Po pode ser considerado muito virtuoso. Três vezes ele abriu mão de seu direito de governar o Império sem dar ao povo a oportunidade de louvá-lo".

2. O Mestre disse: "A menos que um homem tenha o espírito dos ritos, ao ser respeitoso ele vai exaurir a si mesmo, ao ser cuidadoso ele vai se tornar tímido, ao ter coragem ele vai se tornar indisciplinado e, ao ser íntegro, ele vai se tornar intolerante.*

"Quando o cavalheiro sente profunda afeição por seus pais, o povo será levado à benevolência. Quando ele não esquece amigos de longa data, o povo não fugirá de suas obrigações."

3. Quando estava seriamente doente, Tseng Tzu chamou seus discípulos e disse: "Olhem para as minhas mãos. Olhem para os meus pés. As *Odes* dizem:

> Com medo e tremendo
> Como se aproximando de um profundo abismo,
> Como se andando sobre gelo fino.**

Somente agora tenho a certeza de ter sido poupado***, meus jovens amigos."

---

* Ver XVII.8.
** Ode 195.
*** Isto é, agora que ele estava à beira da morte, ele tinha a certeza de ter evitado, ao longo da vida, o risco de mutilação do seu corpo – morrer com o corpo intacto, tal qual viera ao mundo, era um dever que os chineses acreditavam ter para com seus pais e outros ancestrais.

4. Tseng Tzu estava muito doente. Quando Meng Ching Tzu o visitou, eis o que Tseng Tzu disse:

> Triste é o canto de um pássaro que morre;
> Boas são as palavras de um homem que morre.

"Há três coisas que o cavalheiro mais valoriza no Caminho: ficar longe de violência ao apresentar uma aparência séria, tornar-se confiável ao mostrar no rosto uma expressão apropriada e evitar ser entediante e pouco razoável ao falar em um tom apropriado. Quanto às questões da liturgia ritual, há oficiais responsáveis por isso."

5. Tseng Tzu disse: "Ser competente e ainda assim pedir conselho para aqueles que não são. Ter muitos talentos e no entanto pedir conselho para aqueles que têm poucos. Ter e no entanto parecer que não tem. Estar cheio e no entanto parecer vazio.* Sofrer uma transgressão e no entanto não se importar. Era para esses objetivos que meu amigo** costumava dirigir seus esforços".

6. Tseng Tzu disse: "Se a um homem pode ser confiado um órfão de seis *ch'ih**** de altura e o destino de um reino de cem *li* quadrados de tamanho, sem que ele se desvie dos seus propósitos nem mesmo em momentos de crise, não se trata de um cavalheiro? Trata-se, de fato, de um cavalheiro".

7. Tseng Tzu disse: "Um Cavalheiro deve ser forte e resoluto, pois seu fardo é pesado e sua estrada, longa. Ele toma a benevolência como fardo. Isso não é pesado? Apenas com a morte a estrada chega a um final. Isso não é longo?".

8. O Mestre disse: "Inspire-se nas *Odes*, firme sua atitude com os ritos e aperfeiçoe-se pela música".

---

* Isso se opõe ao homem "que diz ter quando lhe falta, que diz estar cheio quando está vazio" (VII.26).
** De acordo com a tradição, trata-se de uma referência a Yen Hui.
*** O *ch'ih* na época de Tseng Tsu era bem menor que o pé atual [de 30,48cm].

9. O Mestre disse: "O povo pode ser obrigado a seguir um caminho, mas não pode ser forçado a entendê-lo".

10. O Mestre disse: "A insatisfação com a pobreza levará um homem de índole corajosa a um comportamento indisciplinado. O ódio excessivo levará homens que não são benevolentes a um comportamento indisciplinado".

11. O Mestre disse: "As qualidades de um homem tão talentoso quanto o duque de Chou não mereceriam atenção se ele fosse também arrogante e egoísta".

12. O Mestre disse: "Não é fácil achar um homem capaz de estudar durante três anos sem pensar em receber um salário".

13. O Mestre disse: "Dedique-se com fé a aprender e espere a morte da maneira certa. Não entre em um reino instável; não permaneça em um reino instável. Mostre-se quando o Caminho vingar no Império, mas esconda-se quando isso não acontecer. É vergonhoso ser pobre e humilde quando o Caminho prevalece no reino. Igualmente, é vergonhoso ser rico e nobre quando o Caminho cai em desgraça no reino".

14. O Mestre disse: "Não se preocupe com questões de governo a menos que sejam da responsabilidade do seu cargo".*

15. O Mestre disse: "Quando Chih, o mestre de música, começa a tocar, e quando o *Kuan chü*** chega ao fim, como o som enche os ouvidos!".

16. O Mestre disse: "Homens que rejeitam a disciplina e que, no entanto, não são corretos, homens que são ignorantes e que, no entanto, não são cautelosos, homens que são desprovidos de habilidade e que, no entanto, são inconfiáveis estão bem além da minha compreensão".

---

* Essa observação faz parte de XIV.26.
** A primeira das *Odes*.

17. O Mestre disse: "Mesmo com um homem que persegue os estudos como quem luta pela própria vida meu temor é que ainda assim ele não consiga fazê-lo a tempo".

18. O Mestre disse: "Quão superiores Shun e Yü foram ao se manter à distância do Império quando, na verdade, tinham domínio sobre ele".

19. O Mestre disse: "Yao foi de fato um grande governante! Que sublime! O Céu é grande, e Yao espelhou-se nele. Ele era tão grandioso que o povo não tinha palavras para louvar-lhe as virtudes. Superior foi ele em seus sucessos e brilhante em suas realizações!".

20. Shun tinha cinco oficiais, e o Império era bem governado. O rei Wu disse: "Tenho dez oficiais competentes".

Confúcio comentou: "É difícil encontrar pessoas talentosas: que verdade! Os tempos de T'ang e Yü* foram ricos em pessoas talentosas.** Eram, na verdade, apenas nove, incluindo uma mulher.*** A dinastia Chou continuou servindo a Yin mesmo quando dominava dois terços do Império. A virtude de Chou pode ser considerada suprema".

21. O Mestre disse: "Em Yü não encontro defeito algum. Ele comia e bebia frugalmente ao passo que fazia oferendas aos espíritos dos ancestrais e aos deuses com a mais extrema devoção, apropriada a um descendente. Ele vestia roupas comuns ao passo que não poupava enfeites em suas vestes e chapéus litúrgicos. Ele morava em pobres casebres ao passo que devotava toda sua energia à construção de canais de irrigação. Em Yü não encontro defeito algum".

---

* T'ang, aqui, é o nome da dinastia de Yao, e Yü o nome da dinastia de Shun. Não confundir com T'ang, o fundador da dinastia Yin ou Shang, e Yü, o fundador da dinastia Hsia.

** E, no entanto, Shun tinha apenas cinco oficiais.

*** No caso do rei Wu.

LIVRO IX

1. As ocasiões em que o Mestre falava sobre lucro, Destino e benevolência eram raras.

2. Um homem de um vilarejo em Ta Hsiang disse: "Grande é Confúcio! Ele acumulou muito conhecimento, mas não se sobressaiu pessoalmente em campo nenhum". O Mestre, ao ouvir isso, disse aos seus discípulos: "Em que deveria eu tornar-me proficiente? Em dirigir? Ou no arco? Acho que preferiria dirigir".

3. O Mestre disse: "Os ritos prescrevem um boné cerimonial de linho. Hoje, usamos seda preta no lugar. Isso é mais frugal, e eu sigo a maioria. Os ritos prescrevem que a pessoa se prostre antes de subir os degraus. Hoje faz-se isso após tê-los descido. Isso é casual, e, embora indo de encontro à maioria, sigo a prática de prostrar-me antes de subir".

4. Havia quatro coisas com as quais o Mestre recusava ter qualquer relação: recusava-se a fazer conjecturas* ou a ser dogmático; recusava-se a ser inflexível ou egocêntrico.

5. Quando estava em estado de sítio em K'uang, o Mestre disse: "Com o rei Wen morto, a civilização (*wen*) não depende agora de mim? Se o Céu quer que a civilização seja destruída, aqueles que vierem depois de mim não terão qualquer coisa a ver com ela. Se o Céu não quer que esta civilização seja destruída, então o que os homens de K'uang podem fazer contra mim?".

---

* Ver "Se um homem, sem prever traições (...) é capaz de ser o primeiro a percebê-la, ele deve ser um homem capaz" (XIV.31).

6. O *t'ai tsai** perguntou a Tzu-kung: "Com certeza o Mestre é um sábio, não é mesmo? De outra forma, por que teria ele tantas habilidades?". Tzu-kung disse: "É verdade, o Céu colocou-o no caminho da sabedoria. Entretanto, ele tem vários outros talentos". O Mestre, ao ouvir isso, disse: "Como o *t'ai tsai* me conhece bem! Eu era de origem humilde quando jovem. É por isso que tenho várias habilidades manuais. Mas deveria um cavalheiro ter várias habilidades? Não, de modo algum".

7. Lao** disse: "O Mestre disse 'Nunca recebi um cargo oficial. É por isso que sou um faz-tudo'".

8. O Mestre disse: "Possuo conhecimento? Não, não possuo. Um camponês me fez uma pergunta, e minha mente ficou completamente vazia. Revirei a pergunta por todos os lados até que consegui extrair tudo dela".***

9. O Mestre disse: "A fênix não aparece, tampouco o rio revela um mapa.**** É o meu fim".

10. Quando o Mestre encontrava homens que estavam de luto ou de chapéu e trajes cerimoniais, ou que eram cegos, ele punha-se de pé, mesmo que fossem mais jovens do que ele, e, ao passar por eles, apressava o passo.*****

11. Yen Yüan, suspirando, disse: "Quanto mais o observo, mais alto ele parece. Quanto mais o pressiono, mais duro ele se torna. Vejo-o à minha frente. De repente, está atrás de mim.

---

* O título de um alto cargo oficial. Não fica claro de quem se trata, nem mesmo de que reino a pessoa vinha.
** A identidade dessa pessoa é incerta.
*** Todo esse trecho é por demais obscuro, e a tradução, uma interpretação.
**** Tanto a fênix quanto o mapa [da posição dos planetas, presume-se] eram vaticínios auspiciosos. Confúcio está lamentando a desesperança de colocar em prática o Caminho no Império da sua época.
***** Como sinal de respeito.

"O Mestre é bom em conduzir alguém passo a passo. Ele me estimula com a literatura e me traz de volta às coisas essenciais por meio dos ritos. Eu não conseguiria desistir nem que quisesse, mas, uma vez que dei o melhor que pude, ele* parece levantar-se acima de mim e não consigo segui-lo, por mais que eu queira."

12. O Mestre estava muito doente. Tzu-lu disse a seus discípulos para servirem de empregados.** Quando sua saúde melhorou, o Mestre disse: "Yu vem enganando há muito tempo. Ao fingir que eu tinha empregados quando não os tinha, a quem ele estaria enganando? Estaríamos enganando os céus? Além disso, não preferiria eu morrer nas mãos de vocês, meus amigos, do que nas mãos de empregados? E, mesmo que não me fossem dados funerais requintados, eu não morreria em negligência".

13. Tzu-kung disse: "Se tivesse um belo pedaço de jade, você o guardaria com cuidado em uma caixa ou tentaria vendê-lo por um bom preço?". O Mestre disse: "Claro que o venderia. Claro que o venderia. Estou apenas esperando pela oferta certa".

14. O Mestre queria se estabelecer entre as nove tribos bárbaras do Leste. Alguém disse: "Mas o senhor conseguiria suportar seus modos selvagens?". O Mestre disse: "Uma vez que um cavalheiro se estabelecesse entre eles, que selvageria ainda existiria?".

15. O Mestre disse: "Foi depois da minha volta de Wei para Lu que a música voltou à ordem, com o *ya* e o *sung**** sendo designados para os devidos lugares".

16. O Mestre disse: "Servir a altos oficiais quando no exterior e àqueles mais velhos que eu quando em casa; ao preparar funerais, não poupar a mim mesmo e beber pouco – essas são as coisas comuns que não me causam problema algum".

---

* Nessa parte, "ele" refere-se ao caminho de Confúcio.

** Quando Confúcio, por não mais ter um cargo, não estava em condições de manter empregados.

*** O *ya* e o *sung* são seções das *Odes*.

17. Certa vez de pé, junto a um rio, o Mestre disse: "Tudo o que passa é, talvez, como este rio. Dia e noite, ele nunca desacelera".

18. O Mestre disse: "Ainda estou para conhecer o homem que tenha tanta afeição pela virtude quanto pela beleza feminina".*

19. O Mestre disse: "É como fazer um monte: se paro antes de encher a última cesta de terra, então não chegarei ao fim. É como aterrar o chão: se sigo adiante apesar de ter nivelado apenas o conteúdo de uma cesta de terra, então farei progressos".

20. O Mestre disse: "Se há alguém que consegue me ouvir com atenção incansável, trata-se de Hui, suponho".

21. O Mestre disse sobre Yen Yüan: "Vi-o progredir, mas não o vi dar completa vazão ao seu potencial. Que pena!".

22. O Mestre disse: "Há, não é verdade?, plantas jovens que não conseguem produzir botões, e botões que não conseguem produzir frutas?".

23. O Mestre disse: "Deve-se admirar os jovens. Como podemos ter certeza de que as gerações futuras não serão iguais à presente? Creio que apenas quando um homem atinge a idade de quarenta ou cinquenta anos sem se destacar de nenhuma maneira pode-se dizer que ele não merece ser admirado".

24. O Mestre disse: "Não se pode senão concordar com palavras exemplares, mas o importante é retificar a si mesmo. Não se pode senão ficar satisfeito com palavras elogiosas, mas o importante é reformar a si próprio. Nada posso fazer com o homem que concorda com esses preceitos mas que não retifica a si próprio, ou com o homem que fica lisonjeado mas que não reforma a si próprio".

---

* Essa frase é repetida em XV.13.

25. O Mestre disse: "Fazer o melhor pelos outros e ser coerente com o que diz: faça disso o seu princípio norteador. Não aceite como amigo ninguém que não seja tão bom quanto você. Quando cometer um erro, não tenha medo de corrigi-lo".*

26. O Mestre disse: "Pode-se privar os Três Exércitos do seu comandante, mas nem mesmo um homem comum pode ser privado do seu livre-arbítrio".

27. O Mestre disse: "Se há alguém que pode usar um gorro surrado e remendado com velhos fios de seda e ainda assim conseguir permanecer junto a um homem que veste pele de raposa ou de texugo sem se sentir envergonhado, este é, creio, Yu.

> Nem invejoso nem ambicioso,
> Que pode ser ele, senão Bom?".**

Portanto, Tzu-lu constantemente recitava esses versos. O Mestre comentava: "O caminho resumido nesses versos dificilmente tornará alguém bom".

28. O Mestre disse: "Apenas quando chega o frio percebe-se que o pinheiro e o cipreste são os últimos a perder as folhas".

29. O Mestre disse: "O homem sábio nunca fica indeciso;*** o homem benevolente nunca fica aflito;**** o homem corajoso nunca tem medo".*****

30. O Mestre disse: "Um homem apropriado para ser o parceiro de alguém nos estudos não é, necessariamente, apropriado como o parceiro na busca pelo Caminho; um homem apropriado para

---

* Essa frase já apareceu como parte de I.8.
** Ode 33.
*** Sobre o certo e o errado.
**** Sobre o futuro.
***** Este capítulo faz parte de XIV.28, em que o trecho da frase sobre o homem benevolente vem antes daquele sobre o homem sábio.

ser um parceiro na busca pelo Caminho não é, necessariamente, apropriado como alguém com quem compartilhar um compromisso; um homem apropriado como alguém com quem compartilhar um compromisso não necessariamente é apropriado como parceiro para o exercício da excelência moral".

31.
As flores da cerejeira,
Como ondulam no ar!
Não é que eu não pense em você,
Mas sua casa fica longe demais.*

O Mestre comentou: "Ele não a amava de verdade. Se amasse, não existiria algo como 'longe demais'".

---

* Essas linhas na verdade não são encontradas nas Odes tais quais chegaram até nós.

LIVRO X

1. Na comunidade local, Confúcio era submisso e parecia inarticulado. No templo ancestral e na corte, embora fluente, ele não falava com leveza.

2. Na corte, quando falava com ministros de nível hierárquico mais baixo, ele era afável; quando falava com ministros de nível hierárquico mais elevado, ele era franco, embora respeitoso. Na presença do governante, sua atitude, embora respeitosa, era calma.

3. Quando ele era chamado pelo senhor para receber um convidado, seu rosto adquiria uma expressão séria, e suas passadas tornavam-se vigorosas. Quando ele curvava-se para os seus colegas, esticando os braços para a esquerda ou para a direita, suas vestimentas seguiam-lhe os movimentos sem se desalinharem. Ele avançava com passos rápidos, como se tivesse asas. Após a retirada dos convidados, ele invariavelmente relatava: "O convidado foi embora".

4. Ao atravessar os portões externos até a corte do senhor, ele esgueirava-se para dentro, como se a entrada fosse pequena demais para admiti-lo.

Quando ficava parado, não ocupava o centro do portão de entrada*; quando caminhava, não pisava na soleira.

Quando ele passava pelo trono do governante, seu rosto assumia uma expressão séria, suas passadas tornavam-se vigorosas, e suas palavras pareciam mais lacônicas.

Quando ele erguia a bainha de suas roupas para subir até o salão de audiências, ele se inclinava para a frente e parava de inspirar, como se pudesse prescindir da respiração.

---

* Uma posição que pareceria presunçosa.

Quando ele saía e descia o primeiro degrau, relaxando a expressão, ele não mais parecia tenso.

Quando ele chegava ao final dos degraus, seguia adiante com passos mais rápidos, e suas mangas pareciam asas.

Quando retomava seu lugar, sua atitude era respeitosa.

5. Quando segurava a tabuleta de jade*, ele se inclinava, como se o peso da tabuleta fosse demais para ele. Segurava a parte superior como se estivesse se curvando numa saudação; segurava a parte inferior como se fosse entregar um presente. Sua expressão era solene, como se tivesse medo, e hesitante, e seus passos eram contidos como se seguissem uma linha predeterminada.

Quando fazia o discurso, sua expressão era plácida.

Em uma audiência privada, mostrava-se descontraído.

6. O cavalheiro evitava usar seda tingida de roxo-escuro e marrom para lapelas e mangas. Seda vermelha e violeta não eram usadas para roupas informais.

Quando, no verão, ele vestia uma roupa simples, fosse feita de tecido fino ou grosseiro, ele invariavelmente a usava sobre uma roupa de baixo.

Por baixo de um casaco preto, ele usava pele de ovelha; sob um casaco branco, ele usava pele de falcão; sob um casaco amarelo, ele usava pele de raposa.

Seu casaco de pele de raposa para usar em casa era comprido mas com a manga direita curta.

Ele invariavelmente usava uma roupa de dormir que era tão longa quanto a metade da sua altura.**

Por serem muito espessas, a pele da raposa e do texugo eram usadas como tapetes.

---

* Os chineses inscreviam os nomes dos ancestrais em tabuletas de pedra – sendo jade considerada a pedra mais nobre – que eram mantidas em altares, e eram essas tabuletas que, nos rituais, representavam os espíritos dos ancestrais. (N.T.)

** Foi sugerido que essa frase foi extraída de seu lugar original e que deveria vir depois da primeira frase da próxima seção.

Uma vez terminado o período de luto, ele usava qualquer tipo de ornamento na cintura.

A não ser pelo manto cerimonial, tudo mais era costurado a partir de pedaços de tecidos.

Casacos de pele de ovelha e gorros pretos não eram usados em visitas de condolências.

No dia de Ano-Novo, ele invariavelmente ia à corte em roupas formais.

7. Em períodos de purificação, ele invariavelmente usava uma roupa de ficar em casa feita do material mais barato.

Em períodos de purificação, ele invariavelmente seguia uma dieta mais austera e, quando em casa, não sentava no seu lugar habitual.

8. Ele não comia toda a sua porção de arroz refinado, nem comia sua parte de carne finamente cortada.

Não comia arroz que ficara azedo ou peixe e carne estragados. Ele não comia alimentos que tivessem perdido a cor ou que tivessem mau cheiro. Ele não comia alimentos que não fossem devidamente preparados, tampouco comia fora de hora. Não comia alimentos que não tivessem sido devidamente cortados, tampouco comia se o molho certo não estivesse disponível.

Mesmo quando havia bastante carne, ele evitava comer mais carne do que arroz.

Apenas em se tratando de vinho ele não estipulava para si um limite rígido. Ele simplesmente nunca bebia a ponto de ficar confuso.

Ele não consumia vinho ou carne comprados em lojas.

Mesmo quando o prato de gengibre não era levado embora da mesa, ele não comia mais do que o apropriado.

9. Depois de participar de um sacrifício nos domínios do governante, ele não guardava sua porção da carne sacrificial de um dia para o outro. Em outros casos, ele não guardava a carne sacrificial

por mais do que três dias. Se tivesse sido guardada por mais de três dias, ele não mais a comia.

10. Ele não conversava durante as refeições; tampouco falava quando deitado na cama.

11. Mesmo quando uma refeição consistia de apenas uma porção de arroz e caldo de legumes, ele invariavelmente oferecia um pouco em sacrifício e invariavelmente o fazia de modo solene.

12. Ele jamais sentava sobre uma esteira que não estivesse bem esticada.

13. Ao beber em uma reunião da comunidade, ele ia embora na mesma hora que aqueles que usavam bengalas.

14. Quando os camponeses exorcizavam maus espíritos, ele punha suas roupas de corte e postava-se sobre os degraus do leste.*

15. Ao enviar uma mensagem para alguém de outro reino, ele curvava-se até o chão duas vezes antes de despachar o mensageiro.

16. Quando K'ang Tzu mandou-lhe remédios de presente, [Confúcio] curvou a cabeça até o chão antes de aceitá-los. Entretanto, disse: "Como não conheço as propriedades destes remédios, não ouso prová-los".

17. Os estábulos pegaram fogo. O Mestre, ao voltar da corte, perguntou: "Alguém se feriu?". Ele não perguntou sobre os cavalos.

18. Quando o governante o presenteava com alimentos cozidos, a primeira coisa que ele invariavelmente fazia era prová-los, após ajustar sua esteira. Quando o governante o presenteava com alimentos crus, ele invariavelmente os cozinhava e oferecia aos ancestrais. Quando o governante o presenteava com um animal

---

* O lugar do anfitrião.

vivo, ele invariavelmente passava a criar o animal. À mesa do seu governante, quando este havia feito uma oferenda antes da refeição, ele invariavelmente começava pelo arroz.

19. Durante uma doença, quando o governante lhe fez uma visita, ele ficou deitado com a cabeça voltada para o leste, com suas vestimentas de corte abertas sobre si e sua faixa colocada ao lado da cama.

20. Quando chamado pelo governante, ele partia sem esperar que cavalos fossem atrelados à sua carruagem.

21. Quando entrou no Grande Templo, ele fez perguntas sobre tudo.*

22. Sempre que morria um amigo que não tinha parentes por quem o corpo pudesse ser levado, ele dizia: "O funeral partirá da minha casa".

23. Mesmo que o presente dado por um amigo fosse uma carruagem e cavalos, ele não se curvava até o chão – a menos que o presente fosse a carne de um sacrifício.

24. Quando na cama, ele não ficava deitado como um cadáver; tampouco sentava formalmente, como um convidado, quando sozinho.

25. Quando ele encontrava uma pessoa simples em trajes de luto, mesmo que fosse algum conhecido, ele invariavelmente assumia uma atitude solene. Quando ele encontrava uma pessoa vestindo um gorro cerimonial ou alguém cego, mesmo que fossem conhecidos seus, ele invariavelmente mostrava respeito.**
    Ao passar por uma pessoa vestida de luto, inclinava-se para fora da carruagem para mostrar respeito; agia de forma similar para com uma pessoa que carregasse documentos oficiais.

---
* Faz parte de III.15.
** Ver IX.10.

Quando um suntuoso banquete era trazido, ele invariavelmente assumia uma expressão solene e punha-se de pé.
Quando havia um repentino troar de trovões ou um vento violento, ele invariavelmente assumia uma atitude solene.*

26. Quando subia em uma carruagem, ele invariavelmente punha-se ereto e segurava a maçaneta.
Quando na carruagem, ele não se voltava completamente para o lado de dentro, tampouco gritava ou apontava.

27. Assustado, o pássaro levantou-se e volteou antes de pousar. Ele disse: "Como a fêmea do faisão sobre a ponte da montanha sabe o momento certo, como sabe o momento certo, como sabe!".
Tzu-lu juntou as mãos em um gesto de respeito para com o pássaro que, batendo três vezes as asas, voou para longe.

---

* Tais manifestações naturais eram vistas pelos chineses como presságios divinos. (N.T.)

LIVRO XI

1. O Mestre disse: "Quanto aos ritos e à música, os primeiros discípulos que vieram até mim eram camponeses, ao passo que aqueles que vieram depois eram cavalheiros. Quando se trata de pôr em uso os ritos e a música, sigo os primeiros".

2. O Mestre disse: "Nenhum daqueles que estiveram comigo em Ch'en e Ts'ai jamais foram além da minha porta".*

3. Conduta virtuosa: Yen Yüan, Min Tzu-ch'ien, Jan Po-niu e Chung-kung; discurso: Tsai Wo e Tzu-kung; governo: Jan Yu e Chi-lu; cultura e educação: Tzu-yu e Tzu-hsia.

4. O Mestre disse: "Hui não me é de nenhuma utilidade. Ele fica satisfeito com tudo o que digo".

5. O Mestre disse: "Que bom filho é Min Tzu-ch'ien! Ninguém encontra nada de ruim naquilo que seus pais e irmãos têm a dizer sobre ele".

6. Nan Jung sempre repetia as linhas sobre o cetro de jade branco.** Confúcio deu-lhe a filha de seu irmão mais velho em casamento.***

---

* Esse é um dos dizeres mais enigmáticos de Confúcio, não importa de que maneira seja interpretado.

** Isto é, as linhas da Ode 256, que são as seguintes:
    Uma imperfeição no jade branco
    Ainda assim pode ser polida;
    Uma imperfeição nessas palavras
    Não pode de modo algum ser removida.

*** Ver V.2.

7. Chi K'ang Tzu perguntou qual dos seus discípulos tinha sede de aprender. Confúcio respondeu: "Havia um chamado Yen Hui que tinha sede de aprender, mas infelizmente o tempo que lhe foi concedido era curto, e ele morreu. Agora, não há ninguém".

8. Quando Yen Yüan morreu, Yen Lu* pediu que o Mestre lhe desse sua carruagem para pagar um caixão externo para o seu filho. O Mestre disse: "Todos defendem o próprio filho, tenha este talentos ou não. Quando Li** morreu, ele tinha um caixão, mas não um caixão externo, eu não fui a pé para fornecer a ele um caixão externo porque não teria sido apropriado que eu fosse a pé, já que assumi um cargo entre os ministros do reino".

9. Quando Yen Yüan morreu, o Mestre disse: "Ai! O Céu está me destruindo! O Céu está me destruindo!".

10. Quando Yen Yüan morreu, ao chorar por ele, o Mestre mostrou muita tristeza. Seus seguidores disseram: "Mestre, a tristeza que o senhor está mostrando é excessiva". "É? Se não por ele, por quem deveria eu mostrar tristeza excessiva?"

11. Quando Yen Yüan morreu, os discípulos quiseram dar-lhe um funeral suntuoso. O Mestre disse: "Não seria apropriado". Mesmo assim, deram-lhe um funeral suntuoso. O Mestre disse: "Hui me tratava como um pai, e, no entanto, fui impedido de tratá-lo como um filho. Não foi por escolha minha. Foi coisa desses outros".

12. Chi-lu perguntou como os espíritos dos mortos e os deuses deveriam ser servidos. O Mestre disse: "Você sequer é capaz de servir aos homens. Como poderia servir aos espíritos?".
"Posso perguntar sobre a morte?"
"Você sequer entende a vida. Como poderia entender a morte?"

---

* O pai de Yen Yuan.
** O filho de Confúcio.

13. Quando na presença do Mestre, Min Tzu parecia respeitoso e digno; Tzu-lu parecia resoluto; Jan Yu e Tzu-kung pareciam afáveis. O Mestre ficava feliz. "Um homem como Yu não morrerá de morte natural."*

14. O povo de Lu estava reconstruindo o tesouro. Min Tzu-ch'ien disse: "Por que não apenas restaurá-lo? Por que ele precisa ser totalmente reconstruído?".
O Mestre disse: "Este homem ou não fala, ou vai direto ao âmago da questão".

15. O Mestre disse: "O que o alaúde de Yu está fazendo do lado de dentro da minha porta?". Os discípulos deixaram de tratar Tzu-lu com respeito. O Mestre disse: "Pode ser que Yu não tenha entrado nas dependências íntimas, mas ele subiu até o salão".

16. Tzu-kung perguntou: "Quem é superior, Shih ou Shang?".
O Mestre disse: "Shih passa do alvo; Shang não chega até ele".
"Isso significa que Shih é, de fato, o melhor?"
O Mestre disse: "Tanto aquele que passa do alvo quanto o que não chega até ele não atingem o objetivo".

17. A riqueza da família Chi era maior do que a do duque de Chou, e mesmo assim Ch'iu ajudou-a a enriquecer ainda mais por meio do recolhimento de impostos. O Mestre disse: "Ele não é discípulo meu. Vocês, meus jovens amigos, podem atacá-lo abertamente ao rufar dos tambores".**

18. O Mestre disse: "Ch'ai é estúpido; Ts'an é devagar; Shih é parcial; Yu é justo".

19. O Mestre disse: "Talvez Hui seja difícil de se aprimorar; ele constantemente se permite cair em uma pobreza abjeta. Ssu

---

* Essa observação parece estar fora de lugar. Provavelmente pertence a outro contexto.
** Ver *Mencius*, IV.A.14.

recusa-se a aceitar seu quinhão e se põe a ganhar dinheiro e frequentemente está certo em suas conjecturas".

20. Tzu-chang perguntou sobre o caminho do homem bom. O Mestre disse: "Tal homem não segue os passos de outras pessoas; tampouco é admitido nas dependências íntimas".*

21. O Mestre disse: "Alguém que simplesmente apoia opiniões tenazes é um cavalheiro? Ou está ele apenas tentando aparentar dignidade?".

22. Tzu-lu perguntou: "Deve-se imediatamente colocar em prática o que se ouviu?" O Mestre disse: "Como seu pai e irmãos mais velhos ainda estão vivos, dificilmente você estará em posição de colocar imediatamente em prática o que ouviu".

Jan Yu perguntou: "Deve-se imediatamente colocar em prática o que se ouviu?". O Mestre disse: "Sim. Deve-se".

Kung-hsi Hua disse: "Quando Yu perguntou se se deveria imediatamente colocar em prática o que se ouviu, o senhor apontou que o pai e os irmãos mais velhos dele estavam vivos. E, no entanto, quando Ch'iu perguntou se se deveria imediatamente colocar em prática o que se ouviu, o senhor respondeu que sim. Estou confuso. Pode me iluminar?".

O Mestre disse: "Ch'iu é acanhado. É por essa razão que eu tentei encorajá-lo. Yu tem a energia de dois homens. É por essa razão que tentei refreá-lo".

23. Quando o Mestre foi emboscado em K'uang, Yen Yüan ficou para trás. O Mestre disse: "Pensei que você tinha encontrado a morte". "Enquanto o senhor, Mestre, estiver vivo, como eu ousaria morrer?"

24. Chi Tzu-jan perguntou: "Podem Chung Yu e Jan Ch'iu ser considerados grandes ministros?".

---
* Sobre a expressão "dependências íntimas", ver item 15, na página anterior.

O Mestre disse: "Eu esperava uma pergunta um tanto diferente. Nunca me ocorreu que você fosse me perguntar sobre Yu e Ch'iu. O termo 'grande ministro' refere-se àqueles que servem ao seu governante de acordo com o Caminho e que, quando isso não mais é possível, demitem-se do cargo. Agora, homens como Yu e Ch'iu podem ser descritos como ministros apontados para preencher vagas".

"Nesse caso, são eles do tipo que sempre fará o que lhes for mandado?"

"Não. Não o farão quando se tratar de parricídio ou regicídio."

25. Na ocasião em que Tzu-lu fez de Tzu-kao prefeito de Pi, o Mestre disse: "Ele está arruinando o filho de outro homem".

Tzu-lu disse: "Há as pessoas comuns e os oficiais, e há os altares para os deuses da terra e dos grãos. Por que seria necessário ler livros para aprender?".

O Mestre disse: "É por essa razão que não gosto de homens de fala astuciosa".

26. Tzu-lu, Tseng Hsi, Jan Yu e Kung-hsi Hua estavam sentados com o Mestre. Este disse: "Não se sintam constrangidos só porque sou um pouco mais velho do que vocês. Agora vocês têm o hábito de dizer: 'Minhas habilidades não são apreciadas', mas se alguém apreciasse suas habilidades, digam-me o que vocês fariam".

Tzu-lu prontamente respondeu: "Se eu fosse administrar um reino de mil carruagens, situado entre poderosos vizinhos, perturbado por invasões armadas e ameaçado constantemente pela fome, eu poderia, ao cabo de três anos, dar coragem ao povo e um senso de dever".

O Mestre sorriu para ele.

"Ch'iu, e quanto a você?"

"Se eu fosse administrar uma área medindo sessenta ou setenta *li* quadrados, ou até mesmo cinquenta ou sessenta *li* quadrados, eu poderia, ao cabo de três anos, fazer a população crescer até um nível adequado. Quanto aos ritos e à música, eu deixaria isso para cavalheiros mais capazes".

"Ch'ih, e quanto a você?"

"Não digo que eu já tenha a habilidade, mas estou aprendendo. Em cerimônias, no templo ancestral ou em reuniões diplomáticas, eu gostaria de participar como um pequeno oficial encarregado do protocolo, devidamente vestido com meu gorro e meu traje cerimonial."

"Tien, e você?"

Após algumas notas finais, veio a nota derradeira, e então ele colocou o alaúde de lado e se levantou. "Difiro dos outros três em minhas escolhas."

O Mestre disse: "E que mal há nisso? Afinal de contas, cada homem está dizendo aquilo que está no seu coração".

"No final da primavera, uma vez confeccionadas as roupas da estação, eu gostaria de, junto com cinco ou seis adultos ou sete meninos, ir tomar banho no rio Yi e aproveitar a brisa no Altar da Chuva e então voltar para casa entoando poesias."

O Mestre suspirou e disse: "Estou de pleno acordo com Tien".

Quando os três foram embora, Tseng Hsi ficou para trás. Ele disse: "O que acha do que os outros três disseram?".

"Estavam apenas dizendo aquilo que estava em seus corações."

"Por que você sorriu para Yu?"

"É por meio dos ritos que um reino é administrado, mas do modo com que ele falou, Yu mostrou falta de modéstia. Foi por isso que sorri para ele."

"No caso de Ch'iu, não estava ele pensando em um reino?"

"O que pode justificar que alguém diga que sessenta ou setenta *li* quadrados de terra ou até mesmo cinquenta ou sessenta *li* quadrados não merecem o nome de reino?"

"No caso de Ch'ih, não estava ele falando de um reino?"

"O que são cerimônias no templo ancestral e reuniões diplomáticas senão questões que dizem respeito a governantes de reinos? Se Ch'iu desempenha apenas um pequeno papel, quem seria capaz de desempenhar um papel maior?"

LIVRO XII

1. Yen Yüan perguntou sobre a benevolência. O Mestre disse: "Voltar-se à observância dos ritos sobrepondo-se ao indivíduo constitui a benevolência. Se por um único dia um homem puder retornar à observância dos ritos ao sobrepor-se a si mesmo, então todo o Império o considerará benevolente. Entretanto, a prática da benevolência depende inteiramente da própria pessoa, e não dos outros".

Yen Yüan disse: "Gostaria que vocês listassem os passos deste processo". O Mestre disse: "Não olhe a menos que esteja de acordo com os ritos; não escute a menos que esteja de acordo com os ritos; não fale a menos que seja de acordo com os ritos; não se mexa a menos que seja de acordo com os ritos".

Yen Yüan disse: "Embora eu não seja rápido, hei de dirigir meus esforços para o que o Mestre falou".

2. Chung-kung perguntou sobre a benevolência. O Mestre disse: "Quando em terra estrangeira, comporte-se como se recebesse um convidado importante. Quando empregar os serviços do povo comum, comporte-se como se estivesse oficiando um importante sacrifício. Não imponha aos outros aquilo que você não deseja para si próprio.* Desse modo, você estará livre de maus sentimentos, seja no âmbito do reino ou de uma família nobre".

Chung-kung disse: "Embora eu não seja rápido, hei de dirigir meus esforços para o que o Mestre falou".

3. Ssu-ma perguntou sobre a benevolência. O Mestre disse: "A marca distintiva do homem benevolente é que ele reluta em falar".

---
* Essa frase é encontrada em XV.24.

"Nesse caso, pode-se dizer que um homem é benevolente simplesmente porque reluta em falar?"
O Mestre disse: "Quando agir é difícil, causa alguma surpresa que alguém relute em falar?".*

4. Ssu-ma Niu perguntou sobre o cavalheiro. O Mestre disse: "O cavalheiro é livre de preocupações e medos".
"Nesse caso, pode-se dizer que um homem é um cavalheiro simplesmente porque está livre de preocupações e medos?"
O Mestre disse: "Se, ao examinar a si próprio, um homem não encontra nenhuma razão para se repreender, que preocupações e medos pode ele ter?".

5. Ssu-ma Niu apareceu preocupado, dizendo: "Todos os homens têm irmãos. Só eu não tenho nenhum". Tzu-hsia disse: "Já ouvi dizer: vida e morte são uma questão de Destino; riqueza e honra dependem do Céu. O cavalheiro é reverente e não faz nada errado, é respeitoso para com os outros e observa os ritos, e todos habitantes dos Quatro Mares serão seus irmãos. Qual a necessidade de o cavalheiro preocupar-se quanto a não ter irmãos?".

6. Tzu-chang perguntou sobre a perspicácia. O Mestre disse: "Quando um homem não é influenciado por difamações continuamente repetidas ou por denúncias pelas quais ele sente alguma simpatia, ele pode ser chamado de perspicaz. Ao mesmo tempo, ele pode ser chamado de previdente".

7. Tzu-kung perguntou sobre governo. O Mestre disse: "Dê-lhes comida suficiente, dê-lhes armas suficientes, e as pessoas comuns confiarão em você".
Tzu-kung perguntou: "Se alguém tivesse de abrir mão de um desses três, de qual deveria abrir mão primeiro?".
"Abra mão das armas."
Tzu-kung disse: "Se alguém tivesse que abrir mão de um dos dois restantes, de qual deveria abrir mão primeiro?".

---

* Por medo de que não se possa cumprir a própria palavra. Ver IV.22, IV.24.

"Abra mão da comida. A morte sempre esteve conosco, desde o começo dos tempos, mas quando não há confiança, as pessoas comuns não terão nada a que se agarrar."

8. Chi Tzu-ch'eng disse: "O mais importante a respeito de um cavalheiro é o material do qual ele é feito. Para que ele precisa de refinamento?". Tzu-kung comentou: "É uma pena que um cavalheiro fale desse modo sobre o cavalheiro. 'Uma parelha de quatro cavalos não pode ir mais rápido do que a língua de alguém.' O material não difere do refinamento; o refinamento não difere do material. A pele de um tigre ou de um leopardo, desprovida de pelos, não é diferente da de um cachorro ou de uma ovelha".

9. O duque Ai perguntou a Yu Juo: "A colheita vai mal, e não tenho o suficiente para cobrir os gastos. Que devo fazer?".
Yu Juo respondeu: "Que tal taxar as pessoas em uma de dez partes?".
"Já não tenho o suficiente agora que as taxo em duas partes de dez. Como eu poderia taxá-las em uma parte de dez?"
"Quando as pessoas têm o suficiente, quem sobra na insuficiência? Quando as pessoas não têm o suficiente, quem resta para gozar da abundância?"

10. Tzu-chang perguntou sobre a exaltação da virtude e sobre como reconhecer a incoerência. O Mestre disse: "Faça o seu princípio norteador dar o melhor de si pelos outros e ser coerente com aquilo que diz, e vá onde há retidão, então você estará exaltando a virtude. Quando se ama um homem, deseja-se que ele viva, e quando se odeia um homem, deseja-se que ele morra. Se, tendo uma vez desejado que ele vivesse, você depois deseja que ele morra, isso é incoerência.
  Se você não o fez pelo bem dos ricos,
  Você deve tê-lo feito pelo bem da mudança".*

---

* A citação, que é da Ode 188, parece não ter importância alguma ao assunto em discussão. Acredita-se que não pertença a esse trecho.

11. O duque Ching de Ch'i perguntou a Confúcio sobre governo. Confúcio respondeu: "Deixe que o governante seja um governante, o súdito, um súdito, o pai, um pai, o filho, um filho". O duque disse: "Esplêndido! Realmente, se o governante não for um governante, o súdito, um súdito, se o pai não for um pai e o filho, um filho, então, mesmo que houvesse grãos, conseguiria eu comê-los?".

12. O Mestre disse: "Se alguém pode chegar à verdade de uma disputa legal apenas a partir das evidências de uma das partes, é, talvez, Yu".
Tzu-lu nunca posterga o cumprimento de uma promessa ao dia seguinte.

13. O Mestre disse: "Ao julgar uma disputa judicial, sou igual a qualquer outro homem. Mas, se vocês insistem em uma diferença, é, talvez, que, em primeiro lugar, tento convencer as partes a não recorrer ao litígio".

14. Tzu-chang perguntou sobre governo. O Mestre disse: "Quanto à rotina diária, não mostre cansaço, e quando houver alguma ação a ser tomada, dê o melhor de si".

15. O Mestre disse: "O cavalheiro que é muito culto mas que é levado às coisas essenciais pelos ritos dificilmente vai se voltar contra aquilo que apoiou".*

16. O Mestre disse: "O cavalheiro ajuda os outros a perceberem o que há de bom neles; não os ajuda a perceberem o que há de ruim. O homem vulgar faz o contrário."

17. Chi K'ang Tzu perguntou a Confúcio sobre governo. Confúcio respondeu: "Governar (*cheng*) é corrigir (*cheng*).** Se

---

* Trata-se de uma repetição de VI.27.

** Além de serem homófonas, as duas palavras chinesas têm uma mesma origem, assim mostrando que o conceito de "governar" era considerado relacionado ao conceito de "corrigir".

você der exemplo ao ser correto, quem ousaria continuar sendo incorreto?'".

18. O grande número de ladrões na região era uma fonte de preocupação para Chi K'ang Tzu, que pediu conselho a Confúcio. Confúcio respondeu: "Se você não fosse um homem ganancioso*, ninguém roubaria, nem mesmo se oferecessem recompensas aos ladrões".

19. Chi K'ang Tzu perguntou a Confúcio sobre o governo, dizendo: "O que o Mestre pensaria se, para me aproximar daqueles que seguem o Caminho, eu matasse aqueles que não o seguem?". Confúcio respondeu: "Qual a necessidade de matar para administrar um governo? Apenas deseje o bem, e o povo será bom. A virtude do cavalheiro é como o vento; a virtude do homem comum é como grama. Que o vento sopre sobre a grama, e ela com certeza se dobrará".**

20. Tzu-chang perguntou: "Como um cavalheiro deve ser para que digam que ele conseguiu distinguir-se?". O Mestre disse: "Que diabos você quer dizer com 'distinguir-se'?". Tzu-chang respondeu: "O que tenho em mente é um homem que tem certeza de ser conhecido, sirva ele em um reino ou em uma família nobre". O Mestre disse: "Isso é ser conhecido, não se distinguir. O termo 'distinguir-se' descreve um homem que é correto por natureza e que gosta do que é certo, sensível às palavras das outras pessoas e observador da expressão nos rostos delas e que sempre se preocupa em ser modesto. Tal homem é destinado a distinguir-se, sirva ele em um reino ou em uma família nobre. Por outro lado, o termo 'ser conhecido' descreve um homem que não tem dúvidas de que é benevolente, quando tudo o que ele está fazendo é mostrar uma fachada de benevolência que não condiz com suas ações. Tal homem é destinado a ser conhecido, sirva ele em um reino ou em uma família nobre".

---

* Em outras palavras, roubar do povo não foi um bom exemplo.
** Trecho citado em *Mencius*, III.A.2.

21. Fan Ch'ih estava com Confúcio durante uma visita ao Altar da Chuva. Ele disse: "Posso perguntar sobre o acúmulo da virtude, a reforma dos corrompidos e a admissão do mau julgamento?". O Mestre disse: "Que esplêndida pergunta! Colocar o serviço prestado acima da recompensa que você ganha, não é isso acúmulo da virtude?* Atacar o mal como o mal e não como o mal de um homem em particular, não é isso o caminho para reformar os corrompidos? Deixar que um repentino ataque de raiva faça com que você esqueça da segurança da sua própria pessoa ou mesmo da dos seus parentes, não é isso um mau julgamento?"

22. Fan Ch'ih perguntou sobre benevolência. O Mestre disse: "Ame seus semelhantes".

Ele perguntou sobre a sabedoria. O Mestre disse: "Conheça os homens". Fan Ch'ih não entendeu. O Mestre disse: "Promova os justos e coloque-os acima dos corrompidos.** Isso pode endireitar os corrompidos".

Fan Ch'ih retirou-se e foi falar com Tzu-hsia, dizendo: "Há pouco fui ver o Mestre e perguntei sobre a sabedoria. O Mestre disse: 'Promova os justos e coloque-os acima dos corrompidos. Isso pode endireitar os corrompidos'. O que ele quis dizer?".

Tzu-hsia disse: "Rico, de fato, é o significado de tais palavras. Quando Shun dominava o Império, escolhendo entre a multidão ele promoveu Kao Yao e, ao fazer isso, afastou aqueles que não eram benevolentes. Quanto T'ang dominava o Império, escolhendo entre a multidão promoveu Yi Yin e, ao fazer isso, afastou aqueles que não eram benevolentes".

23. Tzu-kung perguntou sobre como os amigos devem ser tratados. O Mestre disse: "Aconselhe-os o melhor que puder e guie-os

---

* As duas palavras *te* (ganhar) e *te* (virtude) parecem ter uma mesma origem. Virtude é aquilo que tornamos nosso por meio da busca do *tao* (Caminho). (Para uma discussão dessa questão em um contexto taoísta, veja o *Tao te ching*, p. 42).
** Sobre essa frase, ver II.19.

corretamente, mas pare quando não houver esperança de sucesso. Não peça para ser rejeitado".*

24. Tseng Tzu disse: "Um cavalheiro faz amigos por meio da sua cultura, mas busca os amigos para apoio benevolente".

---

* Ver IV.26.

LIVRO XIII

1. Tzu-lu perguntou sobre governo. O Mestre disse: "Dê o exemplo você mesmo e, assim, estimule o povo a trabalhar duro". Tzu-lu perguntou mais. O Mestre disse: "Não permita que seus esforços esmoreçam".

2. Enquanto era administrador da família Chi, Chung-kung perguntou sobre governo. O Mestre disse: "Sirva de exemplo para os seus oficiais seguirem; mostre tolerância para com pequenos ofensores; e promova homens de talento".
"E como identificar os homens de talento, para promovê-los?"
O Mestre disse: "Promova aqueles que você reconhece. Acha que os outros vão permitir que aqueles que você não reconhece sejam esquecidos?".

3. Tzu-lu disse: "Se o senhor de Wei o encarregasse da administração (*cheng*) do estado, o que o senhor faria primeiro?".
O Mestre disse: "Se algo tem de ser feito primeiro, é, talvez, a retificação (*cheng*)* dos nomes".
Tzu-lu disse: "É mesmo? Que caminho indireto o Mestre toma! Para que tratar da retificação?".
O Mestre disse: "Yu, como você é atrapalhado. Espera-se que um cavalheiro não ofereça nenhuma opinião sobre aquilo que desconhece. Quando os nomes não são corretos, o que é dito não soará razoável; quando o que é dito não soa razoável, os negócios não culminarão em sucesso e ritos e músicas não florescerão; quando ritos e música não florescerem, a punição não encerrará

---

* Para uma discussão das duas palavras pronunciadas como *cheng*, ver nota no item XII.17, página 126.

os crimes; quando a punição não encerrar os crimes, o povo ficará desanimado. Assim, quando o cavalheiro nomeia algo, o nome com certeza terá uma função no seu discurso, e, quando ele disser algo, com certeza será algo passível de ser colocado em prática. Um cavalheiro é tudo menos casual quando se trata de linguagem".

4. Fan Ch'ih pediu que Confúcio lhe ensinasse a criar animais. O Mestre disse: "Não sou tão bom quanto um velho fazendeiro". Fan Ch'ih pediu que lhe ensinasse como cultivar vegetais. "Não sou tão bom quanto um velho jardineiro".
Quando Fan Ch'ih foi embora, o Mestre disse: "Que tolo é Fan Hsü! Quando os governantes amam os ritos, nenhuma pessoa comum ousará ser irreverente; quando amam aquilo que é correto, nenhuma pessoa comum ousará ser insubordinada; quando amam que haja coerência com aquilo que é dito, nenhuma das pessoas comuns ousará ser insincera. Desse modo, pessoas dos quatro cantos acorrerão, com os filhos atados às costas. Que necessidade há de falar sobre a criação de animais?".

5. O Mestre disse: "Se um homem que conhece as trezentas *Odes* de cor falha quando lhe são dadas responsabilidades administrativas e se mostra incapaz de ter iniciativa própria quando enviado para estados estrangeiros, então qual a utilidade das *Odes* para ele, independentemente de quantas ele tenha aprendido?".

6. O Mestre disse: "Se um homem é correto, então haverá obediência sem que ordens sejam dadas; mas se ele não é correto, não haverá obediência, mesmo que ordens sejam dadas".

7. O Mestre disse: "Em seus governos, os reinos de Lu e Wei são como irmãos".

8. O Mestre disse sobre o príncipe Ching de Wei que ele mostrava uma atitude louvável em relação à sua moradia. Quando ele pela primeira vez teve uma casa, disse: "É adequada". Quando a ampliou um pouco, disse: "É completa". Quando ela se tornou suntuosa, ele disse: "É admirável".

9. Quando o Mestre foi para Wei, Jan Yu conduziu a carruagem para ele. O Mestre disse: "Que população florescente!".
Jan Yu disse: "Quando a população floresce, que outro benefício pode-se acrescentar?".
"Fazer as pessoas ricas."
"Quando as pessoas tornam-se ricas, que outro benefício pode-se acrescentar?"
"Educá-las."*

10. O Mestre disse: "Se alguém me empregasse, dentro do período de um ano eu deixaria as coisas em um estado satisfatório e depois de três anos eu teria provas disso para mostrar".

11. O Mestre disse: "Como é verdadeiro o ditado que diz que depois que um reino foi governado durante cem anos por bons homens é possível vencer a crueldade e acabar com os homicídios!".

12. O Mestre disse: "Mesmo com um rei de verdade, leva-se uma geração inteira para que a benevolência torne-se realidade".

13. O Mestre disse: "Se um homem consegue fazer com que ele próprio seja correto, que dificuldade haverá para ele tomar parte no governo? Se ele não consegue fazer com que ele próprio seja correto, o que tem ele a ver com fazer os outros serem corretos?".

14. Jan Tzu voltou da corte. O Mestre disse: "Por que tão tarde?".
"Assuntos de Estado." O Mestre disse: "Só podem ter sido coisas de rotina. Houvesse algum assunto de Estado, eu teria ficado sabendo sobre ele, mesmo que eu não tenha mais nenhum cargo".

15. O duque Ting perguntou: "Existe uma máxima que garanta a prosperidade de um reino?".
Confúcio respondeu: "Uma máxima não pode fazer exatamente isso. Há um ditado entre os homens: 'É difícil ser um governante, e tampouco é fácil ser súdito'. Se um governante

---
* Sobre a educação, ver itens 29 e 30, adiante.

entende a dificuldade de ser um governante, então não se trata praticamente de uma máxima levando o reino à prosperidade?".
"Existe uma máxima que possa levar o reino à ruína?" Confúcio respondeu: "Uma máxima não pode fazer exatamente isso. Há um ditado entre os homens: 'Não gosto de ser um governante, exceto pelo fato de que ninguém vai contra aquilo que eu digo'. Se o que ele diz é bom e ninguém vai contra ele, ótimo. Mas e se o que ele diz não é bom e ninguém vai contra ele, então não se trata praticamente de uma máxima levando o reino à ruína?".

16. O governador de She perguntou sobre governo. O Mestre disse: "Certifique-se sempre de que aqueles que estão perto estejam satisfeitos e de que aqueles que estão longe sejam atraídos".

17. Ao se tornar prefeito de Chü Fu, Tzu-hsia perguntou sobre governo. O Mestre disse: "Não seja impaciente. Não tenha em mente apenas ganhos pequenos. Se você for impaciente, não atingirá o seu objetivo. Se tiver em mente apenas pequenos ganhos, as grandes missões não serão cumpridas".

18. O governador de She disse a Confúcio: "Em nossa aldeia há um homem que é chamado de 'Retidão'. Quando o pai dele roubou uma ovelha, ele o denunciou". Confúcio respondeu: "Em nossa aldeia, aqueles que são corretos são muito diferentes. Os pais protegem os filhos, e os filhos protegem os pais. Retidão é algo encontrado nesse comportamento".

19. Fan Ch'ih perguntou sobre benevolência. O Mestre disse: "Quando estiver em casa, mantenha-se em uma atitude respeitosa; quando estiver servindo como oficial, seja reverente; quando lidar com outros, dê o melhor de si. Essas são qualidades que não podem ser deixadas de lado, mesmo que você vá viver entre bárbaros".

20. Tzu-kung perguntou: "Como deve ser um homem para que possam chamá-lo verdadeiramente de Cavalheiro?". O Mestre disse: "Um homem que se mostra honrado na forma com que se conduz e que, quando enviado para o exterior em missão, não desgraça o nome de seu senhor pode ser chamado de Cavalheiro".
"E abaixo dele, quem merece figurar?"
"Alguém que dentro do próprio clã é elogiado por ser um bom filho e que na sua aldeia é elogiado por ser um jovem respeitoso."
"E a seguir?"
"Um homem que insiste em manter sua palavra e em levar suas ações até o fim talvez esteja qualificado para ser o próximo, mesmo que mostre uma teimosa estreiteza da mente."
"E quanto aos homens que estão na vida pública, presentemente?"
O Mestre disse: "Oh, eles são de capacidade tão limitada que mal contam".

21. O Mestre disse: "Se é impossível encontrar homens moderados para companheiros, deve-se, se não há alternativa, voltar-se aos indisciplinados e aos cautelosos. Os primeiros arriscam-se a qualquer coisa, enquanto os últimos demarcam o limite para alguns tipos de ações".

22. O Mestre disse: "As pessoas do sul têm um ditado: Um homem sem consistência* não dará nem um xamã nem um médico. Muito bem dito! 'Se uma pessoa não demonstra uma virtude consistente, essa pessoa passará, talvez, vergonha.'"**
O Mestre continuou, para comentar: "A importância do ditado é simplesmente a de que, em tal caso, não há razão alguma para consultar um oráculo".

23. O Mestre disse: "O cavalheiro concorda com os outros sem ser um eco. O homem vulgar ecoa sem estar de acordo".

---

* Ver VII.26.
** O texto da terceira linha do hexagrama 32 *heng* (constância).

24. Tzu-kung perguntou: "'Todos na aldeia gostam dele.' O que você acha disso?" O Mestre disse: "Isso não é o suficiente". "'Ninguém na aldeia gosta dele.' O que acha disso?" O Mestre disse: "Isso tampouco é suficiente. 'Aqueles na aldeia que são bons gostam dele e aqueles na aldeia que são maus não gostam dele.' Isso ficaria melhor".

25. O Mestre disse: "O cavalheiro é fácil de ser servido mas difícil de agradar. Ele não ficará satisfeito a menos que você tente agradá-lo seguindo o Caminho, mas quando se trata de empregar os serviços de outras pessoas, ele o faz dentro dos limites da capacidade delas. O homem vulgar é difícil de ser servido mas fácil de agradar. Ele ficará satisfeito mesmo que você tente agradá-lo sem seguir o Caminho, mas quando se trata de empregar os serviços de outros, ele exige perfeição".

26. O Mestre disse: "O cavalheiro fica à vontade sem ser arrogante; o homem vulgar é arrogante sem ficar à vontade".

27. O Mestre disse: "Força inquebrantável, resolução, simplicidade e reticência* são próximas da benevolência".

28. Tzu-lu perguntou: "Como deve ser um homem para que mereça que o chamem de Cavalheiro?". O Mestre disse: "Alguém que é, por um lado, sincero e inteligente e, por outro lado, cordial merece ser chamado de Cavalheiro – sincero e inteligente entre os seus amigos e cordial entre irmãos".

29. O Mestre disse: "Depois que um homem bom educou o povo por sete anos, aí então o povo estará pronto para pegar em armas".

30. O Mestre disse: "Mandar o povo para a guerra sem que ele tenha educação é jogá-lo fora".

---

* Ver XII.3.

LIVRO XIV

1. Hsien perguntou sobre a vergonha. O Mestre disse: "É vergonhoso fazer do salário seu único objetivo, indiferente quanto a se o Caminho prevalece no reino ou não".

"Manter-se longe da tentação de tentar agir em proveito próprio, de jactar-se de si mesmo, de guardar rancores e de ser ambicioso pode ser considerado 'benevolente'?"

O Mestre disse: "Pode ser considerado 'difícil', mas não sei se se trata de benevolência".

2. O Mestre disse: "Um cavalheiro que é apegado ao conforto não merece ser chamado de Cavalheiro".

3. O Mestre disse: "Quando o Caminho prevalece no reino, fale e aja destemidamente e com altivez; quando o Caminho não prevalece, aja destemidamente e com altivez, mas fale com reserva e de modo suave".

4. O Mestre disse: "Um homem de virtude com certeza é o autor de dizeres memoráveis, mas o autor de dizeres memoráveis não é necessariamente virtuoso. Um homem benevolente com certeza é corajoso, mas um homem corajoso não necessariamente é benevolente".

5. Nan-kung K'uo perguntou a Confúcio: "Tanto Yi, que era bom no tiro com arco, e Ao, que era tão bom marinheiro que podia fazer um barco navegar sobre a terra seca, tiveram mortes violentas, enquanto Yü e Chi, que ajudaram a semear as lavouras, dominaram o Império". O Mestre nada replicou.

Depois que Nan-kung K'uo foi embora, o Mestre comentou: "Quão cavalheiro é esse homem! Como ele reverencia a virtude!".

6. O Mestre disse: "Podemos supor que há casos de cavalheiros que não são benevolentes, mas não há um homem vulgar que seja, ao mesmo tempo, benevolente".

7. O Mestre disse: "É possível amar alguém sem fazer com que essa pessoa trabalhe duro? É possível dar o melhor de si por alguém sem educá-lo?".

8. O Mestre disse: "Ao redigir o texto de um tratado, P'i Ch'en escrevia o rascunho, Shih Shu fazia comentários, Tzu-yü, o mestre de protocolo, fazia os retoques, e Tzu-ch'an de Tung Li o embelezava".

9. Alguém perguntou sobre Tzu-ch'an. O Mestre disse: "Era um homem generoso". A mesma pessoa perguntou por Tzu-hsi. O Mestre disse: "Aquele homem! Aquele homem!". Então perguntou sobre Kuan Chung. O Mestre disse: "Era um homem.* Tomou trezentas casas do domínio da família Po na cidade de P'ien, e Po, obrigado a viver apenas de arroz comum, não disse uma só palavra em reclamação, até o fim dos seus dias".

10. O Mestre disse: "É mais difícil não reclamar da injustiça quando pobre do que não se comportar com arrogância quando rico".

11. O Mestre disse: "Meng-kung ch'uo seria mais do que qualificado para o cargo de administrador de grandes e nobres famílias como Chao ou Wei, mas ele não seria qualificado para o cargo de ministro, nem mesmo em um pequeno reino como T'eng ou Hsüeh".

---

* O texto provavelmente é incompleto. À luz da primeira resposta, um adjetivo, provavelmente "benevolente", deveria acompanhar a palavra "homem". Ver os capítulos 16 e 17, nos quais Kuan Chung é chamado de "benevolente".

12. Tzu-lu perguntou sobre o homem completo.
O Mestre disse: "Um homem tão sábio quanto Tsang Wu-chung, tão livre de desejos quanto Meng-kung-ch'uo, tão corajoso quanto Chuang-tzu de Pien e tão talentoso quanto Jan Ch'iu, que é mais refinado em matéria de ritos e música, pode ser considerado um homem completo". Então acrescentou: "Mas para ser um homem completo hoje em dia não é necessário ter todas essas coisas. Se um homem, à vista de uma vantagem a ser obtida, lembra-se do que é certo, se, em face do perigo, está pronto para dar a própria vida e se não esquece seus princípios mesmo quando passa por longos períodos de dificuldade, então ele pode ser chamado de completo".

13. O Mestre perguntou a Kung-ming Chia sobre Kung-shu Wen-tzu: "É verdade que o seu Mestre nunca falava, nunca ria e nunca aceitava?".
Kung-ming Chia respondeu: "Seja lá quem for que disse isso, exagerou. Meu Mestre falava apenas quando era o momento de ele falar. De modo que as pessoas nunca se cansavam da sua fala. Ria apenas quando se sentia feliz. De modo que as pessoas nunca se cansavam do seu riso. Aceitava alguma coisa apenas quando era certo que o fizesse. De modo que as pessoas nunca achavam que ele aceitava demais".
O Mestre disse: "Será que essa pode ser a explicação correta para o modo como ele era?, é o que me pergunto".

14. O Mestre disse: "Tsang Wu-chung valia-se do seu domínio sobre o seu feudo para exigir que esse fosse reconhecido como hereditário. Se alguém dissesse que ele não estava coagindo o seu senhor, eu não acreditaria".

15. O Mestre disse: "O duque Wen de Chin era hábil e lhe faltava integridade. O duque Huan de Ch'i, por outro lado, tinha integridade e não era hábil".

16. Tzu-lu disse: "Quando o duque Huan mandou matar o príncipe Chiu, Shao Hu morreu pelo príncipe, mas Kuan Chung, não". Ele acrescentou: "Nesse caso, faltou benevolência a este último?". O Mestre disse: "Foi por causa de Kuan Chung que o duque Huan pôde, sem ter de demonstrar força, reunir nove vezes os senhores dos estados feudais. Essa era a sua benevolência. Essa era a sua benevolência".

17. Tzu-kung disse: "Não acho que Kuan Chung fosse um homem benevolente. Não apenas ele não morreu pelo príncipe Chiu, mas viveu para ajudar o duque Huan, que havia mandado assassinar o príncipe".

O Mestre disse: "Kuan Chung ajudou o duque Huan a se tornar o líder dos senhores feudais e a evitar que o Império entrasse em colapso. Até hoje, o povo ainda goza dos benefícios dos seus atos. Não fosse por Kuan Chung, poderíamos muito bem estar usando os cabelos soltos e dobrando nossos trajes à esquerda.* Certamente ele não foi como o homem ou a mulher que, por causa de suas pequenas fidelidades, cometem suicídio em uma vala sem que ninguém se aperceba".

18. O ministro Chuan, que tinha sido um oficial na casa de Kung-shu Wen-tzu, foi promovido a um alto cargo no governo, servindo lado a lado com Kung-shu Wen-tzu. Ao ouvir isso, o Mestre comentou: "Kung-shu Wen-tzu merecia o epíteto '*wen*'".**

19. Quando o Mestre falou sobre a absoluta falta de princípios morais de parte do duque Ling de Wei, K'ang Tzu comentou: "Sendo esse o caso, como é que ele não perdeu seu reino?".

Confúcio disse: "Chung-shu Yü era o responsável pelos visitantes estrangeiros, o sacerdote T'uo pelo templo ancestral, e

---

* Isto é, à moda dos bárbaros, caso fossem por eles invadidos.

** Um relato sobre a conferição do título póstumo de *wen* para Kung-shu Wen-tzu pode ser encontrado no capítulo *T'an kung do Li chi* (*Li chi chu shu*, 10.1a-1b). *No Yi chou shu*, diz-se, entre outras coisas, que "fazer homenagens às pessoas comuns" é chamado *wen* (p. 196). Ver nota em V.15, p. 85.

Wang-sun Chia pelas questões militares. Sendo esse o caso, que possibilidade haveria de o duque perder o reino?".

20. O Mestre disse: "Promessas feitas imodestamente são difíceis de cumprir".

21. Ch'en Ch'eng Tzu matou o duque Chien. Depois de lavar-se cuidadosamente, Confúcio foi à corte e reportou-se ao duque Ai, dizendo: "Ch'en Heng matou seu próprio senhor. Posso pedir que um exército seja enviado para puni-lo?". O duque respondeu: "Diga isso aos Três Senhores".* Confúcio disse: "Reportei-o ao senhor simplesmente porque tenho o dever de fazê-lo, já que ocupo lugar junto aos ministros, mas mesmo assim o senhor diz: 'Diga aos Três Senhores'".

Ele foi e reportou-se aos Três Senhores, e eles recusaram seu pedido. Confúcio disse: "Reporto isso aos senhores simplesmente porque tenho o dever de fazê-lo, já que ocupo um lugar junto aos ministros".**

22. Tzu-lu perguntou sobre o modo correto de servir um senhor. O Mestre disse: "Certifique-se de que não está sendo desonesto quando ficar frente a frente com ele".

23. O Mestre disse: "O progresso do cavalheiro é para cima; o progresso do homem vulgar é para baixo".***

24. O Mestre disse: "Os homens de antigamente estudavam para aprimorar a si próprios; os homens de hoje estudam para impressionar os outros".

25. Ch'ü Po-yü enviou um mensageiro a Confúcio. Confúcio sentou-se com ele e perguntou-lhe: "O que faz o seu Mestre?".

---

* Isto é, os líderes das três poderosas famílias de Lu.
** O incidente é registrado no *Tso chuan* (*Tso chuan chu shu*, 59.19a-19b).
*** Ver item 35, a seguir.

Ele respondeu: "Meu mestre tenta reduzir seus erros, mas não tem obtido êxito". Quando o mensageiro foi embora, o Mestre comentou: "Que mensageiro! Que mensageiro!".

26. O Mestre disse: "Não se preocupe com questões de governo a menos que sejam da sua alçada".* Tseng Tzu comentou: "O cavalheiro não permite que seus pensamentos devaneiem além do seu cargo".

27. O Mestre disse: "O cavalheiro tem vergonha de que suas palavras sejam mais ambiciosas que suas ações".

28. "Os cavalheiros têm sempre três princípios em mente, nenhum dos quais consegui seguir: 'O homem benevolente nunca fica aflito**; o homem sábio nunca fica indeciso***; o homem corajoso nunca tem medo'".**** Tzu-kung disse: "Aquilo que o Mestre acaba de citar é uma descrição de si mesmo".

29. Tzu-kung era dado a classificar as pessoas. O Mestre disse: "Quão superior é Ssu! De minha parte, não tenho tempo para essas coisas".

30. O Mestre disse: "Não é quando os outros falham em apreciar as suas habilidades que você deveria ficar incomodado,***** mas sim quando essas habilidades de fato faltam".

31. O Mestre disse: "Não é superior um homem que, sem antecipar traições ou prever atos de má-fé, é, ainda assim, o primeiro a perceber quando tais ações ocorrem?"

32. Wei-sheng Mu disse a Confúcio: "Ch'iu, por que está tão inquieto? Está, talvez, tentando se exibir?".

* Essa frase também é encontrada em VIII.14.
** Sobre o futuro.
*** Quanto ao certo e ao errado.
**** Ver IX.29.
***** Esse trecho é encontrado em I.16.

Confúcio respondeu: "Não sou tão impertinente a ponto de me exibir. Só que detesto a inflexibilidade".

33. O Mestre disse: "Um bom cavalo é exaltado por suas virtudes, não por sua força".

34. Alguém disse:

"'Pague uma injúria com uma boa ação'.*

O que você acha desse ditado?".

O Mestre disse: "Com o quê, então, você paga uma boa ação? Deve-se pagar a injúria com a retidão, mas pagar com uma boa ação apenas uma boa ação".

35. O Mestre disse: "Ninguém me entende". Tzu-kung disse: "Como assim, ninguém o entende?". O Mestre disse: "Não estou reclamando do Céu, tampouco culpo os homens. Em meus estudos, começo de baixo e vou em direção às coisas mais elevadas. Se sou compreendido de algum modo, é, talvez, pelo Céu".

36. Kung-po Liao falou mal de Tzu-lu para Chi-Sun. Tzu-fu Ching-po relatou-o, dizendo: "Meu Mestre mostra sinais inequívocos de estar sendo influenciado por Kung-po Liao, mas ainda tenho influência suficiente para expor seu cadáver no mercado público".

O Mestre disse: "Se o Caminho prevalece, é o Destino; também é o Destino se o Caminho cai em desgraça. Como pode Kung-po Liao desafiar o Destino?".

37. O Mestre disse: "Homens que evitam o mundo vêm em primeiro lugar; aqueles que evitam um lugar em particular vêm em seguida; aqueles que evitam um olhar hostil, em seguida; aqueles que evitam palavras hostis vêm por último".

---

* Ver: "Faça o bem para aquele que lhe fez uma injúria". (*Tao te ching*, cap. 63, p. 124).

O Mestre disse: "Houve sete que se levantaram".*

38. Tzu-lu preparava-se para passar a noite no Portão de Pedra. O porteiro disse: "De onde você vem?". Tzu-lu disse: "Da família K'ung". "Do K'ung que continua perseguindo um objetivo que ele sabe ser impossível?"

39. Enquanto o Mestre estava tocando os sinos de pedra em Wei, um homem que passava em frente à porta, carregando um cesto, disse: "O modo com que ele toca os sinos de pedra está carregado de sentimento". Mas logo em seguida, disse: "Que medíocre esta musiquinha. Se ninguém entende este homem,** então ele deveria desistir, isso é tudo.

> Quando a água é funda, caminhe devagar;
> Quando é rasa, erga seu traje e caminhe".***

O Mestre disse: "Ele é muito decidido, de fato. Contra tal determinação, não pode haver qualquer argumento".

40. Tzu-chang disse: "O *Livro da História* diz:

> Kao Tsung confinou-se no seu casebre, enlutado, e por três anos permaneceu em silêncio.****

O que isso significa?".

O Mestre disse: "Não há necessidade de recorrer a Kao Tsung para exemplo. Isso sempre foi assim entre os homens de antigamente. Quando o governante morria, todos os oficiais juntavam-se e apresentavam-se ao primeiro-ministro e, por três anos, aceitavam seu comando".

---

* Essa frase deve ter se perdido de seu contexto original, já que faz aqui pouco sentido.
** Ver item 35, página anterior.
*** *Shu ching chu shu*, 16.10b.
**** *Shu ching chu shu*, 16.10b.

41. O Mestre disse: "Quando aqueles que governam são observadores dos ritos, o povo será facilmente comandado".*

42. Tzu-lu perguntou sobre o cavalheiro. O Mestre disse: "Ele cultiva a si próprio e, portanto, obtém respeito".
"Isso é tudo?"
"Ele cultiva a si próprio e, portanto, traz paz e prosperidade aos seus semelhantes."
"Isso é tudo?"
"Ele cultiva a si próprio e, portanto, traz paz e segurança às pessoas comuns. Até mesmo Yao e Shun achariam penosa a tarefa de trazer paz e segurança às pessoas."

43. Yüan Jang esperava sentado, com as pernas bem abertas. O Mestre disse: "Não ser nem modesto nem deferente quando jovem, não conquistar nada válido na idade adulta e recusar-se a morrer quando velho, isto é o que eu chamo de um parasita". E assim dizendo, o Mestre cutucou-lhe o queixo com seu cajado.

44. Depois que um garoto de Ch'üeh anunciou um visitante, alguém perguntou sobre ele: "Trata-se de alguém que progredirá?". O Mestre disse: "Já o vi afirmando que ocupará um cargo e andando lado a lado com seus colegas mais velhos. Ele não quer progredir. Ele está atrás de resultados rápidos".

---

* Ver XIII.4.

LIVRO XV

1. O duque Ling de Wei perguntou a Confúcio sobre táticas militares. Confúcio respondeu: "De fato, já ouvi falar sobre o uso de embarcações sacrificiais, mas nunca estudei a questão do comando de tropas". No dia seguinte, foi embora do reino.

2. Em Ch'en, quando as provisões acabaram, os seguidores* tinham se tornado tão fracos que nenhum deles conseguia pôr-se em pé. Tzu-lu, com indignação pintada em todo o rosto, disse: "É possível que haja momentos em que até mesmo os cavalheiros são levados a circunstâncias tão extremas?". O Mestre disse: "Não causa nenhuma surpresa ao cavalheiro encontrar-se em circunstâncias extremas. O homem vulgar, ao encontrar-se em circunstâncias extremas, jogaria para cima qualquer escrúpulo".

3. O Mestre disse: "Ssu, você acha que eu sou o tipo de homem que aprende muitas coisas e que depois armazena na mente cada uma dessas coisas que aprendeu?".
"Sim, acho. Não é assim?"
"Não. Tenho apenas um único fio que liga todas elas."**

4. O Mestre disse: "Yu, raros são aqueles que compreendem a virtude".

5. O Mestre disse: "Se houve um governante que conseguia impor a ordem sem ter de tomar nenhuma ação, foi, talvez, Shun.

---
* Seguidores de Confúcio.
** Ver IV.15.

Tudo o que ele precisava fazer era mostrar-se em uma postura respeitosa e olhar na direção do sul".*

6. Tzu-chang perguntou sobre o progresso. O Mestre disse: "Se você tem consciência das próprias palavras e é coerente com elas, e se é determinado e reverente ao agir, então até mesmo nas terras dos bárbaros você progredirá. Mas, se falhar em ser consciencioso e coerente em relação a suas palavras ou determinado e reverente ao agir, então, mesmo na sua aldeia, como conseguiria progredir? Onde você estiver, tenha esse ideal à frente, inscreva-o na canga da sua carruagem. Apenas então você com certeza progredirá".
Tzu-chang tomou nota disso no seu cinturão.

7. O Mestre disse: "Quão correto é Shih Yü! Quando o Caminho prevalece no reino, ele é reto como uma flecha e, no entanto, quando o Caminho cai em desuso no reino, ainda assim ele tem a retidão de uma flecha.
"Quão cavalheiro Ch'ü Po-yü é! Quando o Caminho prevalece no reino, ele exercita seus talentos em um cargo oficial, mas quando o Caminho cai em desuso no reino, ele deixa que o enrolem e que o guardem em algum lugar seguro".**

8. O Mestre disse: "Não falar com um homem que pode se beneficiar com isso é desperdiçar o homem. Falar com um homem que é incapaz de se beneficiar com isso é desperdiçar as palavras. Um homem sábio não desperdiça nem homens nem palavras".

9. O Mestre disse: "Em se tratando de cavalheiros determinados e homens de benevolência, ao mesmo tempo em que é inconcebível que busquem permanecer vivos sacrificando a benevolência, pode

---

* O trono do imperador ficava virado para o sul.
** Aqui há uma analogia entre o homem e o formato de papiro utilizado antigamente na China para armazenar, entre outras coisas, textos clássicos: tais papiros eram longos, com uma vara arredondada em cada lado e com um pedaço de fita em uma extremidade ou em ambas. Para serem armazenados e ocultarem seu conteúdo, bastava enrolar o papiro em uma das extremidades e, com a fita fixada à outra extremidade, amarrar o rolo. (N.T.)

acontecer que tenham de aceitar a morte para conseguir realizar a benevolência".

10. Tzu-kung perguntou sobre a prática da benevolência. O Mestre disse: "Um artesão que deseja praticar bem sua habilidade deve primeiro afiar seus instrumentos. Você deveria, portanto, buscar a proteção do mais distinto ministro e fazer amizade com o mais benevolente cavalheiro, esteja no reino onde estiver".

11. Yen Yüan perguntou sobre como governar um reino. O Mestre disse: "Siga o calendário Hsia, ande em uma carruagem dos Yin e use um barrete cerimonial dos Chou, mas, quanto à música, adote o *shao* e o *wu*.* Bane as melodias de Cheng e mantenha homens de fala persuasiva à distância. As melodias de Cheng são insolentes, e homens de fala persuasiva são perigosos".

12. O Mestre disse: "Aquele que não pensa em dificuldades futuras com certeza será assaltado por preocupações muito mais próximas".

13. O Mestre disse: "Acho que devo abrir mão da esperança. Ainda estou para conhecer o homem que tenha tanta afeição pela virtude quanto pela beleza feminina".

14. O Mestre disse: "Tsang Wen-chung não ocupou um cargo a que não tem direito? Ele sabia que Liu Hsia Hui era mais qualificado, mas mesmo assim não cedeu a ele sua posição".**

15. O Mestre disse: "Uma pessoa que exige muito de si mesma e pouco dos outros ficará a salvo de críticas".

16. O Mestre disse: "Não há nada que se fazer com um homem que está constantemente perguntando 'O que devo fazer? O que devo fazer?'".

---

* Quanto a *shao* e *wu*, ver III.25.

** Essa observação feita por Confúcio de forma ligeiramente diferente também pode ser encontrada em *Tso chuan* (*Tso chuan chu shu*, 18.14a-b).

17. O Mestre disse: "Trata-se de um feito bastante memorável que um grupo de homens passe o dia inteiro juntos apenas divertindo-se com mostras vãs de esperteza sem jamais tocar, durante a conversa, no assunto da moralidade!".

18. O Mestre disse: "O cavalheiro tem a moralidade como matéria-prima e, ao observar os ritos, coloca-a em prática, ao ser modesto dá-lhe expressão e, ao ser fiel às próprias palavras, a completa. Assim é um cavalheiro, de fato!".

19. O Mestre disse: "O cavalheiro se ressente por sua própria falta de habilidade, não pela inabilidade dos outros de o admirarem".*

20. O Mestre disse: "O cavalheiro detesta não deixar um nome atrás de si quando vai embora".

21. O Mestre disse: "Aquilo que um cavalheiro procura, ele procura dentro de si próprio; aquilo que um homem vulgar procura, ele procura nos outros".

22. O Mestre disse: "O cavalheiro tem consciência de sua própria superioridade sem ser agressivo e junta-se a outros cavalheiros sem ser sectário".

23. O Mestre disse: "Um cavalheiro não recomenda um homem por causa daquilo que este diz, tampouco despreza o que é dito por conta da pessoa que o fala".

24. O Mestre disse: "Tzu-kung perguntou: existe uma palavra que possa ser um guia de conduta durante toda a vida de alguém?". O Mestre disse: "Talvez, a palavra *shu*.** Não imponha aos outros aquilo que você não deseja para si próprio".

---

* Essa observação de Confúcio, em um formato ligeiramente diferente, também é encontrada em *Tso chuan* (*Tso chuan chu shu*, 18.14a-b).

** Isto é, usar a si próprio como medida ao avaliar os desejos de outrem. Ver VI.30 e IV.15. É interessante notar que em V.12, quando Tzu-kung observou que, se ele não queria que os outros lhe impusessem, ele tampouco queria impor aos outros, o comentário de Confúcio foi de que isso estava além de suas habilidades.

25. O Mestre disse: "Quem eu alguma vez elogiei ou condenei? Se elogiei alguém, podem ter certeza de que ele tinha sido testado. Essas pessoas comuns são a pedra de toque por meio da qual as Três Dinastias foram mantidas no caminho certo".

26. O Mestre disse: "Sou velho o suficiente para ter visto escribas a quem faltava refinamento. Aqueles que possuíam cavalos permitiam que outros os conduzissem.* Hoje em dia não há mais, suponho, tais casos".

27. O Mestre disse: "A fala ardilosa arruína a virtude de uma pessoa; a falta de autocontrole em pequenas questões arruína grandes planos".

28. O Mestre disse: "Aja com cuidado em relação a um homem que é odiado por todos. Aja com cuidado em relação a um homem que é amado por todos".**

29. O Mestre disse: "O homem é capaz de ampliar o Caminho. O caminho não é capaz de ampliar o homem".

30. O Mestre disse: "Não emendar a si próprio quando se errou é errar, de fato".

31. O Mestre disse: "Uma vez passei todo o dia pensando, sem comer nada, e toda a noite pensando sem ir para a cama, mas descobri que nada ganhei com isso. Teria sido melhor gastar o tempo estudando".

32. O Mestre disse: "O cavalheiro se dedica a atingir o Caminho e não a garantir comida. Vá e cultive a terra e você terminará

---

* As carruagens e cavalos de uma pessoa eram algo que não se deveria facilmente permitir que outros usassem. Fazê-lo significava, portanto, uma falta de refinamento. Essa é, me parece, a interpretação proposta pelo professor Chow Tse-tsung. (Ver "*Shuo 'shih chih ch'üeh wen*'", *Ta lu tsa chih*, XXXVII.4, 1968, p. 1-16.)

** Ver XIII.24.

tendo fome, é claro; estude e você terminará com um salário de oficial, é claro. O cavalheiro preocupa-se com o Caminho, não com a pobreza".

33. O Mestre disse: "Aquilo que está ao alcance do conhecimento de um homem mas não pode ser mantido por sua benevolência é algo que ele acabará perdendo. Um homem pode ser sábio o suficiente para atingi-lo e benevolente o suficiente para mantê-lo, mas se ele não governar com dignidade, então o povo não o respeitará. Um homem pode ser sábio o suficiente para atingi-lo, benevolente o suficiente para mantê-lo e pode governar o povo com dignidade, mas se ele não colocá-lo para trabalhar de acordo com os ritos, não terá atingido a perfeição".*

34. O Mestre disse: "O cavalheiro não pode ser apreciado por pequenas coisas, mas é competente em grandes questões. Um homem vulgar não é competente em grandes questões, mas pode ser apreciado por pequenas coisas".

35. O Mestre disse: "A benevolência é mais vital ao povo do que o fogo e a água. No caso do fogo e da água, já vi homens morrerem ao se entregarem a eles, mas nunca vi nenhum homem morrer ao se entregar à benevolência".

36. O Mestre disse: "Quando diante de uma oportunidade de praticar a benevolência, não ceda a vez nem mesmo ao seu professor".

37. O Mestre disse: "O cavalheiro é devotado aos seus princípios, mas não é inflexível em pequenas questões".

38. O Mestre disse: "Ao servir o senhor, deve-se cumprir os deveres com reverência e considerar o pagamento como algo de importância secundária".

---

* Esse trecho tem sido interpretado como referindo-se ao poder. (N.T.)

39. O Mestre disse: "Em educação, não há distinção de pessoa para pessoa".

40. O Mestre disse: "Não há sentido em duas pessoas que tomam caminhos diferentes se aconselharem uma com a outra".

41. O Mestre disse: "É suficiente que as palavras utilizadas por alguém comuniquem o seu sentido".

42. Mien, o mestre de música,* fez uma visita. Quando ele chegou aos degraus, o Mestre disse: "O senhor chegou aos degraus", e quando ele chegou até o tapete, o Mestre disse: "O senhor chegou ao tapete". Quando todos se sentaram, o Mestre disse a ele: "Este é Fulano de Tal e aquele ali é Fulano de Tal".

Depois que o mestre de música foi embora, Tzu-chang perguntou: "É esta a maneira de falar com um músico?". O Mestre disse: "Sim. Esta é a maneira de guiar um músico".

---

* Naquela época, a profissão de músico era restrita aos cegos.

LIVRO XVI

1. O chefe da família Chi estava prestes a atacar Chuan Yü. Jan Yu e Chi-lu foram falar com Confúcio e disseram: "Os Chi vão atacar Chuan Yü".

Confúcio disse: "Ch'iu, com certeza isso é culpa sua. Outrora, um ancestral real nosso deu a Chuan Yü a responsabilidade de fazer sacrifícios à montanha Tung Meng; além disso, o território deles agora localiza-se nos nossos domínios. São nossos vassalos. Que razão pode haver para atacá-los?".

Jan Yu disse: "É o que o nosso senhor deseja. Nenhum de nós é a favor disso".

Confúcio disse: "Ch'iu, há um ditado de Chou Jen que diz o seguinte: que os homens que têm força juntem-se às fileiras e que aqueles a quem falta força cedam seus lugares. Que utilidade tem para um cego um assistente que não o apoia quando ele tropeça ou que não o segura quando ele cai? Além disso, o que você disse está errado. De quem é o erro quando o tigre e o rinoceronte escapam de suas jaulas ou quando o casco de uma tartaruga e o jade são destruídos dentro de seus estojos?".

Jan Yu disse: "Mas Chuan Yü é fortemente fortificada e próxima a Pi. Se não for tomada agora, com certeza será uma fonte de problemas para os descendentes de nossos senhores no futuro".

Confúcio disse: "Ch'iu, o cavalheiro detesta aqueles que, em vez de dizerem claramente que querem alguma coisa, ficam inventando desculpas. Sempre ouvi dizer que o chefe de um reino ou de uma família nobre preocupa-se não com subpopulação, mas com a distribuição desigual; não com a pobreza, mas com a instabilidade.* Pois onde há distribuição igualitária não há pobreza, onde há harmonia não há subpopulação e onde há estabilidade não há golpes de estado. É por essa razão que, quando súditos de outras regiões sublevam-se, o governante deve atraí-los por meio de sua força moral e, uma vez que eles se aproximem, satisfazê-los. Mas você e Yu sequer foram capazes de ajudar o seu senhor a atrair os súditos de outras regiões quando estas se sublevam ou a preservar o reino quando este está se desintegrando. Em vez disso, você propõe que se recorra ao uso das armas contra uma província do próprio reino. Receio que os problemas de Chi-sun estejam não em Chuan Yü, mas dentro do próprio palácio".

2. Confúcio disse: "Quando o Caminho prevalece no Império, os ritos, a música e as expedições militares são determinados pelo Imperador. Quando o Caminho não prevalece no reino, eles são determinados pelos senhores feudais. Quando são determinados pelos senhores feudais, dificilmente o poder permanecerá nas mãos do imperador por mais de dez gerações. Quando são determinados pelos ministros, dificilmente o poder permanecerá nas mãos dos senhores feudais por mais de cinco gerações. Quando a prerrogativa de comando em um reino está a cargo de oficiais dos ministros, dificilmente o poder permanecerá nas mãos dos ministros por mais de três gerações. Quando o Caminho prevalece no Império, não é aos ministros que cabe a iniciativa política. Quando o Caminho prevalece no Império, as pessoas comuns não expressam críticas".

3. Há cinco gerações a autoridade saiu do controle da casa ducal. Há quatro gerações o governo passou para o controle dos ministros. Por essa razão os descendentes das três casas de Huan estão em declínio.**

---

* O texto está incompleto nessa parte. À luz do que segue, a passagem deveria, provavelmente, ser assim: "(...) não se preocupa com pobreza, mas com a distribuição desigual, não com a subpopulação, mas com a desarmonia, não com golpes de estado, mas com a instabilidade".

** A lógica que leva a essa conclusão é um tanto obscura à luz do item anterior.

Livro XVI | 153

4. Confúcio disse: "Beneficia-se aquele que faz amizade com três tipos de pessoa. Igualmente, prejudica-se aquele que faz amizade com outros três tipos de pessoa. Fazer amizade com os retos, com aqueles que são fiéis às próprias palavras e com os bem-informados é beneficiar-se. Fazer amizade com aqueles que são subservientes em suas ações, agradáveis na aparência e eloquentes no discurso é prejudicar-se".

5. Confúcio disse: "Beneficia-se aquele que tem prazer em três tipos de coisas. Igualmente, prejudica-se aquele que tem prazer em outros três tipos de coisas. Ter prazer com a correta realização dos ritos e da música, em tecer loas à bondade de outros homens e ao ter um grande número de homens excelentes como amigos é beneficiar-se. Ter prazer em exibir-se, em levar uma vida dissoluta e em comer e beber é prejudicar-se".

6. Confúcio disse: "Na presença de um cavalheiro, corre-se o risco de cometer três erros. Dirigir a palavra antes que a palavra lhe tenha sido dirigida é temerário; não dirigir a palavra quando a palavra lhe foi dirigida é ser evasivo; falar sem observar a expressão na face do cavalheiro é ser cego".

7. Confúcio disse: "Há três coisas das quais um cavalheiro deveria se resguardar. Na juventude, quando o sangue e o *ch'i** ainda não estão estabilizados, ele deve se resguardar da atração da beleza feminina. No princípio da vida, quando o sangue e o *ch'i* estiverem em pleno vigor, ele deve se resguardar da belicosidade. Na velhice, quando o sangue e o *ch'i* estiverem em declínio, ele deve se resguardar da vontade de ter propriedades".

8. Confúcio disse: "O cavalheiro teme três coisas. Teme o Decreto do Céu. Teme grandes homens. Teme a palavra dos sábios. O homem vulgar, sendo ignorante do Decreto do Céu, não o teme. Trata grandes homens com insolência e as palavras dos sábios com ironia".

---

* *Ch'i* é o constituinte básico do universo. O *ch'i* refinado permeia todo o corpo humano e circula com o sangue.

9. Confúcio disse: "Aqueles que nascem com conhecimento são os mais elevados. A seguir vêm aqueles que atingem o conhecimento por meio do estudo. A seguir vêm aqueles que se voltam para o estudo depois de terem passado por dificuldades. No nível mais baixo estão as pessoas comuns, por não fazerem esforço algum para estudar mesmo depois de terem passado por dificuldades".

10. Confúcio disse: "Há nove coisas às quais o cavalheiro deve dedicar seu pensamento: enxergar claramente ao usar os olhos, escutar acuradamente ao usar os ouvidos, ter uma atitude cordial, ter um comportamento respeitoso, ser conscencioso ao falar, ser reverente ao cumprir seus deveres, buscar conselho quando estiver em dúvida, prever as consequências ao ficar com raiva e, à vista de uma vantagem a ser obtida, saber o que é correto".

11. Confúcio disse: "'Ao contemplar o que é bom, ajo como se estivesse correndo o risco de ser deixado para trás; ao contemplar o que não é bom, ajo como se estivesse bebendo água fervente.' Conheci tal homem; ouvi tal declaração.

"'Vivo retiradamente para atingir meu propósito e praticar o que é direito com o intuito de realizar o meu caminho.' Ouvi tal declaração, mas ainda não conheci tal homem".

12. O duque Ching de Ch'i tinha mil carruagens com quatro cavalos cada, mas, à sua morte, as pessoas comuns foram incapazes de encontrar qualquer coisa pela qual elogiá-lo, ao passo que Po Yi e Shu Ch'i morriam de fome ao pé do monte Shou Yang e até hoje as pessoas comuns os admiram. Isso provavelmente é o que significa.*

13. Ch'en Kang perguntou a Po-yü: "Foi-lhe ensinado algo fora do comum por seu pai?".

---

* Esse trecho obviamente está incompleto. Parece faltar o início. Por isso, não é mencionado o nome do falante. Tampouco se sabe ao que a frase final se refere.

"Não, não foi. Uma vez meu pai estava sozinho. Enquanto eu cruzava o jardim com passos apressados,* ele disse: 'Você estudou as *Odes*?'. Respondi: 'Não'. 'A menos que estude as *Odes*, não será capaz de sustentar uma conversa.' Eu me retirei e estudei as *Odes*.

"Outro dia, meu pai estava novamente sozinho. Enquanto eu atravessava o jardim com passos apressados, ele disse: 'Você estudou os ritos?'. Eu respondi: 'Não.' 'A menos que estude os ritos, não será capaz de assumir teu lugar no mundo.' Eu me retirei e estudei os ritos. Foram-me ensinadas essas duas coisas."

Ch'en Kang retirou-se, encantado, e disse: "Fiz uma pergunta e recebi três respostas. Aprendi sobre a importância das *Odes*, aprendi sobre a importância dos ritos e aprendi que um homem mantém reserva para com seu filho".

14. O governante de um reino usa o termo "senhora" para sua esposa. Ela usa o termo "pequena criada" para si própria. O povo do reino refere-se a ela pela expressão "a senhora do senhor", mas, quando no estrangeiro, usa a expressão "a pequena senhora". As pessoas de outros reinos também se referem a ela por "a senhora do senhor".**

---

* Como sinal de respeito.

** Esse é provavelmente um texto ritual que foi copiado no espaço em branco ao fim deste rolo e nada tem a ver com o resto do livro.

LIVRO XVII

1. Yang Huo queria ver Confúcio e, quando Confúcio recusou-se a ir vê-lo, ele mandou a Confúcio um leitão de presente.* Confúcio mandou alguém vigiar a casa de Yang Huo e foi agradecer o presente durante a ausência dele. No caminho, calhou de ele encontrar Yang Huo, que lhe disse: "Venha, agora. Preciso falar com você". Então ele continuou: "Pode ser chamado de benevolente o homem que, enquanto esconde seus tesouros, permite que o reino se extravie? Eu diria que não. Pode ser chamado de sábio o homem que, ao mesmo tempo que é ávido por participar da vida pública, constantemente deixa passar a oportunidade? Eu diria que não. Os dias e os meses passam. O tempo não está do nosso lado". Confúcio disse: "Muito bem. Aceitarei um cargo".

2. O Mestre disse: "Os homens são próximos por natureza. É o hábito que os separa".

3. O Mestre disse: "Apenas os mais sábios e os mais estúpidos não mudam".

4. O Mestre foi até Wu Ch'eng. Lá ele ouviu o som de instrumentos de cordas e de cantoria. O Mestre abriu um sorriso e disse: "Para que usar um cutelo de boi para matar uma galinha?".

Tzu-yu respondeu: "Há algum tempo ouvi do senhor, Mestre, que o cavalheiro instruído no Caminho ama seus semelhantes e que os homens vulgares instruídos no Caminho são fáceis de serem comandados".

---

* De acordo com uma versão dessa história em *Mencius*, III.B.7, tratava-se de um leitão defumado (p. 112).

O Mestre disse: "Meus amigos, o que Yen diz é correto. Minha observação de ainda há pouco foi apenas uma brincadeira".

5. Kung-shan Fu-jao, usando Pi como baluarte, iniciou uma revolta.* Ele chamou o Mestre para juntar-se a ele, e o Mestre quis ir. Tzu-lu não gostou e disse: "Pode ser que não tenhamos nenhum lugar para ir, mas por que devemos ir a Kung-shan?".

O Mestre disse: "O homem que me chama deve ter algo a dizer. Se se trata de uma oferta de emprego, não poderia eu, talvez, criar outra dinastia Chou no leste?".

6. Tzu-chang perguntou a Confúcio sobre benevolência. Confúcio disse: "Há cinco coisas, e qualquer um que seja capaz de colocá-las em prática no Império é, com certeza, 'benevolente'".

"Posso perguntar que coisas são essas?"

"Elas são o respeito, a tolerância, a coerência com as próprias palavras, a rapidez e a generosidade. Se um homem é respeitoso, ele não será tratado com insolência. Se é tolerante, ele conquistará o povo. Se é coerente com as próprias palavras, seus semelhantes confiarão nele. Se é rápido, atingirá resultados. Se é generoso, ele será bom o suficiente a ponto de ser colocado em uma posição acima de seus semelhantes."

7. Pi Hsi mandou chamar o Mestre, e o Mestre ficou tentado a ir. Tzu-lu disse: "Há algum tempo ouvi do senhor, Mestre, que o cavalheiro não entra nos domínios daquele que não pratica o bem. Agora Pi Hsi está usando Chung Mou como baluarte para iniciar uma revolta. Como o Mestre pode querer ir até lá?".

O Mestre disse: "É verdade, falei isso. Mas não foi dito 'Duro, de fato, é aquilo que pode suportar a opressão'? Não foi dito 'Branco, de fato, é aquilo que pode resistir ao tingimento preto'? Além disso, como posso admitir que eu seja tratado como um melão que, em vez de ser comido, serve de ornamento?".

---

* Contra a família Chi, talvez sob o pretexto de devolver o poder ao duque de Lu.

8. O Mestre disse: "Yu, você ouviu sobre as seis qualidades e sobre os seis erros dos quais devemos nos resguardar?".
"Não."
"Sente-se e eu vou dizê-lo. Amar a benevolência sem amar o aprendizado pode levar à tolice. Amar a esperteza sem amar o aprendizado pode levar ao desvio do caminho correto. Amar a coerência com as próprias palavras sem amar o aprendizado pode levar a um comportamento destrutivo. Amar a determinação sem amar o aprendizado pode levar à intolerância. Amar a coragem sem amar o aprendizado pode levar à insubordinação. Amar a força sem amar o aprendizado pode levar à indisciplina."*

9. O Mestre disse: "Por que nenhum de vocês, meus jovens amigos, estuda as *Odes*? Uma correta citação das *Odes* pode servir para estimular a imaginação, para demonstrar cultura, para superar dificuldades dentro de um grupo e para dar vazão a reclamações.

"Dentro da família, permitem que sirva-se ao próprio pai; fora da família permitem que sirva-se ao senhor; proporcionam também a aquisição de um amplo conhecimento sobre nomes de pássaros e animais, plantas e árvores".**

10. O Mestre disse para Po-yü: "Você estudou o *Chou nan* e o *Shao nan*?*** Ser um homem e não estudá-los é, eu diria, como ficar com a cara colada na parede".****

11. O Mestre disse: "Diz-se 'Os ritos, os ritos', mas os ritos não significam apenas presentes de jade e seda. Diz-se 'Música, música', mas música não é apenas sinos e tambores".*****

* Ver VIII.2.
** Para essas atividades o estudo das *Odes* deve, presumivelmente, ser relevante, mas não fica claro por que ele as menciona. Isso muito provavelmente deve-se a alguma corrupção no texto.
*** Trata-se de capítulos que abrem o livro das Odes.
**** Ver XVI.13.
***** Ver III.3.

12. O Mestre disse: "Um homem covarde que veste uma máscara de braveza é como o ladrão que invade uma casa ou que trepa pelos muros".

13. O Mestre disse: "Os respeitáveis de um vilarejo são a ruína da virtude".*

14. O Mestre disse: "Os fofoqueiros são párias da virtude".

15. O Mestre disse: "É realmente possível trabalhar lado a lado com um homem mau ao serviço de um senhor? Antes que ele consiga o que quer, ele se preocupa com a possibilidade de não consegui-lo. Depois de consegui-lo, ele se preocupa com a possibilidade de perdê-lo, e quando isso acontecer, nada o deterá".

16. O Mestre disse: "Na Antiguidade, as pessoas comuns tinham três defeitos, mas hoje nem mesmo esses elas têm. Na Antiguidade, ao serem selvagens os homens eram incontroláveis; hoje, eles simplesmente desviam-se do bom caminho. Na Antiguidade, por serem orgulhosos, os homens eram inconfiáveis; hoje, ao serem orgulhosos, eles são apenas temperamentais. Na Antiguidade, mesmo ao serem tolos, eles eram sinceros; hoje, a tolice é apenas uma impostura".

17. O Mestre disse: "É raro, de fato, que um homem com palavras ardilosas e um rosto bajulador seja benevolente".**

18. O Mestre disse: "Detesto o púrpura por deslocar o vermelho. Detesto as melodias de Cheng por corromperem a música clássica.*** Detesto homens de fala esperta que derrubam reinos e famílias nobres".

---

* Para a elaboração de Mêncio desse significado, ver *Mencius*, VII.B.37 (p. 203).
** Isso faz parte de I.3.
*** Conforme a linha de interpretação tradicional, vermelho é uma cor pura, ao passo que púrpura é uma cor misturada, mas na época de Confúcio a prática de usar púrpura em substituição ao vermelho estava se espalhando. Sobre a condenação de Confúcio quanto à música de Cheng, ver V.11.

19. O Mestre disse: "Estou pensando em desistir da fala". Tzu-kung disse: "Se o senhor não falasse, o que haveria para nós, seus discípulos, transmitirmos?". O Mestre disse: "O que fala o Céu? E, no entanto, quatro estações se sucedem e centenas de criaturas continuam a nascer. O que fala o Céu?".

20. Ju Pei queria ver Confúcio. Confúcio recusou-se a vê-lo, dizendo que estava doente. Assim que o mensageiro pôs os pés do lado de fora da porta do Mestre, este tomou seu alaúde e cantou, certificando-se de que o homem estava ouvindo.

21. Tsai Wo perguntou sobre o luto de três anos, dizendo: "Até mesmo um ano é demais. Se o cavalheiro desiste da prática dos ritos durante três anos, os ritos com certeza ficarão em ruínas; se ele abandonar a prática da música durante três anos, a música com certeza entrará em colapso. Um ano inteiro de luto é o suficiente. Afinal de contas, ao longo de um ano, tendo-se usado o grão velho, o grão novo germina, e nova madeira é utilizada para o fogo".*

O Mestre disse: "Você, então, seria capaz de saborear seu arroz** e vestir suas melhores roupas?".

"Sim, eu seria."

"Se você se sente confortável com isso, então faça-o. O cavalheiro de luto não vê sabor na comida, prazer na música nem conforto em sua própria casa. É por isso que ele não come seu arroz nem veste suas melhores roupas. Já que você se sente confortável com isso, faça-o, por favor."

Depois que Tsai Wo foi embora, o Mestre disse: "Quão insensível é Yü. Uma criança deixa o colo dos pais apenas quando tem três anos de idade. O luto de três anos é observado em todo o Império. Os pais de Yü não lhe deram três anos de amor?".

---

* Um tipo diferente de madeira é usado para cada uma das quatro estações de modo que a mesma madeira é novamente usada após um ano. Essa prática, presume-se, tinha um significado ritual.

** O arroz era um luxo, e painço era o principal alimento.

22. O Mestre disse: "Não é fácil para um homem que está sempre de barriga cheia usar a cabeça em algo útil. Não existem coisas como *po* e *yi**? Até mesmo jogar esses jogos é melhor do que não fazer nada".

23. Tzu-lu disse: "O cavalheiro considera a coragem uma qualidade suprema?". O Mestre disse: "Para o cavalheiro, é a moralidade que é suprema. Com coragem mas desprovido de moralidade, um cavalheiro causará problemas, ao passo que um homem vulgar sem moralidade se tornará um bandido".

24. Tzu-kung disse: "Até mesmo o cavalheiro tem seus desafetos?". O Mestre disse: "Sim. O cavalheiro tem seus desafetos. Ele detesta aqueles que chamam a atenção para o mal em outros. Ele detesta aqueles que difamam seus superiores. Ele detesta aqueles a quem, embora possuam coragem, falta o espírito dos ritos. Ele detesta aqueles cuja determinação não é temperada pela compreensão".

O Mestre acrescentou: "Você, Ssu, também tem os seus desafetos?".

"Detesto aqueles cujo plágio passa por sabedoria. Detesto aqueles cuja insolência passa por coragem. Detesto aqueles cuja crítica aos outros passa por retidão."

25. O Mestre disse: "Em casa, é com as mulheres e com os homens vulgares que é difícil de se lidar. Se permitir que se aproximem demais, eles se tornarão insolentes. Se os mantiver à distância, eles reclamarão".

26. O Mestre disse: "Se, à idade de quarenta anos, um homem ainda tem inimigos, então não resta esperança para ele: continuará assim até o fim".

---

* Enquanto *yi* é o jogo conhecido recentemente como *wei ch'i* (*go*, em japonês), *po* era, acredita-se, um jogo de tabuleiro segundo o qual a movimentação das peças eram decididas no dado.

LIVRO XVIII

1. O visconde de Wei abandonou-o, o visconde de Chi tornou-se um escravo por sua causa e Pi Kan perdeu a vida por protestar contra ele.* Confúcio comentou: "Havia três homens benevolentes na dinastia Yin".

2. Liu Hsia Hui foi demitido três vezes quando era um magistrado. Alguém disse: "Não é hora de você ir embora?". "Se, a serviço de alguém, um homem não está preparado para fazer o Caminho se dobrar, onde ele poderá ir sem ser demitido três vezes? Se, a serviço de alguém, um homem está preparado para dobrar o Caminho, que necessidade há de abandonar a terra de seu pai e sua mãe?"

3. Refletindo sobre como deveria tratar Confúcio, o duque Ching de Ch'i disse: "Não posso tratá-lo de forma tão exaltada quanto a que é dispensada para a família Chi".** Então ele o colocou em algum lugar entre os Chi e os Meng***, dizendo: "Estou ficando velho. Receio não ser capaz de aproveitar os talentos dele". Confúcio foi embora.

4. Os homens de Ch'i enviaram de presente moças cantoras e dançarinas. Chi Huan Tzu aceitou-as e não foi à corte durante três dias. Confúcio foi embora.

---

* Isto é, o tirano de Chou.
** Em Lu.
*** Tanto os Chi quanto os Meng eram famílias nobres de Lu.

5. Chieh Yü, o Louco de Ch'u, passou por Confúcio, cantando

Fênix, oh, fênix!
Como vossa virtude declinou!
O que é passado não pode ser recuperado,
O que está por vir ainda não está perdido.
Desista, desista!
Perigoso é o fardo dos oficiais de hoje.

Confúcio desceu de sua carruagem com intenção de falar-lhe, mas o Louco evitou-o, fugindo, e no final das contas Confúcio não pôde falar com ele.

6. Ch'ang Chü e Chieh Ni estavam arando juntos, alinhados como uma parelha. Confúcio passou por eles e mandou que Tzu--lu perguntasse onde estava o rio. Ch'ang Chü disse: "Quem é aquele, tomando conta da carruagem?".* Tzu-lu disse: "É K'ung Ch'iu". "Então, ele deve ser o K'ung Ch'iu de Lu." "Sim, é." "Então, ele não precisa perguntar onde está o rio."
Tzu-lu perguntou a Chieh Ni. Chieh Ni disse: "Quem é você?". "Sou Chung Yu." "Então deve ser o discípulo de K'ung Ch'iu de Lu?" Tzu-lu respondeu: "Sou". "Em todo o Império, os homens são sempre iguais. Com quem você** poderia trocar de lugar? Além disso, para seu próprio bem, não seria melhor se, em vez de seguir um cavalheiro que continua fugindo dos homens***, você seguisse um que foge do mundo, simplesmente?"**** Tudo isso enquanto continuava arando, incessantemente.
Tzu-lu foi e reportou a Confúcio o que foi dito.
O Mestre ficou perdido em pensamentos durante algum tempo e disse: "Um homem não pode associar-se a pássaros e animais. Por acaso não sou membro da raça humana? A quem, então, deveria eu me associar? Enquanto o Caminho se encontrar no Império, não trocarei de lugar com aquele homem".

---

* A expressão *chih yü* é obscura e, provavelmente, uma corruptela.
** Estamos aqui tomando *erh* por "você".
*** Ou seja, Confúcio.
**** Ou seja, o próprio Chieh Ni.

7. Tzu-lu, quando viajava junto [com Confúcio], foi ficando para trás. Ele encontrou um velho, carregando um cesto em uma vara sobre os ombros. Tzu-lu perguntou: "O senhor viu meu Mestre?". O velho disse: "Você parece não ter caminhado com os próprios pés nem parece capaz de distinguir um tipo de grão do outro. Quem pode ser o seu Mestre?". Ele apoiou a sua vara no chão e começou a capinar.

Tzu-lu ficou parado, em pé, com as mãos respeitosamente uma contra a outra, em concha.

O velho convidou Tzu-lu para passar a noite. Matou uma galinha, preparou um pouco de painço para a visita comer e apresentou a ele seus dois filhos.

No dia seguinte, Tzu-lu retomou seu caminho e relatou essa conversa. O Mestre disse: "Ele deve ser um eremita". Mandou Tzu-lu de volta para falar novamente com ele. Quando Tzu-lu chegou, o velho tinha ido embora.

Tzu-lu comentou: "Não tomar parte na vida pública é ignorar os próprios deveres. Nem mesmo os deveres entre velhos e jovens podem ser deixados de lado. Como, então, podem os deveres entre governante e súdito ser deixados de lado? Isso causará confusão nas relações humanas mais importantes simplesmente porque alguém deseja manter a sua personalidade intocada. O cavalheiro aceita um cargo oficial para cumprir seu dever. Quanto a colocar o Caminho em prática, ele sabe o tempo todo que é uma causa perdida".*

8. Homens que se retiraram da sociedade: Po Yi, Shu Ch'i, Yü Chung, Yi Yi, Chu Chang, Liu Hsia Hui, Shao Lien. O Mestre comentou: "Não abrir mão dos seus propósitos nem permitir que fossem humilhados: isso descreve, talvez, Po Yi e Shu Ch'i. Sobre Liu Hsia Hui e Shao Lien ele disse: "Eles, de fato, abriram mão dos seus propósitos e se permitiram ser humilhados, mas suas palavras eram condizentes com sua postura, e suas ações eram

* Ver XIV.38.

discretas. Isso é tudo". Sobre Yü Chung e Yi Yi ele disse: "Eles deram plena vazão às próprias palavras enquanto viviam como eremitas, mas tinham um caráter imaculado e mostraram juízo ao aceitarem sua demissão. Eu, entretanto, sou diferente. Não tenho preconceitos quanto ao que deve e ao que não deve ser feito".

9. Chih, o grande músico, partiu para Ch'i; Kan, músico do segundo banquete, partiu para Ch'u; Liao, músico do terceiro banquete, partiu para Ts'ai; Ch'üe, músico do quarto banquete, partiu para Ch'in; Fang Shu, o tocador de tambor, cruzou o rio; Wu, tocador de pandeiro, cruzou o rio Han; Yang, o substituto do grande músico, e Hsiang, que tocava os sinos de pedra, cruzaram o mar.

10. O duque de Chou disse para o duque de Lu*: "O cavalheiro não trata displicentemente aqueles que lhe são próximos, tampouco dá a seus altos oficiais oportunidade para reclamar de que a opinião deles não foi ouvida. A menos que haja razões graves, ele não abandona oficiais de longa carreira. Ele não espera perfeição de ninguém".**

11. Havia oito cavalheiros na dinastia Chou: Po Ta, Po K'uo, Chung T'u, Shu Yeh, Shu Hsia, Chi Sui e Chi K'uo.

---

* Seu filho.
** Ver XIII.25.

LIVRO XIX

1. Tzu-chang disse: "Pode-se, talvez, ficar satisfeito com um cavalheiro que, em face do perigo, esteja pronto a sacrificar a própria vida, que, à vista de um benefício a ser obtido, não esquece do que é certo* e que, durante um sacrifício, não esquece a reverência, nem a dor enquanto de luto".

2. Tzu-chang disse: "Se um homem não consegue se agarrar à virtude com todas as suas forças nem acreditar no Caminho com todo o coração, como se pode dizer que ele tem alguma coisa, ou que não tem nada?".

3. Os discípulos de Tzu-hsia perguntaram a Tzu-chang sobre a amizade. Tzu-chang disse: "O que Tzu-hsia diz?". "Tzu-hsia diz: 'Você deveria fazer amizade com aqueles que são adequados e desprezar os inadequados'."
Tzu-chang disse: "Isso é diferente do que eu ouvi. Ouvi que o cavalheiro honra aqueles que lhe são superiores e é tolerante para com a multidão, que é cheio de elogios para com os bons ao mesmo tempo em que se apieda dos incapazes. Se sou muito superior, qual homem eu não toleraria? Se sou inferior, então outros vão me desprezar, e como poderia eu desprezá-los?".

4. Tzu-hsia disse: "Mesmo artes menores têm aspectos válidos, mas o cavalheiro não se aventura com elas, pois o medo do homem que tem um longo caminho a percorrer é ser barrado por algo".

---

* Ver XIV.12.

5. Tzu-hsia disse: "Se um homem tem consciência, ao longo do dia, do que ele não sabe e não esquece, ao longo de um mês, aquilo que ele já dominou, então ele pode, de fato, ser considerado alguém que gosta de aprender".

6. Tzu-hsia disse: "Aprenda bastante e seja persistente; pergunte com sinceridade e reflita sobre o que está à disposição, e não haverá necessidade de procurar benevolência em outro lugar".

7. Tzu-hsia disse: "Os artesãos das cem artes dominam seu ofício ao permanecerem na oficina; o cavalheiro aperfeiçoa seu Caminho por meio do estudo".

8. Tzu-hsia disse: "Quando o homem vulgar comete um erro, ele com certeza tenta mascará-lo".

9. Tzu-hsia disse: "O cavalheiro passa três impressões diferentes. À distância ele parece formal; de perto ele parece cordial; ao falar ele parece severo".

10. Tzu-hsia disse: "Apenas depois de conquistar a confiança do povo o cavalheiro o faz trabalhar duramente, pois de outra maneira o povo se sentiria usado. Apenas depois de conquistar a confiança dos senhores o cavalheiro pode criticar suas medidas, pois de outra maneira o senhor se sentiria ofendido".

11. Tzu-hsia disse: "Se uma pessoa não passa dos limites no que diz respeito a questões importantes, não importa se ela não é meticulosa no que diz respeito a questões desimportantes".

12. Tzu-yu disse: "Os discípulos e jovens seguidores de Tzu-hsia com certeza conseguem varrer e limpar, atender a porta e responder perguntas corriqueiras, apresentar-se e retirar-se, mas isso são apenas detalhes. Em tudo que é básico eles são ignorantes. O que se pode fazer com eles?".

Quando Tzu-hsia ouviu isso, disse: "Oh! Quão enganado está Yen Yu! No caminho do cavalheiro, como saber o que pode ser ensinado antes e o que deve ser deixado por último, por ser menos urgente? O primeiro pode ser facilmente distinguido do último como a grama o é das árvores. É fútil tentar passar um retrato tão falso do caminho do cavalheiro. Apenas o sábio, tendo começado alguma coisa, sempre a levará a cabo".*

13. Tzu-hsia disse: "Quando um homem com um cargo oficial descobre que pode fazer mais do que dar conta dos seus deveres, então ele estuda; quando um estudante descobre que ele pode mais do que dar conta dos seus estudos, então ele aceita um cargo oficial".

14. Tzu-yu disse: "Quando o luto dá plena expressão à tristeza, nada mais pode ser pedido".

15. Tzu-yu disse: "Meu amigo Chang é difícil de ser imitado. Mesmo assim ele ainda não conseguiu atingir a benevolência".

16. Tseng Tzu disse: "Grande, de fato, é Chang, tanto que é difícil trabalhar ao lado dele no cultivo da benevolência".

17. Tseng Tzu disse: "Ouvi o Mestre dizer que em nenhuma ocasião um homem tem plena consciência de si próprio, embora, quando pressionado, ele tenha dito que o luto pelos próprios pais pode ser uma exceção".

18. Tseng Tzu disse: "Ouvi o Mestre dizer que outros homens poderiam imitar tudo que Meng Chuang Tzu fazia como bom filho, exceto uma coisa: ele manteve inalterados tanto os oficiais de seu pai quanto suas políticas. Eis o que era difícil de imitar".**

---

* O ponto de Hsia parece ser o seguinte: se a um estudante ensina-se, passo a passo, do superficial ao fundamental, então ele ganha algo mesmo que não atinja, ao seguir os estudos, sua meta final. A meta final é algo que supostamente apenas o sábio é capaz de atingir.

** Ver I.11.

19. A família Meng apontou Yang Fu como magistrado, e ele buscou o conselho de Tseng Tzu. Tseng Tzu disse: "As autoridades perderam o Caminho, e o povo está, há muito tempo, sem raízes. Se você conseguir extrair a verdade de pessoas do povo, não se congratule por isso, mas tenha-lhes compaixão".

20. Tzu-kung disse: "Chou não era tão malvado assim. É por isso que o cavalheiro detesta morar para os lados do sul, pois é lá que tudo o que é sórdido no Império abre caminho".

21. Tzu-kung disse: "Os erros do cavalheiro são como um eclipse do sol e da lua no sentido de que, quando ele erra, o mundo inteiro vê e, quando ele corrige seu erro, o mundo inteiro o observa, admirado".

22. Kung-sun Ch'ao de Wei perguntou a Tzu-kung: "Com quem Chung-ni* aprendeu?". Tzu-kung disse: "O caminho do rei Wen e do rei Wu ainda não caiu por terra, mas ainda pode ser encontrado nos homens. Não há homem que não tenha algo do caminho de Wen e Wu em si. Homens superiores guardaram aquilo que tem maior importância, ao passo que homens inferiores guardaram o que é de pouca importância. De quem, então, o Mestre não aprende? Do mesmo modo, como poderia ele ter um único professor?"

23. Shu-sun Wu-shu disse para os ministros da corte: "Tzu-kung é superior a Chung-ni". Isso foi relatado a Tzu-kung por Tzu-fu Ching-po.
    Tzu-kung disse: "Peguemos os muros como uma analogia. Meus muros são da altura do ombro, de modo que é possível olhar por sobre eles e apreciar a beleza da casa. Mas os muros do Mestre têm sete ou dez metros de altura, de modo que, a não ser que uma pessoa seja admitida pelo portão, não é possível ver a magnificência dos templos ancestrais ou a suntuosidade dos prédios oficiais. Já que aqueles que são admitidos pelo portão

---

* Isto é, Confúcio.

são, podemos dizer, poucos, é de se admirar que o cavalheiro falasse como falou?".

24. Shu-sun Wu-shu fez comentários difamatórios sobre Chung-ni. Tzu-kung disse: "Ele está simplesmente perdendo o seu tempo. Não é possível difamar Chung-ni. Em outros casos, homens de excelência são como montanhas que uma pessoa pode escalar. Chung-ni é como o sol e a lua, que ninguém escala. Mesmo que alguém quisesse escapar do sol e da lua, como isso deporia contra eles? Isso somente serviria para mostrar mais claramente que não teve consciência do seu próprio tamanho".

25. Ch'en Tzu-ch'in disse para Tzu-kung: "Você está apenas sendo respeitoso, não é? Certamente Chung-ni não é superior a você".

Tzu-kung disse: "Um homem é considerado sábio por apenas uma palavra que ele diga; igualmente, ele é considerado tolo por apenas uma palavra que ele diga. É por isso que devemos ter muito cuidado quanto ao que dizemos. O Mestre não pode ser igualado, assim como o céu não pode ser medido. Estivesse o Mestre prestes a se tornar o líder de um reino ou de uma família nobre, ele seria como o homem descrito no provérbio: tudo o que ele tem a fazer é ajudá-los a ficar de pé, e eles ficarão de pé, guiá-los, e eles caminharão, trazer paz a eles, e eles o seguirão, destinar-lhes tarefas, e eles trabalharão em harmonia. Em vida, ele é glorificado e, na morte, será pranteado. Como pode ele ser igualado?".

LIVRO XX

1. Yao disse:

"Oh! Shun,
A sucessão, ordenada pelo Céu, recaiu sobre a tua pessoa.
Apega-te com firmeza ao caminho do meio.
Se o Império for reduzido ao estado de caos,
As honras concedidas a ti pelo Céu estarão terminadas para sempre."

Foi com essas mesmas palavras que Shun comandou Yü.

[T'ang] disse: "Eu, Lü, o pequeno, ouso oferecer um touro negro e fazer esta declaração perante o grande senhor. Não ouso perdoar aqueles que transgrediram. Apresentarei vossos servos como são, de modo que a escolha seja apenas Vossa. Se eu transgredir, não permitais que os dez mil reinos sofram por minha causa; mas se os dez mil reinos transgredirem, a culpa é minha, apenas".

A dinastia Chou foi imensamente abençoada, e os homens bons abundaram.

"Tenho parentes próximos,
Mas melhor para mim é ter homens benevolentes.
Se o povo transgredir
Que recaia sobre a minha cabeça apenas."*

---

* Foi sugerido que essas são as palavras usadas pelo rei Wu ao investir senhores feudais e podem ter sido usadas, em especial, no enfeudamento de T'ai Kung de Ch'i. Toda essa passagem consiste em conselhos para reis ou declarações feitas por eles. Todos esses reis fundaram novas dinastias. Shun fundou a dinastia Yü, Yü fundou a dinastia Hsia, T'ang fundou a dinastia Yin, e o rei Wu fundou a dinastia Chou. A linguagem desse relato de história antiga lembra muito o *Livro da História*. É muito pouco provável que essa passagem tenha algo a ver com Confúcio, exceto pela possibilidade de constituir material didático usado na escola confuciana.

* * *

Decida sobre pesos e medidas após cuidadosa consideração e restabeleça postos oficiais que caíram em desuso, e as medidas governamentais serão fortalecidas em toda parte. Restitua reinos que foram anexados, reviva linhagens que foram extintas, promova homens que se retiraram da sociedade, e os corações de todas as pessoas comuns do Império o admirarão.

O que era considerado de importância: as pessoas comuns, comida, luto e sacrifícios.

Se um homem é tolerante, ele conquistará o povo. Se é coerente com as próprias palavras, as pessoas comuns confiarão nele. Se é rápido, atingirá resultados.* Se é imparcial, as pessoas comuns ficarão satisfeitas.**

2. Tzu-chang perguntou a Confúcio: "Como deve ser um homem para que ele possa fazer parte de um governo?".

O Mestre disse: "Se ele enaltece as cinco práticas excelentes e foge das quatro práticas perniciosas, ele pode participar do governo".

Tzu-chang disse: "O que significam as cinco práticas excelentes?".

O Mestre disse: "O cavalheiro é generoso sem gastar, faz com que os outros trabalhem sem que padeçam, tem desejos sem ser ambicioso, é casual sem ser arrogante e é admirado sem parecer orgulhoso".

Tzu-chang disse: "O que significa 'ser generoso sem gastar'?".***

---

* O parágrafo, até esse ponto, também pode ser encontrado em XVII.6, no qual, em vez de *min* (pessoas comuns), o texto refere-se a *jen* (semelhantes).

** Essa passagem não é atribuída a nenhum falante em especial. Parece consistir em um número de partes desconexas sobre vários aspectos do ato de governar. Embora uma dessas partes, conforme acabamos de apontar, seja, de fato, atribuída a Confúcio, em XVII.6, seria arriscado inferir daí que Confúcio era o responsável pelo texto restante.

*** À luz da resposta que segue, a pergunta deveria cobrir todas as cinco práticas excelentes, em vez de apenas a primeira.

O Mestre disse: "Se um homem beneficia o povo comum utilizando as coisas ao redor deles que eles acham benéficas, não se trata de ser generoso sem gastar? Se um homem, ao fazer com que os outros trabalhem, escolhe fardos que os outros conseguem carregar, quem vai se queixar? Se, ao desejar benevolência, um homem a obtém, onde está a ambição? O cavalheiro jamais ousa negligenciar as boas maneiras, esteja ele com muitas ou poucas pessoas, com jovens ou velhos. Não se trata de ser informal sem ser arrogante? O cavalheiro, com seu traje e chapéu bem-ajustados e com seu olhar altivo, tem uma atitude que inspira admiração às pessoas que o veem. Não se trata de ser admirado sem parecer orgulhoso?".

Tzu-chang disse: "O que significam as quatro práticas perniciosas?".

O Mestre disse: "Impor a pena de morte sem antes tentar reformar é ser cruel; esperar resultados sem antes avisar é ser tirânico; insistir em prazos quando se dão ordens tardias é causar dano. Quando algo precisa ser dado a alguém, ser sovina ao fazê-lo é ser impertinente".

3. Confúcio disse: "Um homem não pode se tornar um cavalheiro a menos que entenda o Destino; ele não pode ocupar o seu lugar a menos que entenda os ritos; ele não pode julgar os homens a menos que entenda as palavras".

Apêndice 1

Acontecimentos na vida de Confúcio

Comparado a outros pensadores da China antiga, sobre a maioria dos quais quase nada é sabido, Confúcio parece ter se saído muito bem. A principal fonte sobre sua vida é a biografia que compõe o capítulo 47 de *Shih chi* (*Registros do historiador*), escrito no início do século I a.c. por Ssu-ma Ch'ien. É uma biografia de bastante fôlego e parece, à primeira vista, ser repleta de informações, mas essa impressão se mostra enganosa. A maior parte dessas informações é pouco confiável. De fato, Ts'ui Shu (1740-1816), que examinou meticulosamente as evidências de acontecimentos na vida de Confúcio no seu *Chu Ssu k'ao hsin lu*, que ainda é o melhor trabalho sobre o assunto, definiu muito bem a questão ao dizer: "No *Shih chi* [biografia], aquilo que não tem fundamento chega a setenta ou oitenta por cento".* Ao refletirmos sobre o assunto, isso dificilmente causa surpresa.

Pelo fato de Confúcio ter ganho, talvez até mesmo durante a própria vida, a reputação de um sábio, histórias apócrifas sobre ele abundaram desde o início. Por exemplo, o *Kuo yü*, uma compilação mista de relatos dos vários reinos no período da Primavera e do Outono (*ch'un ch'iu*), já inclui um certo número de histórias sobre Confúcio que só podem ser encaradas como invenções ocasionadas por sua reputação de homem sábio. Em uma delas, ele consegue identificar um animal desconhecido que se parecia com uma ovelha.** Em outra, ele identifica um esqueleto gi-

---
* *K'ao hsin lu*, p. 418.
** Huo yü, 5.7a.

gante como sendo de Fang Feng Shih, que, dizia-se, tinha sido executado por Yü, o fundador da dinastia Hsia, por ter chegado atrasado a uma reunião.* Em outra ocasião ainda, uma águia que cai, moribunda, traz uma flecha com uma ponta de pedra de mais de um pé de comprimento. Confúcio é capaz de dizer que o pássaro é proveniente das distantes terras dos bárbaros ao norte de Su Shen, já que tal tipo de flecha era própria desse grupo.** Além desse tipo de história, que mostra o quão imensamente erudito Confúcio era, havia ainda histórias que eram propagadas e difundidas por escolas rivais, fosse para descreditar o sábio ao ridicularizá-lo, ou para emprestar respeitabilidade às ideias delas. Há, por exemplo, no *Chuang tzu*, inúmeras histórias que ilustram ideias taoistas nas quais Confúcio figura com proeminência. E também há histórias, no *Han fei tzu,* nas quais Confúcio aparece como o porta-voz de ideias legalistas.

Se o *Kuo yü*, sem falar no *Chuang tzu* e no *Han fei tzu*, já era abundante em histórias apócrifas, não deveríamos ficar surpresos que grande parte desse material tenha aberto caminho até o *Shih chi*. Ssu-ma Ch'ien era extremamente cauteloso com a forma com que lidava com sua matéria-prima: nada era rejeitado, a menos que ele tivesse certeza da falta de autenticidade da informação. Sempre que havia lugar para dúvidas, ele preferia preservar a tradição e deixar que o leitor julgasse por si próprio. Essa atitude está resumida nas palavras que ele usava para elogiar Confúcio como historiador. "Ele mostra cautela ao transmitir algo duvidoso como algo que era duvidoso". (*Shih chi*, p. 487). Mas essa cautela coloca um problema ao leitor moderno. Não há, me parece, saída para esse problema a não ser adotar o princípio austero de que qualquer coisa que não estiver chancelada por um punhado de fontes primárias antigas tem de ser submetido a cuidadoso escrutínio e que a tradição tem de ser rejeitada quando houver espaço para dúvida. Na minha opinião, as fontes primárias nas quais se deve confiar incluem não muito mais do que *Os*

---

* Op. cit., 5.10b-11a.

** Op. cit., 5.11b-12a.

analectos, acrescidos por *Mencius*, e o *Tso chuan* (o *Comentário tso sobre os Anais de Primavera e Outono*). Temos de confiar em *Os analectos* por ser a fonte mais antiga sobre Confúcio, embora mesmo nele haja passagens abertas a dúvidas. *Mencius* pode ser usado como uma fonte suplementar que às vezes confirma em detalhe o que se encontra em *Os analectos*. É supostamente confiável por causa do imenso respeito que Mêncio mostrava para com Confúcio e por causa do saudável ceticismo que ele mostrava para com textos tradicionais apócrifos sobre grandes homens do passado.* O *Tso chuan* é ligeiramente mais problemático. Embora seja o único relato confiável que temos sobre a história do Período de Primavera e Outono, há, ainda assim, casos em que é introduzido um elemento profético que apenas pode significar que algum material foi acrescido após o acontecimento. Por essa razão, tal material deveria ser isolado e tratado com ceticismo.

Agora poderemos tentar reconstruir um relato cronológico de todos os acontecimentos da vida de Confúcio que têm a autenticidade dos primeiros trabalhos. Também poderemos usar essa oportunidade para tomar todas as passagens datáveis de *Os analectos* e colocá-las em seu lugar apropriado na cronologia, com a esperança de que isso lhes dê um contexto histórico que pode ser de ajuda ao leitor. Concluiremos, então, examinando alguns dos mais importantes acontecimentos atribuídos no *Shih chi* e em outros trabalhos à vida de Confúcio e mostrando que são infundados.

1. As origens de Confúcio

De acordo com *Tso chuan* (duque Chao 7), no seu leito de morte Meng Hsi Tzu disse que Confúcio descendia de Fu Fu He, que, embora fosse o filho mais velho do duque Min de Sung, abriu mão do seu direito de sucessão ao seu irmão mais novo, que se tornou o duque Li (por volta do século IX a.C.). Meng Hsi

---

* Ver, por exemplo, *Mencius*, V.A7,8,9 (p. 146-48).

Tzu então continuou mencionando Cheng K'ao Fu*, que serviu três duques em Sung, entre 799 e 729 a.c., e que era conhecido pela atitude respeitosa. Meng Hsi Tzu também mencionou que Confúcio descendia de um sábio que fora morto em Sung. Este, de acordo com o comentário de Tu Yü, era K'ung Fu Chia.** Em outra passagem de *Tso chuan* (Duque Yin 3) há um relato do duque Mu (728?-720?), logo antes de ele morrer, confiando seu bebê a K'ung Fu Chia***, que então foi assassinado por Hua Tu, em 710 a.c., junto com o jovem duque.****

    O pai de Confúcio não é mencionado em nenhuma das fontes mais antigas. O *Tso chuan* (duque Hsiang 10), entretanto, menciona um Shu He, de Tsou, que demonstrou sua imensa força física ao segurar uma grade de ferro com as mãos enquanto seus camaradas fugiam.***** O *Shih chi*, em um relato sobre o mesmo incidente, dá o nome do personagem como sendo Shu Liang He e o identifica como o pai de Confúcio.****** Nada se sabe sobre sua mãe, embora tenha havido relatos posteriores referindo-se a ela como a mãe de um sábio.

2. Nascimento e primeiros anos

    Após o assassinato de K'ung Fu Chia por Hua Tu, em 710 a.C., seus descendentes, de acordo com relatos tradicionais posteriores, fugiram para Lu. Seja qual for a verdade disso, Confúcio era sem dúvida um nativo de Lu. Um eremita, em conversa com Tzu-lu, referiu-se a ele como "K'ung Ch'iu de Lu" (*Os analectos*, XVIII.6) e referiu-se a Lu como "o reino de meu pai e minha mãe" (*Mencius*, VII.B.17).

---

* De acordo com comentadores, o bisneto de Fu Fu He.
** *Tzo chuan chu shu*, 44.16b-17a.
*** Op. cit., 3.7b-8a.
**** Op. cit., 5.5a-b.
***** Op. cit., 31.3b.
****** *Shih chi*, p. 1.905.

Nenhuma das nossas três fontes dá a data do nascimento de Confúcio, mas o *Ku Liang chuan* e o *Kung Yang chuan* – ambos comentários aos *Anais de Primavera e Outono* – concordam em fixar o nascimento no 21º ano do duque Hsiang, isto é, 552 a.c. O *Shih chi*, entretanto, diz que teria sido um ano depois.
Quando jovem, Confúcio desempenhou funções de pouca importância. Isso fica claro em *Os analectos*, em que Confúcio é lembrado dizendo:

> Eu era de origem humilde quando jovem. É por isso que tenho várias habilidades manuais. (IX.6)

Também Mêncio diz:

> Confúcio foi uma vez um pequeno oficial encarregado de lojas. Ele disse: "Tudo o que tenho de fazer é manter registros acurados". Uma vez ele foi um pequeno oficial encarregado de ovelhas e gado. Ele disse: "Tudo o que tenho de fazer é garantir que as ovelhas e o gado cresçam fortes e sadios". (*Mencius*, V.B.5)

3. Entrada na vida oficial

De acordo com *Tso chuan* (duque Chao 17), em 525 a.C. Confúcio apresentou-se ao visconde de T'an, que então visitava o reino de Lu, para ser instruído sobre o sistema usado no tempo de Shao Hao para nomear oficiais de acordo com nomes de pássaros.* Em 525 a.c. Confúcio tinha 27 anos, e é provável que ele já tivesse algum pequeno cargo na corte de Lu. De outra forma, ele dificilmente teria acesso à visita de um dignatário.

Em 525 a.c., é registrado no *Tso chuan* (duque Chao 20) que Confúcio comentou, falando sobre o tratador de animais, que preferiria morrer do que atender a um chamado feito de forma equivocada.** Esse mesmo incidente é mencionado em *Mencius*

---

* *Tso chuan chu shu*, 48.3b-9a.
** Op. cit., 49.13b-14a.

(V.B.7), em que o comentário de Confúcio, um tanto diferente, é

> Um homem cuja mente está focada em altos ideais nunca esquece que ele pode terminar em uma vala; um homem de valor nunca esquece que sua cabeça pode ir a prêmio.

No mesmo ano, Tzu-ch'an, o distinto governante de Cheng, morreu; Confúcio chorou e disse: "Um homem benevolente de antigamente".*

Em 518 a.c., antes de morrer, Meng Hsi Tzu, ainda recuperando-se da sua miserável performance de quando realizara uma cerimônia havia muitos anos, expressou o desejo de que seus dois filhos partissem para receber instrução de Confúcio sobre os ritos.**

Em 517, quando o sacrifício *ti**** foi realizado no templo do duque Hsiang de Lu, apenas dois grupos de oito dançarinos *wan* participaram, enquanto o resto dos dançarinos estava na casa da família Chi.**** Esse pode ter sido o incidente que ocasionou a reação de Confúcio que é registrada em *Os analectos*:

> Confúcio disse da família Chi: "Eles usam oito fileiras de dançarinas cada um para performances no jardim. Se isso pode ser tolerado, o que não pode ser tolerado?". (III.1)

4. Visita a Ch'i

Que Confúcio visitou Ch'i fica claro a partir de fontes primárias. Em *Os analectos*, encontramos:

> O Mestre ouviu o *shao* em *Ch'i* e por três meses não sentiu o gosto das refeições que comia. Ele disse: "Jamais sonhei que as alegrias da música pudessem chegar a tais alturas". (VII.14)

---

* *Tso chuan chu shu*, 49.21b.
** Op. cit., 44.16b-17b.
*** Em *Os analectos* III.10 e III.11 o sacrifício *ti* também é mencionado.
**** *Tso chuan chu shu*, 51.17a.

e

O duque Ching de Ch'i perguntou a Confúcio sobre governo. Confúcio respondeu: "Deixe que o governante seja um governante, o súdito, um súdito, o pai, um pai, o filho, um filho". O duque disse: "Esplêndido! Realmente, se o governante não for um governante, o súdito, um súdito, se o pai não for um pai e o filho, um filho, então, mesmo que houvesse grãos, conseguiria eu comê-los?". (XII.11)

e finalmente:

Refletindo sobre como deveria tratar Confúcio, o duque Ching de Ch'i disse: "Não posso tratá-lo de forma tão exaltada quanto a que é dispensada para a família Chi [em Lu]". Então ele o colocou em algum lugar entre os Chi e os Meng, dizendo: "Estou ficando velho. Receio não ser capaz de aproveitar os talentos dele". Confúcio foi embora. (XVIII.3)

Mêncio também registra a partida de Confúcio de Ch'i:

Mêncio disse: "Quando deixou Lu, Confúcio disse: 'Procedo da forma mais lenta possível. Esse é o modo como devemos deixar o reino do nosso pai e da nossa mãe'. Quando deixou Ch'i, ele partiu após esvaziar o arroz da panela. Esse é o modo com que deixamos um reino estrangeiro". (VII.B.17. Ver também V.B.1)

Nem *Os analectos* nem o *Mencius* dão data alguma para a visita a Ch'i, mas o duque Ching de Ch'i reinou de 547 a 490 a.C. Confúcio pode ter estado em Ch'i em qualquer época antes de 490, mas, na verdade, sua visita parece ter ocorrido muito antes de 490, pois, conforme veremos, ele estava de volta a Lu antes do ano 502.

5. Retorno de Ch'i a Lu

Seja qual for a data da volta de Confúcio para Lu, depois disso algum tempo deve ter passado até que ele recebesse um cargo, já que ele é instado por várias pessoas a tomar parte da vida pública. Em *Os analectos*, encontramos:

> Alguém disse para Confúcio: "Por que o senhor não faz parte do governo?".
>
> O Mestre disse: "O *Livro da História* diz: 'Oh, um homem pode exercer influência sobre o governo simplesmente sendo um bom filho e amistoso com seus irmãos'. Ao agir dessa forma um homem estará, de fato, fazendo parte do governo. Como podem perguntar sobre ele fazer ativamente 'parte do governo'?". (II.21)

E ainda:

> Yang Huo queria ver Confúcio e, quando Confúcio se recusou a ir vê-lo, ele mandou a Confúcio um leitão de presente. Confúcio mandou alguém vigiar a casa de Yang Huo e foi agradecer o presente durante a ausência dele. No caminho, calhou de ele encontrar Yang Huo, que lhe disse: "Venha, agora. Preciso falar com você". Então ele continuou: "Pode ser chamado de benevolente o homem que, enquanto esconde seus tesouros, permite que o reino se extravie? Eu diria que não. Pode ser chamado de sábio o homem que, ao mesmo tempo que é ávido por participar da vida pública, constantemente deixa passar a oportunidade? Eu diria que não. Os dias e os meses passam. O tempo não está do nosso lado". Confúcio disse: "Muito bem. Aceitarei um cargo". (XVII.1)

O Yang Huo dessa passagem tem sido tradicionalmente identificado como Yang Hu, um oficial da mansão da família Chi que conseguiu não apenas usurpar o poder da família Chi, mas também o poder no reino de Lu. No final, ele foi longe demais e teve de fugir do reino em 501 a.C. A identificação de Yang Huo com Yang Hu é aceita, e então a conversa registrada no trecho XVII.1 deve ter acontecido antes de 501, mas infelizmente mesmo assim a identificação não é segura. Um relato desse incidente também é encontrado em *Mencius*:

Yang Huo queria ver Confúcio, mas não queria agir de maneira contrária aos ritos. Quando um ministro dava um presente a um cavalheiro, o cavalheiro, se não estivesse em casa para recebê-lo, tinha que ir até a casa do ministro para agradecer-lhe. Yang Huo esperou até que Confúcio estivesse ausente para presenteá-lo com um leitão defumado. Mas Confúcio também esperou até que Yang Huo saísse para ir lá oferecer seus agradecimentos. Naquela época, se Yang Huo tinha tomado a iniciativa de ser cortês para com Confúcio, como poderia Confúcio recusar-se a vê-lo?*

    Há algumas dificuldades em identificar esse Yang Huo com Yang Hu. Primeiro, Yang Huo é referido como "ministro". Se ele fosse, de fato, Yang Hu, então ele seria meramente um oficial na mansão da família Chi. Mesmo que fosse prática comum conceder a tais oficiais, como cortesia, o título de ministro, é de se perguntar se Mêncio, um adepto da etiqueta, teria lançado mão de tal prática. Em segundo lugar, fala-se de Yang Huo como alguém que não queria "agir de maneira contrária aos ritos". Isso não parece com o Yang Hu, de modo algum. Em terceiro lugar, em *Mencius* III.A.3, um dizer de Yang Hu é citado. É difícil entender por que a mesma pessoa deveria ser referida diferentemente nos dois lugares. Em quarto lugar, no *Tso chuan* há numerosas referências a Yang Hu, porém nenhuma a Yang Huo. De forma que não temos evidências concretas quanto à identificação de Yang Huo com Yang Hu, mas, é claro, isso não quer dizer que a identificação não possa ser correta.

    No *Tso chuan* (duque Ting I) há uma referência a Confúcio no escritório de *ssu k'ou* (comissário de polícia) em uma data depois de 502 a.C.** Isso é confirmado por Mêncio (VI.B.6). De acordo com *Mencius* (V.B.4), Confúcio recebeu um cargo sob Chi Huan Tzu, e isso deve, então, ter ocorrido entre 505 e

---

* *Mencius*. III.B.7. Na minha tradução de *Mencius* (p. 112), substituí "Yang Hu" para "Yang Huo" em toda a passagem, porque, tendo aceitado naquela época a identificação de Yang Huo com Yang Hu, segui a prática de usar apenas um nome para cada pessoa, para evitar confusão, já que Yang Hu aparece em III.A.3.
** *Tso chuan chu shu*, 54.6b.

492 a.C., período em que este último esteve no poder. É possível que tenha sido enquanto Confúcio era *ssu k'ou* que Yüan Ssu foi seu administrador (*Os analectos*, VI.5). Também é possível que tenha sido a esse período que a conversa em *Mencius* se refere:

> "Quando Confúcio tinha um cargo em Lu, o povo de Lu tinha o hábito de disputar a presa de uma caçada para ser usada em sacrifício, e Confúcio tomou parte na briga. Se até mesmo lutar pela caça é permitido, tanto mais é aceitar um presente."
> "Nesse caso, Confúcio não tomou o cargo para promover o Caminho?"
> "Sim."
> "E nesse caso, por que ele se juntou à disputa pela caça?"
> "A primeira coisa que Confúcio fez foi decretar regras corretas para governar os navios sacrificiais, proibindo o uso de carne dos quatro membros em tais navios."
> "Por que ele não renunciou ao cargo?"
> "Ele queria fazer uma tentativa. Quando ficou claro que tal proibição era possível e que, apesar de tudo, não era colocada em prática, ele renunciou." (V.B.4)

Durante o tempo em que Confúcio era *ssu k'ou*, houve dois acontecimentos dignos de nota. Primeiro, ele assistiu à cerimônia durante um encontro entre o duque Ting de Lu e o duque Ching de Ch'i, em Chia Ku, no ano 500 a.C. Isso fica registrado no *Tso chuan* (duque Ting 10).* O segundo foi a tentativa de demolir os três fortes das Três Famílias, em 498 a.C., que terminou frustrada.** No ano seguinte Confúcio partiu de Lu para ir a Wei. Poderia parecer que a partida de Confúcio era consequência direta do fracasso de tal atentado, mas tanto *Os analectos* e o *Mencius* dão como razões coisas totalmente diferentes. Em *Os analectos*, é dito:

> Os homens de Ch'i enviaram de presente moças cantoras e dançarinas. Chi Huan Tzu aceitou-as e não foi à corte durante três dias. Confúcio foi embora. (XVIII.4)

---

* *Tso chuan chu shu*, 56.2a-4a.
** Op. cit., 56.9b-10b.

Mêncio, entretanto, diz:

Confúcio era o comissário de polícia de Lu, mas seus conselhos não eram seguidos. Ele tomou parte em um sacrifício, mas, depois, não lhe foi dada uma parte da carne do animal sacrificado. Ele deixou o reino sem sequer esperar para tirar seu chapéu cerimonial. Aqueles que não o entenderam acharam que ele agia desse modo por causa da carne, mas aqueles que o entenderam perceberam que ele partia porque Lu tinha falhado em observar os ritos devidamente. De sua parte, Confúcio preferia estar ligeiramente em falta ao partir do que partir sem razão alguma. As ações de um cavalheiro estão naturalmente acima do entendimento do homem comum. (VI.B.6)

Talvez a razão dada em *Os analectos* também não seja mais do que um pretexto.

Há outra passagem em *Os analectos* que definitivamente pertence a esse período e que é de algum interesse.

O Mestre disse: "Concedam-me mais alguns anos para que eu possa estudar o *Livro das mutações* até os cinquenta e então estarei livre de maiores erros". (VII.17)

Foi no ano 503 a.C. que Confúcio chegou à idade de cinquenta anos, e a data em que ele fez tal observação deve ter sido antes desse ano. Essa passagem tem sido usada como evidência de que Confúcio fez um estudo profundo do *Livro das mutações*. Mas para *yi* (mudança) há uma leitura alternativa, *yi*, que é uma partícula gramatical. Se essa leitura é seguida, então a tradução é:

Concedam-me mais alguns anos para que eu possa estudar até os cinquenta e então estarei livre de maiores erros.

A tradição que liga Confúcio com a autoria do assim chamado "Dez asas" no *Livro das mutações* não é, de modo algum, firmada em evidência concreta.

6. Viagem para fora do reino (497-484 a.c.)

Depois de deixar Lu, Confúcio viajou pelo exterior, visitando vários reinos, mas em nenhum lugar está registrado quando ele começou suas viagens nem a ordem na qual ele visitou esses reinos. Entretanto, alguns indícios podem ser tirados de *Mencius*.

Quando Confúcio caiu em desfavor em Lu e em Wei, houve o incidente de Huan Ssu-ma, de Sung, que estava prestes a emboscá-lo e matá-lo, e ele teve que viajar pelo reino de Sung disfarçado. Naquela época, Confúcio estava em apuros, e ele foi recebido por Ssu-ch'eng Chen-tzu e tomou cargo com Chou, marquês de Ch'em. (*Mencius*, V.A.8)

Isso pareceria indicar que depois que ele deixou Lu, Confúcio primeiro foi para Wei e então de Wei para Ch'en, por Sung. Agora Ch'en e Ts'ai são mencionados, tanto em *Os analectos* como em *Mencius*.

O Mestre disse: "Nenhum daqueles que estiveram comigo em Ch'en e Ts'ai jamais foram além da minha porta". (*Os analectos*, XI.2)

Mêncio disse: "O fato de o cavalheiro [isto é, Confúcio] ter estado em dificuldades na região de Ch'en e Ts'ai foi porque ele não tinha amigos na corte". (*Mencius*, VII.B.18)

Como Ts'ai é mencionada após Ch'en, a visita a Ts'ai muito provavelmente veio depois que Confúcio assumiu um cargo em Ch'en. Isso é inteiramente razoável, já que Ts'ai, como parte de Ch'u, ficava ao sudoeste de Ch'en, e Ch'en, por sua vez, ficava ao sudoeste de Sung. Se lembrarmos que Confúcio passou por Sung para chegar até Ch'en, então ele deve ter chegado até Ch'en antes que ele pudesse ir para Ts'ai.

Sobre a volta de Confúcio para Lu, temos mais sorte. Sabemos quando e a partir de qual reino ele voltou. De acordo com *Tso chuan* (duque Ai 11), em 484 a.C., quando consultado por K'ung Wen Tzu sobre questões militares, Confúcio disse:

"É o pássaro que deveria escolher a árvore. Como poderia a árvore escolher o pássaro?". Embora ele estivesse persuadido a não deixar Wei, ele foi chamado pelos homens de Lu, e então regressou.* O *Tso chuan* então registra que o líder da família Chi consultou Confúcio por meio de Jan Yu sobre questões de impostos.** Isso significa que Confúcio estava efetivamente de volta a Lu em fins de 484 a.c., no mais tardar.

Agora que estabelecemos um itinerário, podemos dar uma olhada nos acontecimentos que ocorreram durante esses anos de viagem ao estrangeiro.

a. Primeira visita a Wei

A primeira visita a Wei deve ter acontecido antes de 493 a.c., já que o duque Ling morreu naquele ano e há conversas entre o duque e Confúcio registradas em *Os analectos*. Em XIII.9 encontramos

> Quando o Mestre foi para Wei, Jan Yu conduziu a carruagem para ele. O Mestre disse: "Que população florescente!".
> Jan Yu disse: "Quando a população floresce, que outro benefício pode-se acrescentar?".
> "Fazer as pessoas ricas."
> "Quando as pessoas tornam-se ricas, que outro benefício pode-se acrescentar?"
> "Educá-las."

Esse parece o tipo de conversa que aconteceria em uma primeira visita.

De acordo com *Mencius*, enquanto estava em Wei Confúcio teve, como anfitrião, Yen Ch'ou-yu. Mêncio acrescentou

> A esposa de Mi Tzu*** era a irmã da mulher de Tzu-lu. Mi Tzu disse para Tzu-lu: "Se Confúcio deixar eu servir de anfitriã

---

* *Tso chuan chu shu*, 58.27a-b.
** Ibid., 58.27b.
*** A favorita do duque Ling.

para ele, o cargo de ministro de Wei é dele, basta pedir". Tzu-lu relatou isso a Confúcio, que disse: "Há o Decreto". Confúcio continuou agindo de acordo com os ritos e com o que era correto e, sobre questões de sucesso ou fracasso, disse: "Há o Decreto". (V.A.8)

Diz-se que, enquanto em Wei, Confúcio teve uma reunião com Nan Tzu, a célebre esposa do duque Ling, de quem Tzu-lu não gostava. De acordo com *Os analectos*, Confúcio teve de aplacá-lo.

> O Mestre foi ver Nan Tzu. Tzu-lu não gostou. O Mestre jurou: "Se fiz algo inapropriado, que o castigo do Céu caia sobre mim! Que o castigo do Céu caia sobre mim!". (VI.28)

Que o duque Ling de Wei não era um homem particularmente bom é algo que pode ser visto na seguinte passagem em *Os analectos*:

> Quando o Mestre falou sobre a absoluta falta de princípios morais de parte do duque Ling de Wei, K'ang Tzu comentou: "Sendo esse o caso, como é que ele não perdeu seu reino?". Confúcio disse: "Chung-shu Yü era o responsável pelos visitantes estrangeiros, o padre T'uo pelo templo ancestral, e Wang-sun Chia pelas questões militares. Sendo esse o caso, que possibilidade haveria de o duque perder o reino?" (XIV.19)

Sendo o duque Ling o tipo de homem que era, é fácil entender por que Mêncio descreve o fato de Confúcio assumir um cargo subordinado a ele como algo feito por ter sido tratado com decência (*Mencius*, V.B.4).

Quanto à razão por que Confúcio deixou Wei depois da sua primeira visita, há a seguinte passagem em *Os analectos*:

> O duque Ling de Wei perguntou a Confúcio sobre táticas militares. Confúcio respondeu: "De fato, já ouvir falar sobre o uso de embarcações sacrificiais, mas nunca estudei questão do comando de tropas". No dia seguinte, foi embora do reino. (XV.1)

É coincidência demais que a primeira visita de Confúcio a Wei tenha terminado quando o duque Ling lhe fez uma pergunta sobre questões militares, ao passo que sua segunda visita ao mesmo reino quase terminou quando lhe foi feita a mesma pergunta por K'ung Wen Tzu.* É possível que essas sejam visões diferentes da mesma história. Se esse é o caso, temos que aceitar a versão de *Os analectos*, preferencialmente à do *Tso chuan*.

b. No reino de Sung

Sobre a passagem de Confúcio pelo reino de Sung, Mêncio disse: "Houve o incidente de Huan Ssu-ma de Sung que estava prestes a emboscá-lo e matá-lo, e ele teve que viajar pelo reino de Sung disfarçado". (*Mencius*, V.A.8) Que houve tal incidente é confirmado em *Os analectos*, em que Confúcio diz: "O Céu é o autor da virtude que há em mim. O que pode Huan T'ui fazer comigo?". (VII.23) O Huan Ssu-ma de *Mencius* é o Huan T'ui em *Os analectos*.

c. Em Ch'en e em Ts'ai

De acordo com Mêncio, Confúcio assumiu um cargo subordinado a Chou, o marquês de Ch'en. Há também uma referência a esse período no *Tso chuan* (duque Ai 3). Em 492 a.c., houve um incêndio em Lu, e tanto os templos do duque Huan quanto os do duque Hsi foram danificados. Diz-se que Confúcio, ao ficar sabendo das notícias sobre o fogo, em Ch'en, proclamou que os templos de Huan e Hsi tinham sido destruídos.** Esse é apenas o tipo de história mais provavelmente inventado para mostrar a onisciência do sábio, e pouco crédito se deve dar a ela, mas ela de fato mostra que Confúcio esteve em Ch'en.

Mencius menciona a dificuldade que os cavalheiros encontraram em Ch'en e em Ts'ai (VII.B.18). Mais sobre esse incidente pode ser encontrado em *Os analectos*:

---

* Ver p. 192.
** *Tso chuan chu shu*, 57.18a.

Em Ch'en, quando as provisões acabaram, os seguidores tinham se tornado tão fracos que nenhum deles conseguia pôr-se em pé. Tzu-lu, com indignação pintada em todo o rosto, disse: "É possível que haja momentos em que até mesmo os cavalheiros são levados a circunstâncias tão extremas?". O Mestre disse: "Não causa nenhuma surpresa ao cavalheiro encontrar-se em circunstâncias extremas. O homem vulgar, ao encontrar-se em circunstâncias extremas, jogaria para cima qualquer escrúpulo". (XV.2)

Em 489 a.C. Wu invadiu Ch'en. É muito provável que Confúcio tenha experimentado dificuldades enquanto viajava de Ch'en para Ts'ai, nessa época. Isso explicaria o comentário que Mêncio fez sobre Confúcio estar em apuros "na região de Ch'en e Ts'ai".

Deve ter sido em Ts'ai que Confúcio encontrou o governador de She. De acordo com o *Tso chuan* (duque Ai 2), em 493 a.C., o reino de Ts'ai mudou-se para Chou Lai.* Como isso era bem longe de Ch'en, era improvável que Confúcio visitasse o lugar. Mas em 491 a.C, Chu Liang, o governador de She, reuniu em Fu Han** antigos habitantes de Ts'ai que não tinham ido para Chou Lai. Deve ter sido em Fu Han, em 489 a.c., que Confúcio encontrou o governador de She, um homem de extraordinária habilidade por meio de cujos esforços a insurreição de Ch'u liderada por Po Kung, em 479 a.C., foi debelada. Em *Os analectos*, há duas passagens em que aparece o governador de She.

O governador de She perguntou sobre governo. O Mestre disse: "Certifique-se sempre de que aqueles que estão perto estejam satisfeitos e de que aqueles que estão longe sejam atraídos". (XIII.16)
O governador do She perguntou a Tzu-lu sobre Confúcio. Tzu-lu não respondeu. O Mestre disse: "Por que você não falou simplesmente o seguinte: ele é o tipo de homem que esquece de comer quando está distraído com um problema, que é tão alegre que esquece suas preocupações e que não percebe a aproximação da velhice?". (VII.19)

---

* Ver *Tso chuan chu shu*, 57.8b. Chou Lai fica na moderna Anhwei.
** Na moderna Honan.

De Ts'ai Confúcio deve ter voltado a Ch'en e foi em Ch'en que ele sentiu saudades de Lu. Em *Os analectos*, encontramos

> Quando estava em Ch'en, o Mestre disse: "Vamos para casa. Vamos para casa. Em casa, nossos jovens rapazes são furiosamente ambiciosos e têm grandes talentos, mas não sabem usá-los". (V.22)

Em *Mencius*, encontramos um dos discípulos de Mêncio fazendo uma pergunta sobre isso.

> Wan Chang perguntou: "Quando Confúcio esteve em Ch'en, ele exclamou: 'Vamos para casa. Os jovens da minha escola são selvagens e extravagantes, seguindo adiante ao mesmo tempo em que não esquecem suas origens'. Se Confúcio estava em Ch'en, o que o fez pensar nos selvagens cavalheiros de Lu?". (VII.B.37)

d. Retorno a Wei

Em 496 a.C., o príncipe K'uai K'ui, filho do duque Ling de Wei, tentou matar Nan Tzu, a esposa do seu pai, porque estava envergonhado pela fama dela, mas teve que fugir para Chin quando a tentativa se mostrou frustrada. Em 493 a.C, o duque Ling morreu, e Che, o filho do príncipe K'uai K'ui, o sucedeu. Com a ajuda do exército Chin, o príncipe K'uai K'ui conseguiu instalar-se na cidade de Ch'i, nos limites de Wei, e esperou por uma oportunidade de retomar o trono, derrubando seu filho. É nesse panorama político que a seguinte conversa registrada em *Os analectos* deve ter acontecido.

> Jan Yu disse: "O Mestre está do lado do senhor de Wei?".
> Tzu-kung disse: "Bem, vou perguntar a ele".
> Ele entrou e disse: "Que tipo de homens eram Po Yi e Shu Ch'i?".
> "Eram excelentes anciãos."
> "Tinham alguma queixa?"
> "Procuravam a benevolência e a encontraram. Então, por que teriam qualquer queixa?"
> Quando Tzu-kung saiu, ele disse: "O Mestre não está do lado dele". (VII.15)

Na Antiguidade, Po Yi e Shu Ch'i eram os filhos do senhor de Ku Chu. O pai queria que Shu Ch'i, o mais novo dos dois filhos, o sucedesse, mas, quando morreu, nenhum dos filhos estava disposto a privar o outro da sucessão, e ambos fugiram para as montanhas. Perguntando sobre Po Yi e Shu Ch'i, Tzu--kung pôde interpretar que a resposta de Confúcio indicava seu desgosto pela luta imprópria entre pai e filho. O príncipe K'uai K'ui acabou conseguindo depor o filho em 480 a.c. Foi nessa ocasião que Tzu-lu, que estava então ao serviço de K'ung K'ui, filho de K'ung Wen Tzu, morreu ao resistir a uma invasão, mas por essa época Confúcio já havia deixado Wei.

Há uma conversa entre Tzu-kung e Confúcio sobre o título póstumo de K'ung Wen Tzu.

> Tzu-kung perguntou: "Por que K'ung Wen Tzu foi chamado de *wen*?".
> O Mestre disse: "Ele era rápido e ávido por aprender: não teve vergonha de buscar o conselho daqueles que lhe eram inferiores em posição. É por isso que ele é chamado *wen*". (V.15)

Já que, de acordo com o *Tso chuan*, K'ung Wen Tzu deve ter morrido em algum momento entre 484 e 480 a.C., e já que Confúcio estava de volta em Lu no final do ano 484, no mais tardar, é bem possível que essa conversa tenha acontecido em Wei, antes de Confúcio regressar para seu próprio reino, embora seja mais provável que tenha ocorrido em Lu, após o retorno de Confúcio.

A seguinte passagem dos *Analectos* é anterior a quando Confúcio deixou Wei:

> Tzu-lu disse: "Se o senhor de Wei encarregasse você da administração (*cheng*) do reino, o que você faria primeiro?".
> O Mestre disse: "Se algo tem de ser feito primeiro, é, talvez, a retificação (*cheng*) dos nomes".
> Tzu-lu disse: "É mesmo? Que caminho indireto o Mestre toma! Para que tratar da retificação?".
> O Mestre disse: "Yu, como você é atrapalhado. Espera-se que um cavalheiro não ofereça nenhuma opinião sobre aquilo que

desconhece. Quando os nomes não são corretos, o que é dito não soará razoável; quando o que é dito não soa razoável, os negócios não culminarão em sucesso e ritos e músicas não florescerão; quando ritos e música não florescerem, a punição não encerrará os crimes; quando a punição não encerrar os crimes, o povo ficará desanimado. Assim, quando o cavalheiro nomeia algo, o nome com certeza terá uma função no seu discurso, e, quando ele disser algo, com certeza será algo passível de ser colocado em prática. Um cavalheiro é tudo menos casual quando se trata de linguagem". (XIII.3)

Talvez seja possível detectar, nessa insistência quanto à necessidade de correção das palavras, uma referência velada à disputa, na qual o pai não se comportou como pai, e o filho não se comportou como filho.

Em *Mencius*, é dito que Confúcio assumiu um cargo subordinado ao duque Hsiao, de Wei, e Mêncio descreve isso como o caso de uma nomeação que se deveu ao fato de que o príncipe queria ter pessoas boas na sua corte (V.B.4). Não há duque Hsiao em Wei, tanto de acordo com *Anais de Primavera e Outono* quanto com o *Shih chi*. Chu Hsi sugeriu que o duque Hsiao era na verdade Che.* Ts'ui Shu apontou que era muito provável que Duque Despossuído (*Ch'u Kung*) não fosse um título póstumo apropriado e que ele poderia muito bem ter recebido o título de *hsiao* (filial) em vista da sua obediência aos desejos de seu avô, ao resistir ao próprio pai.**

7. Retorno a Lu e últimos anos de vida

Já vimos que de Wei Confúcio regressou a Lu, por volta do final de 484 a.C., no mais tardar. O duque Ai de Lu subiu ao trono em 494 a.C., ao passo que Chi K'ang Tzu sucedeu seu pai no poderoso cargo de ministro de Lu, em 493 a.C. Confúcio, entretanto,

---

* No seu comentário sobre a passagem em questão no *Mencius* (*Meng tzu chi chu*, 10.9b).
** *K'ao hsin lu*, p. 488.

havia deixado Lu em 497 a.c. Assim, todas as conversas com duque Ai e Chi K'ang Tzu devem ter ocorrido após seu regresso a Lu, em 484 a.c. e antes da sua morte, em 479 a.c. As opiniões que Confúcio expressou nessas conversas são particularmente importantes como opiniões que um filósofo amadureceu no decurso de uma longa e atribulada vida.

De acordo com *Tso chuan*, conforme vimos, em 484 a.C. Chi K'ang Tzu consultou Confúcio, por intermédio Jan Yu, sobre assuntos de impostos. Há uma passagem em *Os analectos* sobre Jan Yu que talvez esteja ligada a este incidente:

> A riqueza da família Chi era maior do que a do duque de Chou, e mesmo assim Ch'iu ajudou-a a enriquecer ainda mais por meio do recolhimento de impostos. O Mestre disse: "Ele não é discípulo meu. Vocês, meus jovens amigos, podem atacá-lo abertamente ao rufar dos tambores". (XI.17)

Mêncio, citando as palavras de Confúcio, acrescentou um comentário próprio:

> Enquanto ele era administrador da família Chi, Jan Ch'iu dobrou a carga de impostos sem ter como melhorar a virtude deles. Confúcio disse: "Ch'iu não é discípulo meu. Vocês, meus jovens amigos, podem atacá-lo abertamente, ao rufar dos tambores". A partir disso pode ser visto que Confúcio rejeitava aqueles que enriquecem os governantes que não são dados à prática do governo benevolente. (IV.A.14)*

Em 481 a.C., Ch'en Heng assassinou o duque Chien, de Ch'i. Esse acontecimento, referido no *Tso chuan* (duque Ai 14),** é registrado em *Os analectos*.

> Ch'en Ch'eng Tzu matou o duque Chien. Depois de lavar-se cuidadosamente, Confúcio foi à corte e reportou-se ao duque Ai, dizendo: "Ch'en Heng matou seu próprio senhor. Posso pedir que

---

* *Mencius*, p. 123-4. As palavras exatas da citação de Confúcio foram ligeiramente alteradas para adaptá-la à presente tradução.

** *Tso chuan chu shu*, 59.19a-b.

um exército seja enviado para puni-lo?". O duque respondeu: "Diga isso aos Três Senhores". Confúcio disse: "Reportei-o ao senhor simplesmente porque tenho o dever de fazê-lo, já que ocupo lugar junto aos ministros, mas mesmo assim o senhor diz: 'Diga aos Três Senhores'". Ele foi e reportou-se aos Três Senhores, e eles recusaram seu pedido. Confúcio disse: "Reporto isso aos senhores simplesmente porque tenho o dever de fazê-lo, já que ocupo um lugar junto aos ministros". (XIV.21)

Isso parece indicar que, após ser chamado de volta a Lu, Confúcio foi feito ministro de baixa hierarquia.

No mesmo ano, de acordo com *Tso chuan*,* um *ch'i lin* (unicórnio) foi pego numa caçada e Confúcio o identificou como tal. Como o *Ch'un ch'iu* (*Anais de Primavera e Outono*) termina com a captura do *ch'i lin* e a Confúcio é creditada a autoria dos anais (*Mencius*, III.B.9), parece provável que tenham sido terminados em 481 a.C.

Confúcio não apenas preocupava-se muito com o *Ch'un ch'iu*, como também se preocupava profundamente com a música e as *Odes*. Nos *Analectos*, encontramos:

> O Mestre disse: "Foi depois da minha volta de Wei para Lu que a música voltou à ordem, com o *ya* e o *sung* sendo designados para os devidos lugares". (IX.15)

Como o *ya* e o *sung* são duas partes das *Odes*, isso pareceria sustentar a tradicional ideia de que Confúcio editou as *Odes*, embora a crença, também tradicional, de que ele reduziu o número de *Odes* de três mil para trezentas é quase que certamente um exagero.

À parte a única conversa com o duque Ai, citada anteriormente, que pode ser datada com exatidão, há outras passagens em *Os analectos* nas quais figuram o duque ou Chi K'ang Tzu cuja data não pode ser fixada com precisão. Aqui estão as passagens nas quais o duque figura:

---

* *Tso chuan chu shu*, 59.11a.

O duque Ai perguntou: "O que devo fazer para que o povo veja em mim um exemplo?".
Confúcio respondeu: "Promova os homens corretos e coloque-os acima dos desonestos, e o povo o admirará. Promova os homens desonestos e coloque-os acima dos homens corretos, e o povo não o admirará". (II.19)
O duque Ai perguntou a Tsai Wo sobre o altar do deus da terra.
Tsai Wo respondeu: "Os Hsia usavam o pinho, os Yin usavam o cedro, e os homens de Chou usavam castanheira (*li*), dizendo que fazia o povo tremer (*li*)".
O Mestre, ouvindo a resposta, comentou: "Não se explica o que já está feito, e não se discute sobre o que já foi realizado, e não se condena o que já passou". (III.21)

Quando o duque Ai perguntou qual dos seus discípulos tinha sede de aprender, Confúcio respondeu: "Havia um Yen Hui que tinha sede de aprender. Ele não descarregava sua raiva em uma pessoa inocente, tampouco cometia o mesmo erro duas vezes. Infelizmente, o tempo de vida que lhe coube era curto, e ele morreu. Agora, não há ninguém. Ninguém com sede de aprender chegou ao meu conhecimento". (VI.3)

Aqui estão as passagens nas quais Chi K'ang Tzu aparece:

Chi K'ang perguntou: "Como se pode inculcar no povo a virtude da reverência, de dar o melhor de si e com entusiasmo?".
O Mestre disse: "Governe-o com dignidade e o povo será reverente; trate-o com bondade e o povo dará o melhor de si; promova os homens bons e eduque os mais atrasados, e o povo ficará tomado de entusiasmo". (II.20)
Chi K'ang Tzu perguntou: "Chung Yu é bom o suficiente para que lhe seja oferecido um cargo oficial?".
O Mestre disse: "Yu é decidido. Que dificuldades ele poderia encontrar ao assumir um cargo?".
"Ssu é bom o suficiente para que lhe seja oferecido um cargo oficial?"
"Ssu é um homem inteligente. Que dificuldades ele poderia encontrar ao assumir um cargo?"
"Ch'iu é bom o suficiente para que lhe seja oferecido um cargo oficial?"

"Ch'iu é um homem completo. Que dificuldades ele poderia encontrar ao assumir um cargo?" (VI.8) Quando K'ang Tzu mandou-lhe remédios de presente, [Confúcio] curvou a cabeça até o chão antes de aceitá-los. Entretanto, disse: "Como não conheço as propriedades destes remédios, não ouso prová-los". (X.16)

Chi K'ang Tzu perguntou qual dos seus discípulos tinha sede de aprender. Confúcio respondeu: "Havia um chamado Yen Hui que tinha sede de aprender, mas infelizmente o tempo que lhe foi concedido era curto, e ele morreu. Agora, não há ninguém". (XI.7. Essa passagem é muito parecida com VI.3, citada previamente.)

Chi K'ang Tzu perguntou a Confúcio sobre governo. Confúcio respondeu: "Governar é corrigir. Se você der exemplo ao ser correto, quem ousaria continuar sendo incorreto?". (XII.17)

O grande número de ladrões na região era uma fonte de preocupação para Chi K'ang Tzu, que pediu conselho a Confúcio. Confúcio respondeu: "Se você não fosse um homem ganancioso, ninguém roubaria, nem mesmo se oferecessem recompensas aos ladrões". (XII.18)

Chi K'ang Tzu perguntou a Confúcio sobre o governo, dizendo: "O que o Mestre pensaria se, para me aproximar daqueles que seguem o Caminho, eu matasse aqueles que não o seguem?".

Confúcio respondeu: "Qual a necessidade de matar para administrar um governo? Apenas deseje o bem, e o povo será bom. A virtude do cavalheiro é como o vento; a virtude do homem comum é como grama. Que o vento sopre sobre a grama, e esta com certeza se dobrará". (XII.19)

De acordo com o *Tso chuan*,* Confúcio morreu no quarto mês do 16º ano do duque Ai (479 a.C.).

---

* *Tso chuan chu shu*, 60.2a.

Ideias canônicas no *Shih chi* e em outras obras

Os textos que dizem respeito a Confúcio no *Shih chi*, a maioria dos quais podem ser encontrados em outros trabalhos, dividem-se em duas categorias. A primeira consiste em histórias que mostram Confúcio como um sábio, de alguma forma diferente dos mortais comuns. A segunda categoria diz respeito à obtenção de altos cargos por Confúcio e o que ele fez no cargo. Nenhuma das duas categorias merece muito crédito, mas pode ser instrutivo examinar algumas dessas histórias.

Da primeira categoria, já vimos as histórias do *Kuo yü* designadas a mostrar que Confúcio tinha um conhecimento extraordinário sobre criaturas e objetos raros. Todas elas estão incorporadas na biografia de *Shih chi*.

Outro tipo de história tenta mostrar que Confúcio era diferente dos outros homens. Por exemplo, seu nascimento foi do tipo que se poderia esperar para um sábio. O *Shih chi* diz:

> [Shu Liang] He e uma moça da família Yen tiveram uma relação ilícita e Confúcio nasceu. [Ela] estava rezando no monte Ni (Ni Ch'iu) e teve Confúcio. No 22º ano do duque Hsiang de Lu, Confúcio nasceu. Ele nasceu com o topo da cabeça achatado. Assim ele foi chamado Ch'iu*. Seu *tzu* era Chung-ni, e seu nome de família era K'ung. (p. 1.905)

Essa passagem pretende mostrar que Confúcio teve um nascimento incomum, resultado de uma união ilícita entre Shu Liang e uma moça da família Yen. Também mostra que Confúcio era fisicamente diferente dos homens comuns. O topo da sua cabeça era afundado como um vale. Daí ele ser chamado Ch'iu. Aqui Ssu-ma Ch'ien parece ter preservado duas correntes tradicionais diferentes. De acordo com a primeira, Confúcio foi chamado de Ch'iu porque o topo da sua cabeça era como um

---

* A palavra *ch'iu* significa um monte alto nas laterais e afundado no meio.

monte afundado no meio (*ch'iu*). De acordo com a segunda, seu nome era Ch'iu e seu *tzu* era *Chung-ni* porque era para o monte Ni (*Ni Ch'iu*) que sua mãe rezava.

Há ainda outra história no *Shih chi* sobre as peculiaridades físicas de Confúcio:

> Confúcio foi para Cheng e separou-se dos seus discípulos. Ele ficou sozinho junto ao portão leste da muralha externa. Alguém de Cheng disse a Tzu-kung: "Junto ao portão leste há um homem. A julgar pela cabeça ele se parece com Yao, pelo pescoço, parece Kao Yao, pelos ombros, Tzu-ch'an, e da cintura para baixo ele é três polegadas mais baixo que Yü. Ele parece abatido como o cachorro de uma família que foi privada dos seus bens". Tzu-kung contou isso para Confúcio, que sorriu, alegre, e disse: "A aparência de uma pessoa não tem a menor importância, mas dizer que pareço um cachorro de uma família despossuída, de fato é assim, de fato é assim". (p. 1.921-2)

Isso deve ter tido origem como uma história para ridicularizar a aparência deselegante de Confúcio, embora pareça ter sido transformada pelas mãos de algum editor confuciano em uma história que mostra, por meio da observação final, a displicência de Confúcio para com aparências. Seja qual for o caso, é certamente fundada na crença popular de que um sábio deveria parecer muito diferente dos homens comuns.

Há ainda outro tipo de história que foi inventada para mostrar que muito cedo na vida Confúcio já dava mostras do sábio que viria a ser. Por exemplo, no *Shih chi* aparece:

> Quando Confúcio, criança, brincava, ele lançava navios sacrificiais e praticava os rituais devidos. (p. 1.966)

O *Shih chi* continua, dizendo:

> Quando Confúcio tinha dezessete anos, Meng Hsi Tzu disse para seus filhos: "K'ung Ch'iu é descendente de um sábio que foi morto no reino de Sung... Ouvi dizer que dentre os descendentes de um sábio, embora não necessariamente de seus descendentes

diretos, surgirá um homem que se distinguirá. Agora K'ung Ch'iu é jovem e gosta dos ritos. Ele é provavelmente aquele que se distinguirá. Se eu morrer, vocês devem fazer dele seu professor". Quando Hsi Tzu morreu, Yi Tzu e Nan-kung Ching-shu, o homem de Lu, foram estudar os ritos com ele. (p.1.908) Já vimos que Meng Hsi Tzu só morreu no 24º ano do duque Chao (518 a.c.), embora no *Tso chuan* a conversa seja registrada como tendo ocorrido sob o sétimo ano do duque Chao (535 a.c.), porque foi seu fracasso ao realizar a cerimônia naquele ano que provocou suas palavras moribundas. Ssu-ma Ch'ien, aparentemente, leu errado o *Tso chuan* e tomou 535 a.c. como o ano da morte de Meng Hsi. Ts'ui Shu apontou que em 535 "não apenas Confúcio era muito novo para ser um professor, como nenhum dos dois filhos de Hsi Tzu era nascido".* O erro deve ter sido induzido, para começar, pela crença de que Confúcio muito cedo mostrou-se uma promessa como professor de ritos.

Nesse sentido vale a pena dar uma olhada na história sobre Confúcio recebendo instruções de Lao Tzu.

Nan-kung Ching-shu de Lu disse para o senhor de Lu: "Dê permissão para o seu serviçal ir a Chou com Confúcio". O senhor de Lu deu-lhe uma carruagem e dois cavalos, além de um serviçal, e ele foi [com Confúcio] para Chou, para perguntar sobre os ritos. Foi provavelmente então que eles encontraram Lao Tzu. Quando partiram, Lao Tzu despediu-se deles e disse: "Ouvi dizer que homens ricos e com altos cargos dão dinheiro como presente, enquanto homens benevolentes dão palavras. Não pude ganhar nem riqueza nem altos cargos, mas me chamam, ainda que não mereça, de homem benevolente. Estas palavras são meu presente de despedida: 'Há homens com mentes inteligentes e penetrantes que estão sempre perto da morte. Isso porque expõem as más ações dos outros. Nem um filho nem um súdito deveria encarar a sua pessoa como sua própria'". (*Shih chi*, p. 1.909)

Embora nenhuma data esteja relacionada a esse incidente, a passagem obviamente dava continuidade à passagem contendo

---

* *K'ao hsin lu*, p. 427.

as últimas palavras de Meng Hsi Tzu. Entre as duas aparecem duas outras passagens. A primeira registra a morte de Chi Wu Tzu e sua sucessão, por P'ing Tzu. A segunda é um parágrafo que resume toda a carreira de Confúcio, do tempo em que ele era um pequeno oficial até quando voltou de suas viagens a Lu, em 484 a.c., quando ele tinha 68 anos. Agora, se o relato do encontro entre Confúcio e Lao Tzu indica o ano 535 a.c., não pode dizer respeito a nenhuma época posterior a 522 a.c, já que a biografia retoma sua ordem cronológica dessa passagem em diante e já que o próximo acontecimento registrado é a visita a Lu do duque Ching de Ch'i no segundo ano do duque Chao (522 a.c.). Mesmo em 522 a.c., Nan-kung Ching-shu não teria mais do que dez anos. Teria sido absurdo um garoto daquela idade, cujo pai ainda estava vivo, aproximar-se do senhor de Lu pedindo permissão para ir a Chou com Confúcio. Isso mostra que a história de um encontro entre Confúcio e Lao Tzu, tal qual é contada em *Shih chi*, é cheia de inconsistências.

Como Confúcio era muito interessado em música, naturalmente havia histórias sobre ele nesse sentido. Uma dessas histórias, encontrada no *Han shih wai chuan* e no reconstituído *K'ung tzu chia yü*, também pode ser encontrada no *Shih chi*. Confúcio estava aprendendo a tocar uma peça musical com o mestre de música Hsiang. Ele estava progredindo, até que, no final, ele viu a aparição de um compositor. Ele descreveu o que estava vendo e disse: "Quem mais poderia ele ser, senão King Wen?". O mestre de música ficou surpreso com isso e confessou que seu professor de fato dissera que a música era de King Wen (*Shih chi*, p. 1.925). A natureza fantástica dessa história dispensa comentários.

Agora podemos nos voltar às tradições sobre a carreira oficial de Confúcio. O *Shih chi* diz:

> Em seguida, o duque Ting fez de Confúcio o administrador de Chung Tu. Depois de um ano, todos o tomaram como modelo. De administrador de Chung Tu ele se tornou *ssu k'ung* e de *ssu k'ung* ele se tornou *ssu k'ou*. (p. 1.915)

Tudo isso supostamente aconteceu no período de um ano, o nono ano do duque Ting (501 a.C.). É possível que Confúcio tenha realmente ocupado o cargo de administrador de Chung Tu, conforme é sustentado pelo capítulo *T'an kung* de *Li chi**, mas como ser administrador de Chung Tu era, presumivelmente, uma posição modesta, é difícil entender como ele pode ter sido feito *ssu k'ung* imediatamente após, e então *ta ssu k'ou*. E há outros problemas. A posição de *ssu k'ung*, um cargo encarregado do trabalho de construção em Lu, era, de acordo com o *Tso chuan*, de nível ministerial e sempre foi ocupado, sem nenhuma interrupção, pela família Meng; portanto, é difícil entender como Confúcio pode ter sido designado para o posto. Que ele tenha sido *ta ssu k'ou* também é algo problemático. Tanto *Tso chuan* quanto Mêncio apenas registraram que Confúcio era *ssu k'ou*, não *ta ssu k'ou*.** É possível que a pessoa que fabricou a história sobre Confúcio ter sido feito *ta ssu k'ou* estivesse vagamente a par que *ssu k'ou* era um cargo de *status* moderado, digamos o de ministro de baixa patente, e que a transferência da posição de *ssu k'ung* para *ssu k'ou* seria, na verdade um rebaixamento – e que seria contrário à proposta da história, que era conceder a Confúcio uma posição de maior importância –, e então acrescentou o epíteto *ta* – grande – ao título *ssu k'ou*. Isso é, claro, mera conjuntura, mas seja qual for o caso, a rápida ascensão de Confúcio como um oficial é mais provavelmente um feito de seus admiradores do que do duque Ting.

A promoção de Confúcio no *Shih chi* não termina com o *ta ssu k'ou*. Continua para dizer que:

No 14º ano do duque Ting [496 a.C.], quando Confúcio tinha 56 anos, de *ta ssu k'ou* ele [seguiu para] cumprir as funções de primeiro-ministro. (p. 1917)

Embora aqui se diga que Confúcio "cumpria as funções de primeiro-ministro", em todos os outros lugares de *Shih chi* essa expressão redundante é dispensada, e ele é simplesmente

---

* *Li chi chu shu*, 8.7b.
** Ver p. 172.

descrito como "primeiro-ministro de Lu".* É instrutivo traçar a mudança nas palavras com as quais a posição oficial de Confúcio é descrita. Começamos com o *Tso chuan* (duque Ting 10) que simplesmente diz: "No verão o duque encontrou o marquês de Ch'i em Chu Ch'i, em outras palavras, em Chia Ku. K'ung Ch'iu realizou [a cerimônia] (*hsiang*)".** A biografia do *Shih chi*, ao recordar o mesmo acontecimento, diz: "Confúcio cumpriu as funções de realizar [a cerimônia] (*she hsiang shih*)" (p. 1.915). A palavra *hsiang* é expandida à frase *she hsiang shih*, mas por causa do contexto, o significado não mudou muito. Mais além na biografia, encontramos:

> No 14º ano do duque Ting, quando Confúcio tinha 56 anos, de *ta ssu k'ou* ele [seguiu] para cumprir as funções de primeiro--ministro (*hsing she hsiang shih*). (p. 1.917)

Mas ainda aqui outra palavra, *hsing*, é acrescentada e, por causa do contexto, o significado da palavra *hsiang* transforma-se imperceptivelmente de "realizar" para "primeiro-ministro", e a frase muito naturalmente passa a significar "cumprir funções de primeiro-ministro". A transformação é completa quando, conforme vimos, em qualquer outra passagem do *Shih chi*, Confúcio é simplesmente descrito como primeiro-ministro de Lu (*hsiang Lu*). De ter estado presente, certa vez, na cerimônia durante um encontro do duque de Lu e do duque de Ch'i, a posição de Confúcio foi gradualmente inflada até que ele se tornou primeiro--ministro de Lu. Parece que, quanto mais tardia a tradição, mais exaltada é a posição de Confúcio.

Há, entretanto, empecilhos para a teoria de que Confúcio tenha sido, algum dia, primeiro-ministro. Primeiro, como Ts'ui Shu apontou,*** no período *ch'un ch'iu* a palavra *hsiang* ainda

---

* Ver cap. 31, *Hereditary House of Wu* (p. 1.467); cap. 32, *Hereditary House of Ch'i* (p. 1.505); cap. 39, *Hereditary House of Chin* (p. 1.685); cap. 40, *Hereditary House of Ch'in* (p. 1.717); cap. 44, *Hereditary House of Wei* (p. 1.837); cap. 66, *Biography of Wu Tzu-hsü* (p. 2.178).
** *Tso chuan chu shu*, 56.2a.
*** *K'ao hsin lu*, p. 455.

não era usada para primeiro-ministro. Em segundo lugar, por volta de 496 a.c., Confúcio já não estava mais em Lu. Temos a autoridade de Mêncio, que disse: "Confúcio era *ssu k'ou*, mas seus conselhos não eram seguidos. Ele tomou parte em um sacrifício, mas depois não lhe foi dada uma parte da carne do animal sacrificado. Ele deixou o reino sem sequer esperar para tirar seu chapéu cerimonial" (VI.B.6). De acordo com isso, não apenas Confúcio partiu antes de 496 a.c., como quando foi embora ele era apenas um *ssu k'ou*. Também o *Lü shih ch'un ch'iu* diz que Confúcio, a despeito do número de governantes aos quais ele se apresentou em suas extensas viagens, "atingiu apenas o cargo de *ssu k'ou* de Lu".* Isso, na verdade, é uma afirmação velada de que durante toda a sua vida Confúcio nunca atingiu uma posição mais alta que a de *ssu k'ou* de Lu. Há outro ponto que é importante. Como o *Lü shih ch'un ch'iu* foi terminado em 240 a.c., isso mostra que até mesmo naquela data não havia uma tradição unanimemente aceita de que Confúcio alguma vez tenha sido primeiro-ministro ou mesmo *ssu k'ung*, e, assim, devemos ser céticos quanto a tais ideias.

Tendo feito de Confúcio primeiro-ministro, o *Shih chi* continua e diz:

> Em seguida ele matou Shao Cheng Mao, um ministro de Lu que causava desordem no governo. (p. 1.917)

Apesar de que essa entrada no *Shih chi*, provavelmente oriunda de fontes legalistas, é de pouca significância em si, por causa da inerente improbabilidade do evento, é necessário analisá-la em detalhe já que era, há alguns anos, usada em ataques mal-informados a Confúcio por motivos políticos posteriores. O relato em *Shih chi* é excessivamente breve, mas, felizmente, também são encontrados relatos em outros trabalhos. Alguns desses relatos são igualmente breves, mas outros são mais detalhados. Os trabalhos nos quais um relato mais extenso da mesma história

---

* *Lü shih ch'un ch'iu*, 14.18b.

pode ser encontrado são o *Hsün tzu**, o *Shuo yüan*,**, o *K'ung tzu chia yü**** e o *Yin wen tzu*****. Há uma citação curta do que deve ter sido um relato maior no *Han shih nei chuan*, que pode ser encontrado no *Po hu t'ung*.***** O *Huai nan tzu******* também contém uma referência ao incidente.

Embora Hsün Tzu tenha vivido do último quarto do século IV a.c. à primeira metade do século III a.c. e embora a maior parte do *Hsün tzu* tenha sido provavelmente dele, a história de Shao Cheng Mao pode ser encontrada no capítulo 28, *Tso yu*, que fica na seção final do livro (capítulos 27 a 32), uma seção que consiste largamente de material miscelâneo e muito provavelmente data de uma época posterior à da maior parte do trabalho. O *Han shih nei chuan*, que não mais existe, foi escrito por Han Ying, que era um *po shih* (professor) no tempo do imperador Wen (por volta de 179-157 a.c.), da dinastia Han do Oeste. O *Huai nan tzu* foi terminado provavelmente na metade do século II a.c. O *Shuo yüan*, uma compilação miscelânea, foi reunida por Liu Hsiang, que viveu no século I a.c. O *K'ung tzu chia yü*, tal qual o conhecemos, é um trabalho reconstituído, e geralmente se acredita que tenha sido compilado por Wang Su******* (195-256 d.C.). Acredita-se, de modo geral, que o *Yin wen tzu* atual seja uma invenção de não antes que o século III d.c.

Comecemos com o *Han shih nei chuan* e com o *Shuo yüan*. O *Han shih nei chuan* não mais existe, mas o *Han shih wai chuan*, pelo mesmo autor, sim. No presente *Shuo yüan*, há umas oitenta

---

* *Hsün tzu*, 20.2a.-3a.
** *Shuo yüan*, 15.14b-15b.
*** *K'ung tzu chia yü*, 1.4b-15b.
**** *Yin wen tzu*, 11b-12a.
***** *Po hu t'ung*, 4-5b.
****** *Huai nan tzu*, 13.17b.
******* O *K'ung tzu chia yü* original deve ter sido uma das fontes utilizadas por Ssu-ma Ch'ien e ainda existia quando Pan Ku escreveu a bibliografia do *Han shu*. O atual *K'ung tzu chia yü* foi compilado a partir principalmente de fontes antigas existentes na época de Wang Su, mas também pode conter material forjado pelo próprio Wang Su.

passagens que são muito semelhantes a passagens do *Han shih wai chuan*, e pode ser demonstrado que as passagens no *Shuo yüan* foram, em muitos casos, tomadas *ipsis litteris* do *Han shih wai chuan*. Sendo esse o caso, o provável é que haja igualmente passagens tomadas *ipsis litteris* do *Han shih nei chuan*. A citação do *Han shih nei chuan* preservada no *Po hu t'ung* é muito curta e possivelmente abreviada mas, de resto, exatamente como deveríamos esperar de um fragmento de uma passagem mais longa que viesse a ser incorporada, sem o devido crédito, ao *Shuo yüan*. A citação do *Po hu t'ung* é a seguinte:

> O *Han shih nei chuan* [diz], "Confúcio era o *ssu k'ou* de Lu e seu primeiro ato de punição (*hsien chu*) recaiu sobre Shao Cheng Mao". (4.5b)

Para a nosso presente propósito, o que interessa é que tanto no *Han shih nei chuan* quanto no *Shuo yüan* Confúcio é referido como *ssu k'ou* de Lu. Enquanto o *Huai nan tzu* não menciona sua posição oficial, o *Shih chi* e o *K'ung tzu chia yü* ambos dizem "de *ta ssu k'ou* Confúcio [seguiu] para cumprir as funções de um primeiro-ministro".* No *Hsün tzu*, Confúcio tinha se tornado o "primeiro-ministro interino (*she hsiang*)", mas pelo *Yin wen tzu* ele era simplesmente "primeiro-ministro de Lu (*Lu hsiang*)". Conforme vimos, quanto mais tardia a fonte, mais exaltada a posição de Confúcio se tornou. Visto sob essa luz, o *Han shih nei chuan* e, consequentemente, o *Shuo yüan* pareceriam representar o primeiro estágio da tradição quando Confúcio ainda era apenas um *ssu k'ou*. O *Shih chi* e o *K'ung tzu chia yü* representam estágios transitórios, de quando ele era ainda apenas *ta ssu k'ou* cumprindo funções de primeiro-ministro. O *Hsün tzu* representa o estágio seguinte, de quando ele agia como primeiro-ministro. O *Yin wen tzu* representa o estágio final, quando ele simplesmente era o primeiro-ministro de Lu. Que o *Yin wen tzu* descrevesse Confúcio como primeiro-ministro de Lu não causa surpresa, já

---

* O *Shih chi* (p. 1917) registra *hsing she hsiang shih*, enquanto o *K'ung tzu chia yü* (I.4b) registra *she hsing hsiang shih*. A sutil diferença na ordem das palavras não acarreta nenhuma diferença substancial no significado.

que se trata de uma invenção de uma época muito posterior às fontes estabelecidas. Mas que o *Hsün tzu* descreva Confúcio como primeiro-ministro sim, é surpreendente, já que a tradição parecia, como vimos, não ter sido aceita amplamente até quase 240 a.c., sendo que por essa época Hsün Tzu provavelmente já estava morto; mas como a história é encontrada no capítulo que foi acrescentado posteriormente, então é compatível com o fato de ela ser uma invenção tardia.

Já que a versão de *Shuo yüan* representa o primeiro estágio da tradição, citemos o trecho inteiramente.

Confúcio era *ssu k'ou* em Lu havia sete dias e executou (*chu*)* Shao Cheng Mao sob a torre Oriental, que flanqueava o portão do palácio. Nenhum dos discípulos que, ao ouvir as notícias, tinham acorrido, falou, embora pensassem todos a mesma coisa. Tzu-kung apressou-se a se apresentar, dizendo: "Shao Cheng Mao é uma figura bem conhecida no reino de Lu. Por que, Mestre, o seu primeiro ato de punição (*hsien chu*), após assumir a responsabilidade do governo, recai sobre ele?". Confúcio disse: "Ssu, isso está além da sua compreensão. Há cinco coisas que um rei de verdade pune, e roubar é uma delas. Primeiro vem a mente que é traiçoeira ao discernir alguma coisa; em segundo lugar vêm as palavras que são eloquentes ao serem falsas; em terceiro lugar vem a conduta que não titubeia ao ser perversa; em quarto lugar vem a memória que é ampla mas estúpida; em quinto lugar, seguir o que é errado ao mesmo tempo que faz com que este algo aparente correção. Todos esses cinco gozam do nome de discernimento, inteligência, esperteza e compreensão, mas não são, na verdade, a coisa genuína. Se alguém deveria ser preso por enganar, então sua inteligência é suficiente para influenciar a multidão e sua força é bastante para que ele fique sozinho. Ele vai, então, superar outros homens maus e precisa ser punido. Um homem que tem uma das cinco qualidades mencionadas não escapará da punição. Eis aqui Shao Cheng

---

* A palavra *chu* tem tanto o sentido mais genérico de "punir" quanto o sentido mais específico de "executar", mas resta muito pouco espaço para dúvida de que, na história em questão, deve ser entendido que Confúcio executou Shao Cheng Mao. Como esses significados não são mutuamente excludentes, na tradução tanto "punir" quanto "executar" são usadas, dependendo da necessidade do contexto.

Mao, que tem todas as cinco. É por isso que minha primeira punição recai sobre ele. Antes, T'ang puniu Chu Mu, T'ai Kung puniu P'n Chih, Kuan Chung puniu Shih Fu Li, Tzu-ch'an puniu Teng Hsi. Estes cinco* cavalheiros jamais hesitaram em levar adiante uma punição. Aquilo que é descrito como 'punição' é assim descrito não porque os homens punidos atacassem e roubassem durante o dia e abrissem buracos nas paredes à noite, mas porque eles são como os homens que planejam a queda daqueles que se opõem a eles. São naturalmente objeto de suspeita dos cavalheiros e a causa de perplexidade para os justos e de erro para os estúpidos. As *Odes* dizem

Quanta preocupação em meu coração!
Sou odiado pela horda de homens vulgares.

Isso descreve bem o que acabo de dizer". (15.14b-16a)

A primeira coisa a ser percebida nessa história é que ela pertence à categoria de histórias ilustrativas. Em uma história ilustrativa, a identidade dos personagens não é importante e pode variar, mas a tendência é a de se usarem figuras muito conhecidas, para dar credibilidade ao que se quer provar. A pergunta a ser feita sobre tais histórias é: "O que ela deve ilustrar?". Neste caso específico, a resposta é bastante clara. Ela ilustra a punição e a supressão de qualquer homem que leva a melhor sobre a multidão por causa de sua eloquência, inteligência e força de personalidade, em outras palavras, aquilo que hoje seria descrito como uma figura carismática. Os casos citados como precedentes, embora não digam muito à primeira vista, acabam, ao serem melhor examinados, sendo de alguma ajuda. Em três dos cinco casos, o réu, como Shao Cheng Mao, é desconhecido por nós e, ao que tudo indica, totalmente ficcional. O quarto, entretanto, é histórico. Teng Hsi era, de acordo com o *Hsün tzu***, um sofista como Hui Shih. À parte a presente história, dele também se diz, no *Lü shih ch'un ch'iu****, que foi sentenciado à morte por Tzu-ch'an. Isso,

---

* Na verdade, apenas quatro são listados.
** *Hsün tzu*, 2.2a.
*** *Lü shih ch'un ch'iu*, 18.10a.

entretanto, contradiz-se com o relato do *Tso chuan* no qual Teng Hsi teria sido executado por Ssu Ch'uan no nono ano do duque Ting (501 a.c.), uns vinte anos depois da morte de Tzu-ch'an.

> Ssu Ch'uan de Cheng matou Teng Hsi e apropriou-se, para uso próprio, do código criminal de bambu de Teng Hsi. (*Tso chuan chu shu*, 55.19a-b)

Pareceria que Teng Hsi tinha inscrito seu próprio código criminal em bambu, e isso provavelmente se opunha a Tzu-ch'an, que em 536 a.c. mandou fazer um tripé, com o código criminal nele inscrito. Considerando-se o que sabemos de Tzu-ch'an, é pouco provável que ele, assim como Confúcio, tenha recorrido à sentença de morte para suprimir um oponente, mas, seja qual for o fato histórico, a história da execução de Teng Hsi é provavelmente uma história usada com propósitos legalistas. O princípio mais importante da filosofia legalista era a suprema autoridade do Estado em pronunciar-se sobre o que é certo e errado, e estaria de acordo com essa filosofia advogar a execução de qualquer homem que se intromete com o código criminal.

Dos outros casos citados, aquele que diz respeito à execução de P'an Chih por T'ai Kung de Ch'i é interessante. Embora P'an Chih seja desconhecido, há outra história parecida sobre T'ai Kung. No *Han fei tzu* há duas versões próximas a essa história. Eis aqui a versão mais curta:

> T'ai Kung Wang foi enfeudado em Ch'i, no Leste. Próximo ao mar morava um excelente homem, Louco Chüeh. T'ai Kung Wang, ao saber disso, foi três vezes visitá-lo. Três vezes ele deixou o seu cavalo junto à porta, mas Louco Chüeh não fez menção de retribuir a cortesia. T'ai Kung Wang matou-o. Naquela época, Tan, o duque de Chou, estava em Lu. Ele foi correndo pará-lo, mas, quando lá chegou, T'ai Kung Wang já tinha matado Louco Chüeh. Tan, o duque de Chou, disse: "Louco Chüeh é conhecido como um homem excelente em todo o império. Por que o senhor o matou?". T'ai Kung Wang respondeu: "Louco Chüeh demonstrou que não seria súdito do imperador nem amigo dos

senhores feudais. Temi que ele lançasse as leis ao caos e que substituísse os ensinamentos do reino. Foi por isso que fiz dele objeto de meu primeiro ato de punição (*shou chu*). Suponhamos que haja aqui um cavalo, que se parece com um garanhão, e, no entanto, não cavalga quando montado nem avança quando conduzido. Nem mesmo um escravo se arriscaria a ter uma carruagem virada por tal cavalo". (*Han fei tzu*, 13.4a)

Essa história é usada por Han Fei Tzu para ilustrar a ideia de que o governante deveria se livrar de qualquer pessoa além do seu poder e controle. De acordo com a teoria legalista, recompensa e punição são "os dois cabos" por meio dos quais um governante pode controlar seus súditos. Se um homem não responde a nenhum dos dois, não há nada que o governante possa fazer, seja para encorajá-lo ou para detê-lo. Tal pessoa é aquilo que o mundo admira, mas, aos olhos do governante legalista, ele apenas se parece com um homem excelente mas não é, na verdade. Louco Chüeh era precisamente esse tipo de pessoa, e é por isso que foi necessário fazer dele um exemplo.

O que é interessante para nós nessa história é o uso da expressão *shou chu*. Isso é exatamente como o *hsien chu* no *Shuo yüan* e o *shih chu* no *K'ung tzu chia yü*. Todos eles significam "o ato inicial de punição". Que a expressão constitui o elemento crucial na história é mostrado pelo fato de que aparece até mesmo na breve citação do *Han shih nei chuan*.* O uso comum dessa expressão mostra que a história sobre a punição de Shao Cheng Mao por Confúcio e a outra, sobre a punição de Louco Chüeh por T'ai Kung Wang, pertencem ao mesmo tipo. Ambas servem para ilustrar ideias da filosofia legalista. Vistas sob essa luz, a história de Shao Cheng Mao é meramente uma das várias histórias encontradas na literatura legalista na qual Confúcio aparece como porta-voz das ideias legalistas. Eis aqui um exemplo descarado tirado do *Han fei tzu* de sentimentos legalistas sendo colocados na boca de Confúcio:

---

* É interessante notar que no *K'ung tzu chia yü* o capítulo no qual a história é encontrada é chamado de "*Shih chu*". Isso mostra, no mínimo, que no ponto de vista de Wang Su, aquilo era um ponto fundamental da história.

Duque Ai de Lu perguntou a Chung-ni: "O *Ch'un ch'iu* registra: 'Inverno, o 12º mês, geada caiu mas não matou os legumes'. Por que ele registra isso?".
Chung-ni respondeu: "Isso significa que aquilo que pode estar morto não está morto. Então, se o que deveria estar morto não está morto, então pêssegos e ameixas darão frutos no inverno. Então, se até o Céu é desafiado por plantas quando falha em seguir seu caminho, o que não aconteceria com um governante dos homens?". (op. cit., 9.5b-6a)

Esta, assim como a história de Shao Cheng Mao, ilustra o ponto de que o governante não deve ter escrúpulos quando a situação requer severidade.

Que a história de Shao Cheng Mao é de origem legalista é algo sustentado por outro trecho. No capítulo 14 do *Kuan tzu*, que lida com aquilo que deveria ser proibido pela lei, encontramos:

Conduta que é firme ao mesmo tempo que perversa, palavras que são eloquentes ao mesmo tempo que engenhosas, a transmissão do que é errado por meio da erudição, seguir aquilo que é mau enquanto dá a isso a aparência de correção – tudo isso é proibido pelo sábio rei. (*Kuan tzu*, 5.7b)

A não ser por variações insignificantes, essa peça inegavelmente legalista é quase idêntica à parte relevante da história de Shao Cheng Mao.*

Uma vez que vimos que a história de Shao Cheng Mao é de origem legalista, podemos ver por que Confúcio é aqui pintado como advogando a supressão e execução de um causador de problemas em potencial, um ato que contradiz tudo aquilo que ele defendia. Para mostrar a história como ela é, não podemos

---

* Tal semelhança foi primeiramente percebida por Yin T'ung-yang em seu *Kuan tzu hsin shih*, publicado em 1917 (citado em: KUO, Mo-juo *et alli*, *Kuan tzu chi chiao*, Pequim, 1956, p. 221), mas o significado da semelhança foi primeiramente apontado pelo professor Hsü Fu-kuan em um pós-escrito, datado de 26 de novembro de 1959, ao seu *Yi ke li shih ku shih te hsing ch'eng chi ch'i yen chin* (*Chung kuo ssu hsiang shih lun chi*, Taipei, 1974, p. 132). Qualquer pessoa que conheça o artigo do professor Hsü saberá o quanto minha análise da história de Shao Cheng Mao deve a ele.

fazer nada mais além de lembrar mais uma vez qual a opinião de Confúcio sobre a morte de homens maus.

Chi K'ang Tzu perguntou a Confúcio sobre o governo, dizendo: "O que o Mestre pensaria se, para me aproximar daqueles que seguem o Caminho, eu matasse aqueles que não o seguem?". Confúcio respondeu: "Qual a necessidade de matar para administrar um governo? Apenas deseje o bem e o povo será bom. A virtude do cavalheiro é como o vento; a virtude do homem comum é como grama. Que o vento sopre sobre a grama, e ela com certeza se dobrará". (XII.19)

Esse exame das tradições de *Shih chi* que não são sustentadas por fontes primárias serve para confirmar o veredicto de Ts'ui Shu de que na biografia de *Shih chi* "aquilo que não tem fundamento chega a setenta ou oitenta por cento"* e para mostrar que estamos certos ao aderir ao austero princípio de submeter a cuidadoso exame tudo aquilo que não é chancelado por pelo menos três fontes primárias.

---
* Ver p. 175.

Cronologia

551 (ou 552 a.c.)	Nasce Confúcio.
525	Apresenta-se ao visconde de T'an, então em visita ao reino de Lu.
522	Faz um comentário sobre o tratador que preferiria morrer do que responder uma forma errada de pergunta.
517	Faz um comentário sobre o número de dançarinas *wan* que tomavam parte em uma performance no jardim da família Chi. Primeira e breve visita a Ch'i.
502	Torna-se *ssu k'ou* em Lu, algum tempo depois desta data.
500	Assiste a uma cerimônia durante o encontro entre o duque Ting de Lu e o duque Ching de Ch'i, em Chia Ku.
498	Tentativa frustrada de demolir fortalezas das Três Famílias, em Lu.
497	Deixa Lu e inicia suas viagens. Primeira visita a Wei.
?	Passa pelo reino de Sung no caminho para Ch'en, quando Huan T'ui supostamente faz um atentado contra sua vida.
492	Enquanto em Ch'en, faz um comentário sobre o fogo nos templos do duque Huan e do duque Hsi, em Lu.
489	Provavelmente viaja na região de Ch'en e Ts'ai durante a invasão de Ch'en por Wu. Visita Ts'ai e encontra-se com o governador de She, em Fu Han.
488?	Retorno a Wei.
484	Retorno de Wei para Lu.
481	Pede ao duque Ai para mandar expedição punitiva contra Ch'en Heng, que havia assassinado o duque Chien de Ch'i.
479	Confúcio falece.

Apêndice 2

Os discípulos tal como aparecem em *Os analectos*

Na "Biografia de Confúcio", no *Shih chi*, diz-se

Confúcio ensinava as *Odes*, o *Livro da História*, os ritos e música, e diz-se que seus discípulos chegaram a três mil, enquanto que aqueles que eram versados nas seis artes chegavam a 72. (p. 1.938)

Não fica claro qual a fonte de Ssu-ma Ch'ien para o exagerado número de "três mil", mas deve ter havido alguma tradição mais antiga que dizia que os discípulos de Confúcio eram cerca de setenta. Este é o número mencionado em *Mencius* (II.A.3), no *Lü shih ch'un ch'iu* (cap. 14, parte 7)*, no *Han fei tzu* (cap. 49)**, no *Ta Tai li chi* (cap. 60)*** e no *Huai nan tzu* (cap. 21)****. Todos esses são trabalhos anteriores, em data, ao *Shih chi*. Mas até mesmo esse número é provavelmente exagerado. Na "Biografia dos discípulos de Confúcio", que compõe o capítulo 67 do *Shih chi*, no qual o número é dado como 77 (p. 2.185), podemos ver que Ssh-ma Ch'ien teve dificuldades de comprovar esse número. Ele tem que admitir que além dos primeiros 35, os demais não são registrados em lugar algum. Tampouco nenhuma indicação é dada sobre onde, nesse caso, ele encontrou esses nomes. Até

---

* *Lü shih ch'un ch'iu*, 14.18b.
** *Han fei tzu*, 19.3a.
*** *Ta Tai li chi*, 6.2b-3a.
**** *Huai nan tzu*, 21.7a.

mesmo entre os primeiros 35, os seis do final da lista não são mencionados em *Os analectos*. Ao examinarmos os *Analectos*, descobrimos que o número é aproximadamente 25, e isso inclui alguns discípulos que aparecem apenas uma ou duas vezes e alguns que não têm nenhuma fala registrada.

De todos os discípulos que aparecem em *Os analectos*, há um grupo de cinco que merece menção especial desde o início. São eles: Tseng Tzu, Tzu-hsia, Tzu-yu, Tzu-chang e Yu Tzu. Eles desempenharam um papel importante na divulgação dos ensinamentos de Confúcio após a morte do Mestre. Isso pode ser deduzido de dois fatos. Primeiro, eles são os únicos discípulos que têm observações e declarações próprias registradas em *Os analectos*. Outros discípulos aparecem sobretudo em conversas, geralmente com Confúcio. Há alguns dizeres registrados de outros discípulos, como, por exemplo, Tzu-kung, mas tendem a ser sobre Confúcio e foram registrados, presumivelmente, por constituírem informação sobre o Mestre. Em segundo lugar, os cinco figuram muito proeminentemente como um grupo em alguns capítulos do *Li chi* e do *Ta Tai li chi*, duas coleções de escritos confucianos que contêm material valioso sobre o confucianismo no período imediatamente após a morte de Confúcio.

No Livro XI dos *Analectos*, há uma passagem na qual vários discípulos são divididos em quatro grupos:

> Conduta virtuosa: Yen Yüan, Min Tzu-ch'ien, Jan Po-niu e Chung-kung; discurso: Tsai Wo e Tzu-kung; governo: Jan Yu e Chi-lu; cultura e educação: Tzu-yu e Tzu-hsia. (XI.3)

Isso parece ter sido escrito bastante cedo, já que Tzu-yu e Tzi-hsia são os únicos dois de um grupo mais tardio a serem mencionados. Que essa classificação de discípulos é importante pode ser deduzido do fato de que Mêncio, em conversa com Kung-sun Ch'ou, repetiu:

> Tsai Wo e Tzu-kung eram excelentes em retórica; Jan Niu, Min Tzu e Yen Hui eram excelentes na exposição da conduta virtuosa.

Kung-sun Ch'ou então disse:

Ouvi que Tzu-hsia, Tzu-yu e Tzu-chang cada um tinha um aspecto do sábio, enquanto Jan Niu, Min Tzu e Yen Hui eram réplicas dele em miniatura. (*Mencius*, II.A.2)

Podemos ver que, à parte a omissão de Jan Yu e Chi-lu, os nomes listados em *Mencius* são praticamente os mesmos que em *Os analectos* Livro XI.3, exceto que Kung-sun Ch'ou acrescentou o nome de Tzu-chang. Isso serve apenas para sublinhar a ideia de que a passagem original em *Os analectos* deve ter sido escrita em uma época em que Tzu-chang ainda não era proeminente entre os discípulos de Confúcio.

Além do grupo posterior de cinco discípulos, vamos supor que os discípulos que não figuram na lista do Livro XI.3 dos *Analectos* e que aparecem apenas ocasionalmente são de menor importância, e vamos lidar com eles primeiro.

Primeiro, há aqueles que, embora sejam considerados discípulos de Confúcio no *Shih chi* e em outras fontes, na verdade não parecem sê-lo. Por exemplo, não há razão para acreditar que Kung Po-liao, que é mencionado apenas uma vez porque "falou mal de Tzu-lu para Chi-sun" (XIV.36), fosse um discípulo. Acredita-se que T'an-t'ai Mieh-ming tenha sido uma das descobertas de Tzu-yu quando ele era administrador de Wu Ch'eng (VI.14), mas isso dificilmente é evidência suficiente para incluí-lo entre os discípulos. Yen Lu, o pai de Yen Yüan, é mencionado apenas uma vez, quando pediu que a carruagem do Mestre lhe fosse dada, "para pagar um caixão externo para seu filho" (XI.8). Ele está incluído entre os discípulos, talvez porque Tseng Hsi, o pai de Tseng Tzu, parece ter sido um. Finalmente, há Shen Ch'eng de quem se disse que era "cheio de desejos" (V.11). O único argumento em favor de ele ser um discípulo é que o comentário de Confúcio é encontrado em uma parte de *Os analectos* que trata exclusivamente de discípulos. O caso de Tzu-ch'in é bastante diferente. Ele é universalmente considerado um discípulo de Confúcio. Aparece três vezes em *Os analectos*.

Em uma ocasião (XVI.3), ele perguntou ao filho de Confúcio se algo especial lhe tinha sido ensinado pelo seu pai. Em outras duas ocasiões (I.10, XIX.25) ele discutiu sobre Confúcio com Tzu-kung. É inconcebível que qualquer discípulo dissesse a Tzu-kung: "Você está apenas sendo respeitoso, não é? Certamente Chung-ni não é superior a você" (XIX.25), e sequer se deu o trabalho de se referir a Confúcio como "Mestre".

A seguir vêm aqueles que são mencionados apenas uma ou duas vezes mas que não têm nenhuma fala registrada em *Os analectos*. Embora possa haver dúvidas sobre alguns deles, eles são, muito provavelmente, discípulos. Há Wu-ma Ch'i, que relatou ao Mestre uma crítica de Ch'en Ssu-pai sobre ele, Confúcio (VII.31). Como essa é a única referência a ele em *Os analectos* e como ele não disse, de fato, nada de sua própria autoria, é difícil ter certeza da natureza da sua relação com Confúcio. Há Kung-yeh Ch'ang, que era considerado por Confúcio uma boa escolha como marido para sua própria filha porque, embora ele estivesse preso, não havia sido por culpa sua (V.1). Do mesmo modo, a Nan Jung foi dada a filha do irmão mais velho de Confúcio como esposa (V.2). Sobre Nan Jung, sabemos um pouco mais. Ele "sempre repetia as linhas sobre o cetro de jade branco" (XI.6) e não foi deixado de lado quando o Caminho prevaleceu no reino, tampouco sofreu a humilhação e a punição quando o Caminho caiu em desgraça (V.2). Ele é normalmente identificado com Nan-kung K'uo, que fez uma pergunta sobre Yi e Ao, ambos conhecidos na Antiguidade por sua força física e sobre Yü e Chi, que eram velhos sábios, sobre os quais Confúcio comentou: "Quão cavalheiro é esse homem! Como ele reverencia a virtude!" (XIV.5). Na mesma categoria está Tzu-chien, de quem se dizia que era um grande cavalheiro (V.3). Quando Tzu-kao foi feito prefeito de Pi por Tzu-lu, Confúcio, provavelmente considerando que ele ainda não estava pronto para o cargo, comentou: "Ele está arruinando o filho de outro homem". (XI.25). Portanto não é surpresa alguma encontrar Confúcio satisfeito com Ch'i-tiao K'ai por este recusar-se a assumir um cargo sob a alegação de que não estava pronto (V.6). Lao, que relatou uma fala de Confúcio (IX.7), é de identidade incerta. Yüan Ssu, quando se tornou administrador de Confúcio, recusou o presente de grãos (VI.5). É, talvez, apropriado que um homem de tais escrúpulos perguntasse sobre a vergonha (XIV.1). Tseng Hsi, o pai de Tseng Tzu, é mencionado apenas na vez em que Confúcio expressou aprovação sobre aquilo que ele gostaria de fazer (XI.26).

Há três discípulos que, embora apareçam algumas vezes em *Os analectos*, não figuram em XI.3. Primeiro, há Ssu-ma Niu, cujas perguntas são registradas em três capítulos consecutivos no Livro XII. Ele perguntou sobre benevolência, e foi-lhe dito que um homem benevolente detestava falar. Quando ele insistiu na pergunta, Confúcio respondeu: "Quando agir é difícil, causa alguma surpresa que alguém relute em falar?" (XII.3). Quando ele perguntou sobre o cavalheiro, foi-lhe dito que "o cavalheiro é livre de preocupações e medos". Ele novamente pressionou a pergunta, e Confúcio respondeu: "Se, ao examinar a si próprio, um homem não encontra nenhuma razão para se repreender, que preocupações e medos pode ele ter?" (XII.4). Em XII.5, encontramos: "Ssu-ma Niu apareceu preocupado, dizendo: "Todos os homens têm irmãos. Só eu não tenho nenhum". No *Tso chuan* (duque Ai 14)*, é dito que Ssu-ma Niu é o irmão de Huan T'ui**, de cuja insubordinação ele tinha vergonha. Isso explicaria o seu comentário. Mas é interessante que a caracterização de Confúcio sobre um cavalheiro parece ter sido dirigida à propensão de Ssu--ma Niu de preocupar-se. Se esse é o caso, então é muito provável que ele fosse um homem mais dado às palavras do que à ação. Daí a observação de Confúcio sobre o homem benevolente.

Kung-hsi Hua deve ter sido muito conhecido entre os discípulos de Confúcio, já que na pergunta de Meng Wu Po (V.8) ele figura em companhia de Jan Ch'iu e Tzu-lu. A resposta de Confúcio mostra que ele era uma pessoa versada em cerimônias da corte e que poderia assumir responsabilidades diplomáticas.

---

* *Tso chuan chu shu*, 59.17a-19a.
** Sobre Huan T'ui, ver VII.23.

Isso é confirmado por sua própria modesta declaração de que gostaria de "em cerimônias, no templo ancestral ou em reuniões diplomáticas" ser "um pequeno oficial encarregado do protocolo" (XI.26). Em uma ocasião ele foi em uma missão para Ch'i "carregado por cavalos bem-alimentados e usando finas peles" (VI.4). Quando Confúcio negou qualquer afirmação de ser um homem sábio ou benevolente e disse que a única coisa que podia ser dita sobre ele era que aprendia sem esmorecer e ensinava sem se tornar cansativo, o comentário de Kung-hsi Hua foi: "Isso é, precisamente, aquilo que nós, discípulos, somos incapazes de aprender com o seu exemplo" (VII.34). Isso mostra algo do seu faro para a linguagem diplomática. Finalmente, ele encontrou uma aparente contradição nas respostas de Confúcio a uma mesma questão que lhe fora colocada por dois discípulos e pediu uma explicação. É esse tipo de habilidade de pensar por si mesmo que Confúcio valorizava.

 Fan Ch'ih fez perguntas sobre benevolência e sabedoria (XII.22, XIII.19) e sobre "o acúmulo da virtude, a reforma dos corrompidos e a admissão do mau julgamento?" (XII.21). Impossível que ele fosse brilhante, pois duas vezes ele falhou em compreender uma resposta, em uma ocasião Confúcio teve que lhe fornecer maiores explicações (II.5) e em outra ocasião Tsu-hsia teve que interpretar para ele a resposta de Confúcio (XII.22). Ele uma vez perguntou sobre cultivar animais e vegetais, o que levou ao comentário de Confúcio: "Que tolo é Fan Hsü!" (XIII.4).

 Podemos agora nos voltar aos discípulos listados em XI.3. Quatro deles são listados sob a insígnia de "conduta virtuosa". São eles: Yen Yüan, Min Tzu-ch'ien, Jan Po e Chung-kung.

 Entre todos os discípulos de Confúcio, o lugar de honra deve ser concedido a Yen Yüan, que era, sem dúvida, o favorito do Mestre. Que sua conduta era exemplar pode ser deduzido do que Confúcio dizia sobre ele. Benevolência é algo que Confúcio muito raramente concedia a alguém, incluindo ele próprio, e no entanto ele disse: "Em seu coração, Hui pode praticar a benevolência durante três meses ininterruptos", enquanto, em contraste, "os outros atingem a benevolência meramente por ataques repentinos" (VI.7). Ele era um homem pobre. Confúcio disse de sua pobreza: "Talvez Hui seja difícil de se aprimorar; ele constantemente se permite cair em uma pobreza abjeta" (XI.19). E mais uma vez, ele diz: "Como Hui é admirável! Morar em um pequeno casebre com uma tigela de arroz e uma concha de água por dia é uma provação que a maioria dos homens acharia intolerável, mas Hui não permite que isso atrapalhe sua alegria. Como Hui é admirável!" (VI.11). Ele realmente tinha a capacidade de viver à altura do preceito de Confúcio: "Pobre, mas alegre no Caminho" (I.15). Confúcio considerava Yen Yüan como um igual. Disse-lhe: "Apenas você e eu temos a habilidade de aparecer quando requisitados e de desaparecer quando deixados de lado" (VII.11).

Embora elogiado por sua conduta virtuosa, Yen Yüan sobressaía-se igualmente por sua vontade de aprender. Quando lhe perguntaram qual dos seus discípulos tinha sede de aprender, Confúcio respondeu: "Havia um chamado Yen Hui que tinha sede de aprender, mas infelizmente o tempo que lhe foi concedido era curto, e ele morreu. Agora, não há ninguém" (XI.7, e também VI.3). Já que segundo os ensinamentos de Confúcio a habilidade de pensar e a vontade de aprender eram dois aspectos da mesma atividade, não devemos ficar surpresos que Yen Yüan fosse também o mais inteligente dos discípulos. Uma vez Confúcio comentou: "Hui não me é de nenhuma utilidade. Ele fica satisfeito com tudo o que digo" (XI.4). Essa passividade era apenas aparente. Em outra ocasião, Confúcio disse: "Posso falar com Hui o dia inteiro sem que ele discorde de mim sobre qualquer coisa. Poderia parecer que ele é estúpido. Entretanto, quando examino melhor o que ele faz privadamente, depois que saiu da minha presença, descubro que, de fato, joga alguma luz sobre o que eu disse. Hui não é estúpido, afinal das contas" (II.9). Isso é um eufemismo. Há uma conversa entre Confúcio e Tzu-kung, em outra ocasião, em que o Mestre perguntou a Tzu-kung – um homem de grande inteligência: "Quem é o melhor homem, você ou Hui?". "Como eu ousaria me comparar a Hui? Quando lhe é dita uma coisa, ele compreende cem coisas. Quando me é dita uma coisa, eu entendo apenas duas". O Mestre disse: "De fato, você não é tão bom quanto ele. Nenhum de nós dois é tão bom quanto ele" (V.9). Esse grande elogio não surpreende, já que, para Confúcio, o inteligente discípulo, quando algo lhe era dito, era capaz de "ver sua relevância em relação ao que não foi dito" (I.15). Porque ele morreu cedo, Confúcio disse dele: "Vi-o progredir, mas não o vi dar completa vazão ao seu potencial. Que pena!" (IX.21). A tristeza que Confúcio mostrou por ocasião da morte de Yen Yüan está registrada em *Os analectos*:

> Quando Yen Yüan morreu, o Mestre disse: "Ai! O Céu está me destruindo! O Céu está me destruindo!". (XI.9)

> Quando Yen Yüan morreu, ao chorar por ele, o Mestre mostrou muita tristeza. Seus seguidores disseram: "Mestre, a tristeza que o senhor está mostrando é excessiva". "É? Se não por ele, por quem deveria eu mostrar tristeza excessiva?" (XI.10)

Considerando-se a alta conta em que Confúcio tinha Yen Yüan, é talvez um pouco surpreendente que ele tenha recusado ao pai de Yen Yüan quando este lhe pediu que Confúcio lhe desse sua carruagem para providenciar um caixão externo (XI.8), mas isso talvez seja explicado por outra passagem:

> Quando Yen Yüan morreu, os discípulos quiseram dar-lhe um funeral suntuoso. O Mestre disse: "Não seria apropriado". Mesmo assim, deram-lhe um funeral suntuoso. O Mestre disse: "Hui me tratava como um pai, e, no entanto, fui impedido de tratá-lo como um filho. Não foi por escolha minha. Foi coisa desses outros". (XI.11)

Não era apropriado dar a Yen Yüan um enterro suntuoso, provavelmente porque isso estaria acima da sua posição. Se foi esse o caso, possivelmente teria sido igualmente impróprio ele ter um caixão externo, particularmente considerando-se o que Confúcio disse do seu próprio filho, que ele tampouco teve um.

Que Yen Yüan tinha grande afeição por Confúcio pode ser visto na seguinte passagem:

Quando o Mestre foi emboscado em K'uang, Yen Yüan ficou para trás. O Mestre disse: "Pensei que você tinha encontrado a morte". "Enquanto o senhor, Mestre, estiver vivo, como eu ousaria morrer?" (XI.23)

Yen Yüan deixou uma criativa descrição de Confúcio como professor:

Yen Yüan, suspirando, disse: "Quanto mais o observo, mais alto ele parece. Quanto mais o pressiono, mais duro ele se torna. Vejo-o à minha frente. De repente, está atrás de mim.

"O Mestre é bom em conduzir alguém passo a passo. Ele me estimula com a literatura e me traz de volta às coisas essenciais por meio dos ritos. Eu não conseguiria desistir nem que quisesse, mas, uma vez que dei o melhor que pude, ele parece levantar-se acima de mim e não consigo segui-lo, por mais que eu queira". (IX.11)

Talvez possamos avaliar melhor esse esboço de Yen Yüan por um comentário que Confúcio fez sobre o discípulo e por outro feito pelo próprio. De acordo a Confúcio, "Ele não descarregava sua raiva em uma pessoa inocente, tampouco cometia o mesmo erro duas vezes" (VI.3). Ao descrever o que gostaria de ser, Yen Yüan disse: "Eu desejaria nunca me vangloriar da minha própria bondade e nunca impor tarefas pesadas aos outros" (V.26). Essas são qualidades muito sensatas de um homem que, até mesmo aos olhos críticos de Confúcio, chegou perto de atingir a perfeição.

Min Tzu-ch'ien era tido em alta conta por Confúcio, e diz-se que foi um filho muito bom (XI.5). Uma vez ele fez um comentário que levou Confúcio a observar: "Este homem ou não fala, ou vai direto ao âmago da questão" (XI.14). Sua recusa de assumir um cargo com a família Chi (VI.9) mostra que ele era um homem de princípios.

De Jan Po-niu, pouco é sabido. Quando ele estava doente, o Mestre o visitou e, segurando sua mão pela janela, disse: "Vamos perdê-lo. Deve ser o Destino. Por que outra razão tal homem seria fulminado por tal doença? Por que outra razão tal homem seria fulminado por tal doença?" (VI.10). Pelo tom do comentário de Confúcio, é possível imaginar que sua doença deve ter sido particularmente terrível. Pode ter sido isso o que levou as gerações posteriores a especular que era de lepra que ele sofria.

Chung-kung provavelmente tinha origens humildes, já que Confúcio disse sobre ele: "Se um touro nascido de gado de arado tivesse cor castanha e chifres bem-formados, será que os espíritos das montanhas e dos rios o rejeitariam, mesmo que não o achássemos bom o suficiente para ser usado?" (VI.6). Quando alguém disse que Chung-kung era benevolente, mas que não falava bem, Confúcio não declarou nada sobre sua benevolência, mas disse que não havia necessidade que ele falasse bem (V.5). Ele podia não falar bem, mas seus comentários casuais recebiam aprovação do Mestre (VI.2). Uma vez ele foi administrador da família Chi, embora tivesse talento para postos mais altos. Que melhor elogio Confúcio poderia conceder a ele além da observação: "A Yung pode ser dado o assento de frente para o sul (isto é, o assento do governante)" (VI.1).

Sob a insígnia "discurso" estão listados apenas dois discípulos: Tsai Wo e Tzu-kung.

Tsai Wo goza da duvidosa distinção de ter sido criticado por Confúcio em mais ocasiões do que qualquer outro discípulo. Quando o duque Ai lhe perguntou sobre o altar para o deus da Terra, Tsai Wo respondeu que os homens de Chou usavam castanheira, dizendo que isso fazia o povo tremer. Isso provocou em Confúcio o comentário de que o que é passado deve ser deixado em paz (III.21). Quando Tsai Wo tirou uma sesta durante o dia, Confúcio disse: "Um pedaço de madeira podre não pode ser esculpido, tampouco pode uma parede de esterco seco ser aplainada. Em se tratando de Yü, de que adianta condená-lo?". O Mestre acrescentou: "Eu costumava ouvir as palavras de um homem e confiar que ele agiria de acordo. Agora, tendo ouvido as palavras de um homem, parto para observar suas ações. Foi por causa de Yü que mudei quanto a isso" (V.10). Quando Tsai Wo quis abreviar o período de luto de três anos para um, Confúcio disse: "Quão insensível é Yü" (XVII.21). Talvez Tsai Wo, de sua parte, nutrisse um desprezo secreto por homens benevolentes, que ele julgava simplórios. Ele perguntou: "Se a um homem benevolente fosse dito que havia outro homem benevolente no poço, iria ele, ainda assim, juntar-se ao outro?" (VI.26). Apesar de todas essas restrições, a admiração de Tsai Wo por Confúcio era ilimitada. "Sob o meu ponto de vista", ele disse, "o Mestre ultrapassava largamente Yao e Shun" (*Mencius*, II.A.2).

Depois de Yen Yüan, Tzu-kung era aquele que mais se distinguia dentre os primeiros discípulos de Confúcio. Ele era um homem do mundo, bem-sucedido como diplomata e como comerciante, de acordo com o *Shih chi*. Quando Chi K'ang Tzu perguntou se Tzu-kung era bom o suficiente para assumir um cargo, Confúcio respondeu: "Ssu é um homem inteligente. Que dificuldades ele poderia encontrar ao assumir um cargo?" (VI.8). Quando Tzu-kung perguntou o que Confúcio pensava dele, a resposta foi: "Você é um navio" (V.4). Isso é, à primeira vista, uma resposta um tanto surpreendente, sobretudo devido ao fato de que Confúcio também dissera que um cavalheiro não é um pote (II.12). Mas nesse caso Confúcio provavelmente quis dizer, por cavalheiro, alguém que fosse apropriado para ser um governante, e o comentário significava apenas que um governante não deve ser um especialista. Se é esse o caso, o que Confúcio estava dizendo era que Tzu-kung não possuía as qualidades de um governante, mas apenas as de um especialista. Isso contrasta marcadamente com o comentário dele sobre Jan Yung: "A Yung pode ser dado o assento de frente para o sul" (VI.1).

Quanto ao seu sucesso como comerciante, há um comentário de Confúcio que é relevante: "Ssu recusa-se a aceitar seu quinhão e se põe a ganhar dinheiro e frequentemente está certo em suas conjecturas" (XI.19). Talvez tenha sido porque ele era tão bom com dinheiro que ele não tolerasse gastos excessivos. Tzu-kung queria libertar a ovelha sacrificial no anúncio da lua nova. O Mestre disse: "Ssu, você está relutante de se desfazer do valor da ovelha, mas eu reluto em ver o desaparecimento do ritual" (III.17). Que Tzu-kung não era, tanto moralmente quanto intelectualmente, igual a Yen Yüan fica óbvio na passagem citada.* Conforme vimos, Confúcio associava-se a Tzu-kung, dizendo: "Nenhum de nós dois é tão bom quanto ele" (V.9). Na verdade, Confúcio tinha uma ótima opinião sobre a inteligência de Tzu-kung. Ele disse, uma vez: "Ssu, apenas com um homem como você pode outro homem discutir as *Odes*. Diga algo a este homem, e ele pode ver sua relevância em relação ao que não foi dito" (I.15).

Se Confúcio tinha a inteligência de Tzu-kung em alta conta, ele não admirava tanto as qualidades morais dele:

> Tzu-kung disse: "Do mesmo modo que não quero que os outros mandem em mim, também não quero mandar nos outros".
>
> O Mestre disse: "Ssu, isso ainda está bem acima de você". (V.12)

Esse comentário pode parecer severo, mas se analisarmos mais detidamente o desejo de Tzu-kung, ele deixa de causar surpresa. Em outra parte, encontramos:

> Tzu-kung perguntou: "Existe uma palavra que possa ser um guia de conduta durante toda a vida de alguém?". O Mestre disse: "Talvez, a palavra *shu*. Não imponha aos outros aquilo que você não deseja para si próprio". (XV.24)

Aproximando os dois comentários, podemos ver que a prática de *shu*, que Confúcio ensinava, estava além de Tzu-kung. Em outra parte, Tseng Tzu descreve o caminho do Mestre como consistindo em *chung* e *shu* (IV.15), e Confúcio também observou: "Um homem benevolente ajuda os outros a firmar sua atitude do mesmo modo que ele próprio deseja firmar a sua e conduz

---

* Ver p. 220.

os outros a isso do mesmo modo que ele próprio deseja chegar lá. A capacidade de tomar o que está ao alcance da mão [ou seja, a si próprio] como parâmetro pode ser considerado o método da benevolência" (VI.30). A partir desses dizeres podemos ver que "*shu*" é na verdade o caminho por meio do qual pôr em prática a benevolência. Como Confúcio dificilmente dizia que alguém era benevolente, não é tão surpreendente que ele não pensasse que Tzu-kung era capaz de ter benevolência. Quando, em outra ocasião, Tzu-kung perguntou sobre a prática da benevolência, o conselho de Confúcio foi: "Você deveria (...) fazer amizade com o mais benevolente cavalheiro, esteja no reino onde estiver" (XV.10). Talvez Tzu-kung fosse mais dado a afirmar seu desejo de benevolência do que à prática de fato, pois quando ele perguntou sobre o cavalheiro, o Mestre disse: "Ele coloca suas palavras em ação e só então permite que as palavras sigam-lhe a ação" (II.13).

Há outra limitação de Tzu-kung que foi apontada por Confúcio:

> Tzu-kung era dado a classificar as pessoas. O Mestre disse: "Quão superior é Ssu! De minha parte, não tenho tempo para essas coisas". (XIV.29)

Essa tendência de Tzu-kung pode ser vista em algumas passagens dos *Analectos*. Por exemplo, ele perguntou quem era superior, Tzu-chang ou Tzu-hsia (XI.16). De novo, ele perguntou se Kuan Chung era um homem benevolente (XIV.17).

Talvez seja por causa de sua eloquência que Tzu-kung tenha deixado mais observações sobre Confúcio do que qualquer outro discípulo. Ele descreveu o Mestre como "cordial, bom, respeitador, moderado e deferente" (I.10). Ele disse: "Pode-se ouvir sobre as realizações do Mestre, mas não se pode ouvir suas opiniões sobre a natureza humana e o Caminho para o Céu". (V.13). Quando alguém disse que o Mestre provavelmente tinha sido um sábio, senão, de outra forma, como teria ele tantos talentos?, a resposta de Tzu--kung foi: "É verdade, o Céu colocou-o no caminho da sabedoria.

Entretanto, ele tem vários outros talentos" (IX.6). Quando Confúcio disse: "Os cavalheiros têm sempre três princípios em mente, nenhum dos quais consegui seguir: 'O homem benevolente nunca fica aflito; o homem sábio nunca fica indeciso; o homem corajoso nunca tem medo'", o comentário de Tzu-kung foi: "Aquilo que o Mestre acaba de citar é uma descrição de si mesmo" (XIV.28). Quando Confúcio disse que estava pensando em abrir mão da fala, Tzu-kung disse: "O Mestre disse: 'Estou pensando em desistir da fala'. Tzu-kung disse: "Se o senhor não falasse, o que haveria para nós, seus discípulos, transmitirmos?" (XVII.19). Mas, acima de tudo, Tzu-kung deixou o elogio ao final do Livro XIX*, que provavelmente deveria ser uma conclusão aos *Analectos*, já que o Livro XX foi, ao que tudo indica, uma adição tardia.

Sob a insígnia de "governo" estão listados Jan Yu e Tzu-lu. Que Jan Yu fosse talentoso nesse sentido é amplamente sustentado pelas passagens dos *Analectos* que lhe dizem respeito. Em resposta a uma pergunta de Meng Wu Po sobre se Jan Yu era benevolente, Confúcio disse que não sabia, mas que "a Ch'iu pode ser dada a responsabilidade de administrar uma cidade de mil casas ou uma família nobre de cem carruagens" (V.8). De novo, quando Chi K'ang Tzu perguntou "Ch'iu é bom o suficiente para receber um cargo oficial?", a resposta de Confúcio foi: "Ch'iu é um homem completo. Que dificuldades ele poderia encontrar ao assumir um cargo?" (VI.8). A julgar pelas respostas que Confúcio deu sobre ele, Jan Yu tinha habilidades administrativas. Ele deve ter iniciado sua carreira na casa de Confúcio. Ele serviu como condutor da carruagem na primeira visita de Confúcio ao reino de Wei, que deve ter acontecido antes de 493 a.C. Jan Yu era provavelmente um jovem então, mas podemos ver pelas perguntas dele que ele tinha interesse em assuntos de governo. Quando Confúcio comentou que Wei tinha uma população que florescia, Jan Yu perguntou que outro benefício poderia ser acrescentado, e foi-lhe dito que se deveria fazer o povo rico. Ele novamente perguntou que outro benefício poderia ser acrescentado, e foi-lhe dito que então deveria ser dado ao povo educação, presumivelmente em questões mili-

---

* Citado na p. 60.

tares (XIII.9). Em outra ocasião, Jan Yu pediu grãos para a mãe de Tzu-hua, que estava fora, em uma missão em Ch'i (VI.4). Ele deveria estar, então, encarregado dos negócios da casa de Confúcio. Subsequentemente ele se tornou um membro da casa de Chi K'ang Tzu. Quando lhe perguntaram o que gostaria de fazer, Jan Yu disse: "Se eu fosse administrar uma área medindo sessenta ou setenta *li* quadrados, ou até mesmo cinquenta ou sessenta *li* quadrados, eu poderia, ao cabo de três anos, fazer a população crescer até um nível adequado. Quanto aos ritos e à música, eu deixaria isso para cavalheiros mais capazes" (XI.26). Isso confirma tudo que descobrimos até agora a partir de outros capítulo dos *Analectos*. Os interesses dele não eram pelos ritos ou pela música, mas pela administração do reino, pela questão do crescimento da população e, provavelmente, em trazer prosperidade ao povo.

A Jan Yu, entretanto, provavelmente faltava iniciativa. Isso aparece na passagem onde ele pergunta se alguém deveria imediatamente pôr em prática o que aprendeu, e então lhe foi dito por Confúcio que sim, quando exatamente a resposta oposta tinha sido dada à mesma pergunta de Tzu-lu. Quando Kung-hsi Hua lhe pediu que explicasse a discrepância entre as duas respostas, Confúcio disse: "Ch'iu é acanhado. É por essa razão que eu tentei encorajá-lo. Yu tem a energia de dois homens. É por essa razão que tentei refreá-lo" (XI.22). Essa falta de iniciativa também se manifesta em sua aquiescência a uma ação a qual se deveria resistir por razões morais. Uma vez, quando ele e Tzu-lu supostamente relataram a Confúcio que a família Chi estava para tomar medidas militares contra a região de Chuan Yü*, Confúcio culpou-o por não fazer cessar isso, e Jan Yu disse que seu Mestre, isto é, Chi K'ang Tzu, assim o desejava. Confúcio replicou que, se fosse o caso, ele deveria se demitir. Apenas então Jan Yu apresentou o verdadeiro motivo. A menos que fosse anexada, a região consti-

---

* É interessante que ao longo da conversa Tzu-lu permaneceu em silêncio. O fato é que Tzu-lu e Jan Yu nunca estiveram a serviço do Chi K'ang Tzu na mesma época. Essa conversa deve ter sido entre Confúcio e Jan Yu sozinhos, e o nome de Tzu-lu foi acrescentado por alguém que desconhecia os fatos.

tuiria uma fonte de problemas para gerações futuras da família Chi. Isso provocou a observação ácida de Confúcio: "Ch'iu, o cavalheiro detesta aqueles que, em vez de dizerem claramente que querem alguma coisa, ficam inventando desculpas" (XVI.1). Em outra ocasião, Confúcio foi ainda mais explícito em suas críticas:

> A riqueza da família Chi era maior do que a do duque de Chou, e mesmo assim Ch'iu ajudou-a a enriquecer ainda mais por meio do recolhimento de impostos. O Mestre disse: "Ele não é discípulo meu. Vocês, meus jovens amigos, podem atacá-lo abertamente ao rufar dos tambores". (XI.17)

A opinião de Confúcio era de que Jan Yu podia ser descrito como um ministro "apontado para preencher vagas". Entretanto, acrescentou que "ele não faria o que lhe fosse mandado quando se tratasse de parricídio ou regicídio" (XI.24).

Tzu-lu, Yen Yüan e Tzu-kung compõem o grupo dos primeiros discípulos mais conhecidos de Confúcio. Tzu-lu era o mais velho, e a imagem que temos dele como homem é mais clara que a de qualquer outro discípulo. Ele figura em mais de trinta capítulos em *Os analectos*. Destes, dois terços têm a ver com sua personalidade. Ele era resoluto, corajoso e um homem de ação, de natureza impetuosa e não muito dado a estudar. Quando Chi K'ang Tzu perguntou se Tzu-lu era bom o suficiente para assumir o um cargo, Confúcio respondeu: "Yu é decidido. Que dificuldades ele poderia encontrar ao assumir um cargo?" (VI.8). Confúcio o criticou várias vezes por sua coragem. Uma vez foi quando Tzu-lu pareceu demasiadamente feliz ao ouvir Confúcio dizer que, se ele fosse mandado ao mar em uma balsa, aquele que o seguiria seria Tzu-lu. O Mestre, então, acrescentou: "Yu tem mais amor à coragem do que eu, mas lhe falta juízo" (V.7). Quando Tzu-lu perguntou a Confúcio quem ele levaria consigo estivesse ele liderando os Três Exércitos, o Mestre disse: "Eu não levaria comigo ninguém que tentasse lutar com um tigre usando apenas as próprias mãos ou cruzar o rio a nado e morrer na tentativa sem mostrar arrependimento" (VII.11). Certa vez, Tzu-lu perguntou se o cavalheiro considerava a coragem uma qualidade suprema, e o Mestre respondeu prontamente: "Para o cavalheiro, é a moralidade que é suprema. Com coragem mas desprovido de moralidade, um cavalheiro causará problemas, ao passo que um homem vulgar sem moralidade se tornará um bandido" (XVII.23).

Uma vez Confúcio observou: "Um homem como Yu não morrerá de morte natural" (XI.13). Não está claro o que ocasionou a observação, mas ela se mostrou profética. Tzu-lu, de fato, morreu lutando por seu senhor, em Wei, no ano de 480 a.C.

Sendo um homem de coragem, Tzu-lu era provavelmente versado em questões militares. Assim, quando questionado sobre se Tzu-lu era benevolente, Confúcio, em vez de responder à pergunta, disse: "A Yu pode ser dada a responsabilidade de coordenar as tropas de um reino de mil carruagens" (V.8). Ainda assim, Confúcio, como vimos, reafirmava para Tzu-lu que apenas coragem não era suficiente, nem mesmo na guerra.

Tzu-lu era um homem de ação mais do que de palavras. "A única coisa que Tzu-lu temia era que, antes que pudesse colocar em prática algo que aprendera, lhe ensinassem outra coisa diferente" (V.14). É talvez por causa disso que Confúcio o advertiu sobre agir muito rudemente:

> Tzu-lu perguntou: "Deve-se imediatamente colocar em prática o que se ouviu?". O Mestre disse: "Como seu pai e irmãos mais velhos ainda estão vivos, dificilmente você estará em posição de colocar imediatamente em prática o que ouviu".

À mesma pergunta colocada por Jan Yu, Confúcio, conforme vimos, deu a resposta oposta. Sua explicação sobre por que ele fez isso: "Ch'iu é acanhado. É por essa razão que eu tentei encorajá-lo. Yu tem a energia de dois homens. É por essa razão que tentei refreá-lo" (XI.22).

Quando Tzu-lu fez de Tzu-kao o prefeito de Pi, Confúcio repreendeu-o por arruinar o filho de outro homem, presumivelmente porque Tzu-kao era jovem demais e tinha muito a aprender. Em sua réplica, Tzu-lu mostrou seu desprezo pelo estudo e pelo aprendizado. "Há as pessoas comuns e os oficiais, e há os altares para os deuses da terra e dos grãos. Por que seria necessário ler livros para aprender?". Confúcio comentou: "É por essa razão que não gosto de homens de fala astuciosa" (XI.25). Em outra ocasião, encontramos a seguinte conversa:

> O Mestre disse: "Yu, você ouviu sobre as seis qualidades e os seis erros dos quais devemos nos resguardar?".
> "Não."
> "Sente-se, e eu vou dizê-lo. Amar a benevolência sem amar o aprendizado pode levar à tolice. Amar a esperteza sem amar o aprendizado pode levar ao desvio do caminho correto. Amar a coerência com as próprias palavras sem amar o aprendizado pode levar a um comportamento destrutivo. Amar a determinação sem amar o aprendizado pode levar à intolerância. Amar a coragem sem amar o aprendizado pode levar à insubordinação. Amar a força sem amar o aprendizado pode levar à indisciplina." (XVII.8)

Confúcio certamente disse isso tendo em mente as limitações de Tzu-lu.

Confúcio era frequentemente crítico para com Tzu-lu. Em uma ocasião, quando Confúcio perguntou a um grupo de discípulos presentes o que eles gostariam de fazer, se tivessem a oportunidade, Tzu-lu adiantou-se para responder e Confúcio sorriu para ele. Quando, mais tarde, lhe foi perguntado por outro discípulo por que ele havia sorrido para Tzu-lu, Confúcio respondeu que Tzu-lu mostrava falta de modéstia (XI.26). Quando Confúcio esteve seriamente doente, Tzu-lu disse aos discípulos dele que agissem como empregados. Quando se recuperou, Confúcio ralhou com Tzu-lu, dizendo: "Yu vem enganando há muito tempo. Ao fingir que eu tinha empregados quando não os tinha, a quem ele estaria enganando? Estaríamos enganando os céus?" (IX.12). Em outra ocasião, encontramos:

O Mestre disse: "Se há alguém que pode usar um gorro surrado e remendado com velhos fios de seda e ainda assim conseguir permanecer junto a um homem que veste pele de raposa ou de texugo sem se sentir envergonhado, este é, creio, Yu.

Nem invejoso nem ambicioso,
Que pode ser ele, senão Bom?".

Portanto, Tzu-lu constantemente recitava esses versos. O Mestre comentava: "O caminho resumido nesses versos dificilmente tornará alguém bom". (IX.27)

Havia, entretanto, qualidades em Tzu-lu que Confúcio admirava. Ele disse: "Se alguém pode chegar à verdade de uma disputa legal apenas a partir das evidências de uma das partes, é, talvez, Yu" (XII.12). Na mesma passagem, também é dito que Tzu-lu nunca postergava o cumprimento de uma promessa para o dia seguinte.

Por estar mais próximo a Confúcio em idade do que os outros discípulos e por ser por natureza mais falante, Tzu-lu frequentemente criticou Confúcio por ações que lhe pareciam erradas. Essa é provavelmente a razão para que seja creditado a Tzu-lu a crítica a Confúcio em algumas histórias apócrifas. Por exemplo, ele supostamente protestou quando disseram que Confúcio fora tentado duas vezes a aceitar convites de súditos rebeldes. Nessa ocasião, ele supostamente disse: "Pode ser que não tenhamos nenhum lugar para ir, mas por que devemos ir a Kung-shan?" (XVII.5), e, na outra, "Há algum tempo ouvi do senhor, Mestre, que o cavalheiro não entra nos domínios daquele que não pratica o bem. Agora Pi Hsi está usando Chung Mou como baluarte para iniciar uma revolta. Como o Mestre pode querer ir até lá?" (XVII.7). Novamente, quando Confúcio teve uma audiência com Nan Tzu, a famosa esposa do duque Ling de Wei, diz-se que Tzu-lu ficou incomodado. No final, Confúcio teve que jurar: "Se fiz algo inapropriado, que o castigo do Céu caia sobre mim! Que o castigo do Céu caia sobre mim!" (VI.28).

Como essas histórias são apócrifas, acabam nos dizendo mais sobre a imagem que se fazia de Tzu-lu do que sobre os acontecimentos na vida de Confúcio.

Se Confúcio considerava Yen Yüan como filho, ele provavelmente considerava Tzu-lu como amigo. Quando ele chama a atenção de Tzu-lu, é possível detectar uma grande carga de afeição por trás de suas palavras.

Do grupo dos cinco discípulos mais tardios, apenas Tzu-yu e Tzu-hsia figuram na lista em *Analectos* XI.3 e ambos aparecem sob a insígnia de "cultura e aprendizado".

Tzu-yu aparece em sete capítulos em *Os analectos*, mas em apenas três é registrado tendo conversas com o Mestre. Em uma ocasião ele perguntou sobre piedade filial (II.7); em outra, quando ele era administrador de Wu Ch'eng, foi-lhe perguntado por Confúcio se ele tinha feito alguma descoberta entre seus subordinados (VI.14). A terceira ocasião é mais interessante:

> O Mestre foi até Wu Ch'eng. Lá ele ouviu o som de instrumentos de cordas e de cantoria. O Mestre abriu um sorriso e disse: "Para que usar um cutelo de boi para matar uma galinha?".
> Tzu-yu respondeu: "Há algum tempo ouvi do senhor, Mestre, que o cavalheiro instruído no Caminho ama seus semelhantes e que os homens vulgares instruídos no Caminho são fáceis de serem comandados".
> O Mestre disse: "Meus amigos, o que Yen diz é correto. Minha observação de ainda há pouco foi apenas uma brincadeira".
> (XVII.4)

Seguidores da tradição confuciana em épocas posteriores deram ênfase excessiva à obediência formal aos ritos. Podemos ver uma origem aqui onde Tzu-yu identifica o Caminho com música e com os ritos.

Nos outros quatro capítulos dos *Analectos* nos quais Tzu--yu aparece, são as próprias falas dele que estão registradas. Uma observação diz respeito ao modo de servir um governante e de se comportar com amigos (IV.26); outra diz respeito ao luto (XIX.14). As duas outras são, entretanto, dirigidas contra seus colegas discípulos. Ele disse, sobre Tzu-chang: "Meu amigo Chang é difícil de ser imitado. Mesmo assim ele ainda não conseguiu atingir a benevolência" (XIX.15). Ele também criticava os discípulos e jovens seguidores de Tsu-hsia por se concentrar em trabalhos manuais como "varrer e limpar, atender a porta e responder perguntas corriqueiras" e "apresentar-se e retirar-se" de modo que "Em tudo que é básico eles são ignorantes" (XIX.12).

É dito no *Han fei tzu* (cap. 50) que, após a morte de Confúcio, a escola confuciana dividiu-se em oito seitas.* Se isso é verdade, podemos ver indícios de tal divisão neste último grupo de discípulos.

Na tradição ulterior, Tzu-hsia foi creditado com um papel importante na transmissão dos Clássicos, à exceção do *Livro da História*. Fica muito claro em *Os analectos* que, mais do que qualquer outro discípulo, ele era dado ao estudo, sobretudo ao estudo de livros. De onze dizeres de Tzu-hsia, seis dizem respeito ao estudo ou ao aprendizado. Entre os quais os que seguem:

> Tzu-hsia disse: "Se um homem tem consciência, ao longo do dia, do que ele não sabe e não esquece, ao longo de um mês, aquilo que ele já dominou, então ele pode, de fato, ser considerado alguém que gosta de aprender". (XIX.5)
> Tzu-hsia disse: "Aprenda bastante e seja persistente; pergunte com sinceridade e reflita sobre o que está à disposição, e não haverá necessidade de procurar benevolência em outro lugar". (XIX.6)
> Tzu-hsia disse: "Os artesãos das cem artes dominam seu ofício ao permanecerem na oficina; o cavalheiro aperfeiçoa seu Caminho por meio do estudo". (XIX.7)
> Tzu-hsia disse: "Quando um homem com um cargo oficial descobre que pode fazer mais do que dar conta dos seus deveres, então ele estuda; quando um estudante descobre que ele pode mais do que dar conta dos seus estudos, então ele aceita um cargo oficial". (XIX.13)

---
* *Han fei tzu*, 19.7b.

Que ele foi um brilhante estudante das *Odes* é mostrado por sua pergunta sobre o significado de alguns versos que suscitou, no final, a observação de Confúcio: "É você, Shang, quem iluminou o texto para mim. Apenas com um homem como você é possível discutir as *Odes*" (III.8). Isso, junto com sua reputação de ser muito aplicado aos estudos, pode muito bem ter sido responsável pela tradição de que ele era o autor do prefácio às *Odes*. Embora Tzu-hsia fosse dado ao estudo com livros, ele não o colocava acima da conduta virtuosa. Um dos seus comentários é: "Eu diria que recebeu instrução aquele que aprecia homens de excelência enquanto outros homens apreciam belas mulheres; que se dedica ao máximo ao servir os seus pais e oferece a sua pessoa a serviço do seu senhor, e que, nas relações com seus amigos, é coerente àquilo que diz, mesmo que afirme que nunca recebeu educação" (I.7). Há, entretanto, o risco de que Tzu-hsia possa ter sido um pouco pedante. Uma vez Confúcio disse a ele: "Seja um *ju* cavalheiro, não um *ju* mesquinho" (VI.13). Quando, ao se tornar o prefeito de Chü Fu, Tzu-hsia perguntou sobre governo, Confúcio lhe disse: "Não seja impaciente. Não tenha em mente apenas ganhos pequenos. Se você for impaciente, não atingirá o seu objetivo. Se tiver em mente apenas pequenos ganhos, as grandes missões não serão cumpridas" (XIII.17). Talvez tenha sido pelo fato de ele ter levado a sério os conselhos de Confúcio que Tzu-hsia disse: "Mesmo artes menores têm aspectos válidos, mas o cavalheiro não se aventura com elas, pois o medo do homem que tem um longo caminho a percorrer é ser barrado por algo" (XIX.4). Quando Tzu-kung perguntou sobre os méritos de Tzu-chang e Tzu-hsia, Confúcio respondeu: "Shih (isto é, Tzu-hsia) passa do alvo; Shang (isto é, Tzu-chang) não chega até ele" (XI.6). Isso parece apontar para a tendência, por parte de Tzu-hsia, de dar muita atenção aos detalhes à custa das grandes tarefas.

Tseng Tzu e Yu Tzu ocupavam posições muito especiais entre os discípulos de Confúcio. Havia apenas quatro discípulos que gozavam da distinção, em *Os analectos*, do epíteto *tzu* – mestre. Enquanto Min Tzu-ch'ien é referido como Min Tzu em uma passagem (XI.13) e Jan Ch'iu como Jan Tzu em duas passagens (VI.4, XIII.14),* Tseng Tzu e Yu Tzu são invariavelmente referidos como Tseng Tzu e Yu Tzu.

Tseng Tzu foi uma vez descrito por Confúcio como lento (XI.18). Isso ele compensou com o fato de ser muito leal. Ele disse:

> Um Cavalheiro deve ser forte e resoluto, pois seu fardo é pesado e sua estrada, longa. Ele toma a benevolência como fardo. Isso não é pesado? Apenas com a morte a estrada chega a um final. Isso não é longo? (VIII.7)

Há um relato dos seus últimos momentos.

Quando estava seriamente doente, Tseng Tzu chamou seus discípulos e disse: "Olhem para as minhas mãos. Olhem para os meus pés. As *Odes* dizem:
  Com medo e tremendo
  Como se aproximando de um profundo abismo,
  Como se andando sobre gelo fino.
Somente agora tenho a certeza de ter sido poupado, meus jovens amigos". (VIII.3)

Apenas com a morte ele podia ter certeza de ter preservado intacto o corpo que ele herdou de seus pais, por ter escapado de punições mutiladoras. Isso mostra o mesmo incansável esforço até o fim.

Outra vez, ele disse: "Se a um homem pode ser confiado um órfão de seis *ch'ih* de altura e o destino de um reino de cem *li* quadrados de tamanho, sem que ele se desvie dos seus propósitos nem mesmo em momentos de crise, não se trata de um cavalheiro? Trata-se, de fato, de um cavalheiro" (VIII.6).

Tradicionalmente, o dever filial é fortemente associado ao nome de Tseng Tzu. Isso é sustentado em *Os analectos*. Ele disse: "Conduza os funerais dos seus pais com esmero e

---

* Sobre essas duas passagens, há, entretanto, em XIII.4, uma variante na qual se lê "Jan Yu" em vez de "Jan Tzu".

não deixe que sacrifícios aos seus remotos ancestrais sejam esquecidos, e a virtude do povo penderá para a perfeição" (I.9). Duas vezes ele citou Confúcio sobre o mesmo assunto. Ele disse: "Ouvi o Mestre dizer que em nenhuma ocasião um homem tem plena consciência de si próprio, embora, quando pressionado, ele tenha dito que o luto pelos próprios pais pode ser uma exceção" (XIX.17), e, novamente: "Ouvi o Mestre dizer que outros homens poderiam imitar tudo que Meng Chuang Tzu fazia como bom filho, exceto uma coisa: ele manteve inalterados tanto os oficiais de seu pai quanto as suas políticas. Eis o que era difícil de imitar" (XIX.18).

Tseng Tzu mostra sua sobriedade em seu muito citado dizer:

> Todos os dias, examino a mim mesmo sob três aspectos. Naquilo que fiz pelo bem-estar do outro, falhei em fazer o meu melhor? Ao tratar com meus amigos, falhei em ser fiel às minhas palavras? Ensinei aos outros algo que eu próprio não tenha experimentado? (I.4)

A ênfase quanto aos amigos é reforçada em outro dizer: "Tseng Tzu disse: 'Um cavalheiro faz amigos por meio da sua cultura, mas busca os amigos para apoio benevolente'" (XII.24). Tseng Tzu também deixou comentários sobre dois de seus próprios amigos. Ele disse: "Ser competente e ainda assim pedir conselho para aqueles que não são. Ter muitos talentos e no entanto pedir conselho para aqueles que têm poucos. Ter e no entanto parecer que não tem. Estar cheio e no entanto parecer vazio. Sofrer uma transgressão e no entanto não se importar. Era para esses objetivos que meu amigo costumava dirigir seus esforços" (VIII.5). O objeto do seu elogio é tradicionalmente considerado como sendo Yen Yüan, e não há razão para crer que não fosse assim. Seu comentário sobre outro amigo não é tão elogioso. Ele disse: "Grande, de fato, é Chang, tanto que é difícil trabalhar ao lado dele no cultivo da benevolência" (XIX.16).

Tzu-chang, que é o alvo da zombaria de Tseng Tzu, também foi, como vimos, criticado por Tzu-yu. Ele parece ter sido um tipo de pessoa muito diferente dos outros dois. Ele tinha uma visão ampla e colocava mais ênfase às coisas básicas. Ele disse:

> Tzu-chang disse: "Se um homem não consegue se agarrar à virtude com todas as suas forças nem acreditar no Caminho com todo o coração, como se pode dizer que ele tem alguma coisa, ou que não tem nada?". (XIX.2)

E novamente:

> Pode-se, talvez, ficar satisfeito com um cavalheiro que em face do perigo esteja pronto a sacrificar a própria vida, que, à vista de um benefício a ser obtido, não esquece do que é certo e que, durante um sacrifício, não esquece a reverência, nem a dor enquanto de luto. (XIX.1)

Ele dá mostras de ter plena consciência do fato de que é o espírito por trás de um princípio moral o que é importante. Em última análise, é a prontidão de alguém em abrir mão da própria vida, a habilidade de resistir à tentação do ganho e ser imbuído com um senso de reverência e tristeza que contam. Quando Tzu-chang ficou sabendo que os discípulos de Tzu-hsia eram ensinados que deviam ficar amigos daqueles que eram adequados e desprezar os inadequados, ele comentou:

> Isso é diferente do que eu ouvi. Ouvi que o cavalheiro honra aqueles que lhe são superiores e é tolerante para com a multidão, que é cheio de elogios para com os bons ao mesmo tempo em que se apieda dos incapazes. Se sou muito superior, qual homem eu não toleraria? Se sou inferior, então outros vão me desprezar, e como poderia eu desprezá-los? (XIX.3)

Quando um homem que expressa sentimentos tão sublimes se torna o alvo da crítica dos seus amigos, é preciso procurar as razões em um nível mais abaixo da superfície. Talvez Tzu--chang tivesse a tendência de falar impetuosamente sem pensar na dificuldade de cumprir suas palavras. Essa é provavelmente a razão pela qual Confúcio, em suas respostas às perguntas de

Tzu-chang, dava ênfase especial à cautela com as palavras e com as ações e em dar o melhor de si assim como ser fiel às próprias palavras. Quando Tzu-chang estava estudando, pensando em uma carreira de oficial, o conselho de Confúcio foi: "Use seus ouvidos amplamente, mas deixe de fora o que é duvidoso; repita o resto com cuidado e você cometerá poucos erros. Use seus olhos amplamente e deixe de fora o que é perigoso; coloque o resto em prática com cautela e você terá poucos arrependimentos" (II.18). Confúcio também disse para ele: "Faça o seu princípio norteador dar o melhor de si pelos outros e ser coerente com aquilo que diz" (XII.10), e "Se você tem consciência das próprias palavras e é coerente com elas, se é determinado e reverente ao agir, então até mesmo nas terras dos bárbaros você progredirá" (XV.6). O perigo do fracasso por causa de falta de dedicação e energia também é enfatizada na resposta à pergunta de Tzu-chang sobre governo. Confúcio disse: "Quanto à rotina diária, não mostre cansaço, e quando houver alguma ação a ser tomada, dê o melhor de si" (XII.14).

Tzu-chang tinha, talvez, a tendência de dar mais atenção às aparências do que à substância. Parece ser sobre isso a seguinte conversa:

> Tzu-chang perguntou: "Como um cavalheiro deve ser para que digam que ele conseguiu distinguir-se?". O Mestre disse: "Que diabos você quer dizer com 'distinguir-se'?". Tzu-chang respondeu: "O que tenho em mente é um homem que tem certeza de ser conhecido, sirva ele em um reino ou em uma família nobre". O Mestre disse: "Isso é ser conhecido, não se distinguir. O termo 'distinguir-se' descreve um homem que é correto por natureza e que gosta do que é certo, sensível às palavras das outras pessoas e observador da expressão nos rostos delas e que sempre se preocupa em ser modesto. Tal homem é destinado a distinguir-se, sirva ele em um reino ou em uma família nobre. Por outro lado, o termo 'ser conhecido' descreve um homem que não tem dúvidas de que é benevolente, quando tudo o que ele está fazendo é mostrar uma fachada de benevolência que não condiz com suas ações. Tal homem é destinado a ser conhecido, sirva ele em um reino ou em uma família nobre". (XII.20)

A descrição do homem que é conhecido provavelmente dizia respeito ao próprio Tzu-chang. Se é esse o caso, ele deve ter sido bastante rude e insensível, mais pronto a dar brados de benevolência do que a justificar tais brados.

Finalmente, há Yu Tzu. Conforme vimos, Yu Tzu partilha com Tseng Tzu a distinção de ser invariavelmente referido como Yu *Tzu* (mestre), exceto na ocasião quando ele estava conversando com o duque Ai, quando então a etiqueta requeria que ele fosse chamado de Yu Juo (XII.9). Outra distinção da qual goza Yu Tzu é que ele só é registrado fazendo declarações próprias, nunca perguntando algo ao Mestre. Nas quatro falas suas que são registradas, uma gama ampla de questões morais é tratada.

Não há dúvida de que Yu Tzu gozava de uma posição especial na escola confuciana, e Mêncio dá uma explicação para isso. Um dia, após a morte de Confúcio, "Tzu-hsia, Tzu-chang e Tzu-yu queriam servir Yu Juo como eles serviam Confúcio por causa da semelhança dele com o sábio", mas Tseng Tzu recusou-se se juntar a eles (*Mencius*, III.A.4). Não fica claro exatamente de que maneira Yu Tzu era semelhante a Confúcio. É possível que ele se parecesse com Confúcio, mas é mais provável que fossem suas palavras que lembravam as de Confúcio. No capítulo *T'an kung* do *Li chi*, Tzu-yu é registrado dizendo: "As palavras de Yu Tzu parecem-se extraordinariamente com as do Mestre".* Isso provavelmente diz menos respeito à formulação das frases do que aos sentimentos por elas expressos.

Quanto a se Yu Tzu se tornou o sucessor do Mestre, resta pouca margem para dúvida de que o grupo dos cinco discípulos tardios desempenhou um grande papel nos primórdios da escola confuciana, e, destes, Tseng Tzu e Tzu-hsia eram particularmente importantes. É interessante que a tradição confuciana tenha sido moldada por Tseng Tzu, que fora chamado por Confúcio de "devagar" e por Tzu-hsia, que "não chegava até o alvo". Conforme vimos, Tseng Tzu demonstrou mais franqueza moral do que habilidade intelectual, ao passo que Tzu-hsia mostrava maior

---

* *Li chi chu shu*, 8.7a.

preocupação com minúcias dos ritos do que amplos princípios morais. É, talvez, por causa do caráter desses dois discípulos que, mais tarde, o confucianismo foi manchado por alguma gravidade e pedantismo. Ficamos nos perguntando que rosto o confucianismo teria apresentado se Yen Yüan, cuja personalidade virtuosa era igualada pelo intelecto, tivesse vivido para transmitir os ensinamentos do Mestre.

Apêndice 3

O *Lun yü*

Sobre a história do *Lun yü* não há relatos antigos. A citação explícita mais antiga do trabalho é encontrada no *Fang chi*, um capítulo do *Li chi*.* Isso mostra que um trabalho sob o nome de *Lun yü* deve ter existido antes da dinastia Han. A fonte mais antiga de informação sobre o *Lun yü* é o capítulo bibliográfico do *Han shu* (*História da dinastia Han*), escrita por Pan Ku e terminada por volta do final do século I. Nele estão listados três versões do *Lun yü*: o *Lu lun* (*Lun yü* do reino de Lu) em vinte *p'ien* (livros), o *Ch'i lun* (*Lun yü* do reino de Ch'i) em 22 *p'ien*, os dois extra *p'ien* sendo "*Wen wang*" e "*Chih tao*", e o *Ku lun* (o *Lun yü* em escrita antiga, descoberto nas paredes da casa de Confúcio) em 21 *p'ien*, com dois *p'ien* levando o título idêntico de "*Tzu-chang*".

O *Han shu* faz um breve relato sobre a compilação e a transmissão do *Lun yü*. Esse relato é retomado e expandido por Lu Te-ming (556-627 d.C.) no prefácio ao seu *Ching tien shih wen*. A informação que foi acrescentada é que o *Ch'i lun* não apenas tinha dois *p'ien* extras mas que "os capítulos e versos eram consideravelmente mais numerosos do que o *Lu lun* (*chang chü p'o tuo yü Lu lun*)". Essa observação é um tanto ambígua. Pode significar que o *Ch'i lun* tinha capítulos extras ou pode significar que no *Ch'i lun*, embora não houvesse capítulos extras, o texto dos capítulos era muitas vezes mais longo. Não há como ter certeza sobre qual o significado, mas não há dúvida

---

* *Li chi chu shu*, 51.16a-b.

de que, independentemente da questão dos capítulos, o número de leituras variantes era considerável. Lu Te-ming cita Huan T'an (24 a.c. - 56 d.C.) dizendo no seu *Hsin lun* que no *Ku lun* a ordem dos capítulos era diferente e que havia mais do que quatrocentas variantes.* Algumas das variantes das três versões foram registradas por intelectuais em uma época em que elas ainda existiam e foram coletadas assiduamente por críticos em séculos recentes, mas tais leituras muito ocasionalmente lançam alguma luz sobre o significado das passagens.**

No primeiro período da dinastia Han Ocidental, era prática comum os intelectuais se especializarem em uma das três versões do *Lun yü*. Apenas com Chang Yü isso mudou. Ele recebeu instrução sobre o *Lun yü* de Wang Yang de Lang Yeh e de Yung Sheng de Chiao Tung, ambos especialistas no *Chi lun* (*Han shu*, p. 3.347). Mas ele também recebeu instrução sobre o *Lu lun* de Hsia-hou Chien (*Ching tien shih wen*, 1.31a). Entretanto, ele não se ateve a seguir exclusivamente nenhuma das duas tradições. Ele usou seu próprio julgamento na escolha de quais leituras seguir. O resultado foi uma versão eclética que se tornou conhecida como *Chang hou lun* (o *Lun yü* do marquês Chang). No período do reinado de Ch'y Yüan (48 a.C. - 44 a.C.), Chang Yü, por causa de seu conhecimento especializado do *Lun yü*, foi nomeado tutor do herdeiro que, aparentemente, em 32 a.C. se tornou o imperador Ch'eng. Como resultado, Chang Yü se tornou primeiro-ministro em 25 a.C. Por causa da estima imperial de que gozava, a versão do *Lun yü* do marquês Chang tornou-se tão popular que eclipsou todas as outras versões.

A próxima versão importante do *Lun yü* foi a de Cheng Hsüan (127-200 d.C.), provavelmente o maior comentarista dos clássicos confucianos das duas dinastias Han. Embora esse texto fosse basicamente o mesmo do *Lu lun*, ele, também, absorveu as

---

* *Ching tien shih wen*, 1.30b.

** Para um exemplo onde *yi*, significando mudança, tem uma variante *yi* que é uma partícula, ver p. 185.

melhores leituras do *Ch'i lun* e do *Ku lun*.* A presente versão do *Lun yü* que temos foi editada por Ho Yen (190-249 d.C.). Ela é baseada, na maior parte, nas versões de Chang Yü e de Cheng Hsüan e é, portanto, eclética.

Parece claro que, mesmo que pudéssemos reconstituir o *Lun yü* na sua forma original e anterior às três versões, não estaríamos fazendo mais do que restaurá-la ao que era no período Han Ocidental, e isso dificilmente acrescentaria muito ao nosso conhecimento da obra. Se nossa meta é descobrir algo sobre a composição do *Lun yü*, a única abordagem possível é examinar o próprio texto. Proponho fazê-lo dividindo o *Lun yü* em duas porções, uma compreendendo os primeiros quinze livros, e a outra, os cinco livros restantes, e examinando cada porção sob vários aspectos. Comecemos com os últimos cinco livros.

Os últimos cinco livros

Ts'ui Shu apontou que os últimos cinco livros do *Lun yü* tinham algumas características que indicavam uma data tardia,** mas como suas observações são um tanto breves, vale a pena rever a questão mais detidamente. Vamos descobrir que a conclusão de Ts'ui Shu é à prova de controvérsias.

Comecemos com o Livro XIX. O surpreendente sobre este livro é que ele consiste unicamente de dizeres e diálogos dos discípulos, sem qualquer observação de Confúcio. Os discípulos cujos dizeres são incluídos são aqueles do grupo tardio, com a exceção de Yu Tzu. Em vez disso, foi incluído Tzu-kung, que não pertencia ao grupo. Se o Livro XIX destaca-se por conter apenas falas de discípulos, o Livro XX se destaca igualmente. Ele abre com uma passagem que consiste de injunções dos sábios reis de Yao, Shun, T'ang e do rei Wu. Isso lembra muito o estilo do

---

* A versão de Cheng Hsüan não existe mais, embora a cópia parcial de um manuscrito feita por um aluno de doze anos em 710 d.C. tenha sido descoberta em Sinkiang, em 1969.

** *K'ao hsin lu*, p. 512-13.

Livro da História. Essa passagem de abertura é seguida por uma passagem mais curta que trata de vários aspectos do governo, sendo que as palavras conclusivas são as seguintes:

> Se um homem é tolerante, ele conquistará o povo. Se é coerente com as próprias palavras, as pessoas comuns confiarão nele. Se é rápido, atingirá resultados. Se é imparcial, as pessoas comuns ficarão satisfeitas. (XX.1)

Em XVII.6, essas palavras, com pequenas variações, são novamente encontradas, dessa vez atribuídas a Confúcio. O interessante é que as palavras de Confúcio são em resposta a uma pergunta que lhe é feita por Tzu-chang. No XX.2, encontramos novamente uma pergunta de Tzu-chang. Mas isso dificilmente pode ser uma coincidência, pois em ambos os casos a fórmula "*Tzu-chang wen* (...) *yü K'ung Tzu*" é usada. Para ver o significado dessa fórmula, é preciso discutir uma questão mais ampla sobre o uso de "*K'ung Tzu*" para Confúcio no *Lun yü*.

K'ung Tzu e *tzu*

Nos primeiros quinze livros do *Lun yü*, a prática é invariavelmente a de se referir a Confúcio como *tzu* (o Mestre) e não como *K'ung Tzu* (Mestre K'ung),* a não ser quando Confúcio aparece conversando com alguém em posição superior ou mais velho.** Há, entretanto, alguns casos que são perturbadores à primeira vista, como VIII.20, X.1, XI.6 e XIV.5. Peguemos primeiro os dois últimos casos. Em XI.6, quando é dito que Confúcio deu a filha do seu irmão mais velho a Nan Jung como esposa, encontramos ele sendo referido como "*K'ung Tzu*". Já que Nan Jung deve ter sido um homem jovem, é difícil entender por que "*K'ung Tzu*" foi usado. Em XIV.5 a fórmula "(...) *wen*

---

* Na presente tradução, *tzu* é consistentemente traduzido como "o Mestre" e K'ung Tzu como "Confúcio".

** Por exemplo, "*K'ung Tzu*" é usado em III.19 porque Confúcio falava com o duque Ting e em XIV.32 porque Wei-sheng Kao era um homem mais velho, como pode ser visto pelo modo como ele se refere a Confúcio, como "Ch'iu".

Apêndice 3 | 245

yü K'ung Tzu" é usada quando a pessoa que perguntava era Nan-kung K'uo. É interessante que haja uma vertente crítica segundo a qual Nan-kung K'uo era a mesma pessoa que Nan Jung. A julgar pelo seu nome de família, "Nan-kung", Nan-kung K'uo deve ter descendido da casa nobre de Lu. Se é esse o caso, explicaria não apenas o uso de *K'ung Tzu* em XIV.5, mas, ao mesmo tempo, sustentaria a teoria de os dois homens serem o mesmo e justificaria o uso em XI.6, igualmente. Quanto ao caso da parte X.I, o Livro X refere-se a Confúcio como "*chün tzu* (o cavalheiro)" e "*tzu*" além de "*K'ung tzu*". Isso mostra apenas que o livro contém material de várias fontes e que, portanto, não mostra uma prática uniforme a esse respeito. Finalmente, há o caso de VIII.20, mas esse é um capítulo que trata dos reis sábios da Antiguidade, Shun e King Wu, e mostra afinidade com a passagem de abertura do Livro XX.

Voltemos à fórmula "*Tzu-chang wen* (...) *yü K'ung Tzu*". Se a prática aceita no corpo do *Lun yü* fosse a de se referir a Confúcio como "*K'ung Tzu*" apenas em contextos em que uma pessoa superior ou mais velha estivesse presente, então se trata de um modo de se referir a alguém duplamente inaceitável quando o interlocutor não era nem mesmo um igual, mas apenas um discípulo. Também vale notar que no *Lun yü* Tzu-chang aparece fazendo uma pergunta a Confúcio em mais de dez ocasiões, e XVII.6 e XX.2 são as duas únicas ocasiões em que a fórmula é usada. Isso mostra que os Livros XVII e XX encontram-se em uma categoria especial. É interessante notar que "*K'ung Tzu*" e "*wen yü K'ung Tzu*", quando a pessoa que pergunta é um discípulo, também podem ser encontradas em alguns capítulos do *Li chi*, do *Ta Tai li chi* e na última parte do *Hsün tzu*, incluindo os seis últimos capítulos. Conforme vimos em relação com a história de Shao Cheng Mao,* essa parte do *Hsün tzu* contém material miscelâneo de uma época posterior. Que os últimos cinco livros do *Lun yü* coincidam com trabalhos que são provavelmente posteriores mais do que com o resto do

---

* Ver página 210.

Lun yü é um sinal de que esses livros devem ter sido uma adição posterior ao corpo do *Lun yü*.

Sobre a utilização de "*K'ung Tzu*", há uma falta de uniformidade nos últimos cinco livros. O Livro XVI usa exclusivamente "*K'ung Tzu*", o Livro XVII escorrega para o "*K'ung Tzu*" apenas uma vez (XVII.6), enquanto que no Livro XVIII os primeiros cinco capítulos usam "*K'ung Tzu*", enquanto os capítulos 7 e 8 usam "*tzu*", sendo o capítulo 6 um caso duvidoso.

A expressão fu tzu

Como a expressão originalmente significava "aquele cavalheiro", nos primeiros tempos de sua utilização primeira foi usada apenas como uma referência a uma terceira pessoa. Mas no período dos Reinos Combatentes ela era usada corriqueiramente, como, por exemplo, no *Mencius*, como um modo de se dirigir à pessoa com quem se fala. Foi apontado por Ts'ui Shu que no *Lun yü* há três casos de *fu tzu* sendo usado desse modo. É nos capítulos XVII.3, XVII.7 e XIX.17. Isso não apenas sugere que esses dois livros são tardios, em termos de datação, mas também que há uma ligação entre eles.

Conjuntos numéricos

Nos capítulos de 2 a 10 no Livro XVI, as coisas são tratadas em conjuntos numéricos: as dez gerações, as cinco gerações, as três gerações, fazer amizades com três tipos de pessoas, ter prazer com três tipos de coisas, os três erros, as três coisas das quais o cavalheiro deve se guardar, as três coisas que o cavalheiro deve temer e as nove coisas às quais o cavalheiro dedica seu pensamento. Mesmo em XVI.9, quando nenhum número de fato é mencionado, o número três fica implícito, já que há três níveis de conhecimento. Em outra passagem, no capítulo XX.2, também encontramos Tzu-chang perguntando sobre "as cinco práticas excelentes" e sobre as "quatro práticas perniciosas", enquanto que em XX.3 a fala de Confúcio trata das três coisas que o cavalheiro deve entender: o Destino, os ritos e as palavras. Isso sugere que também há uma ligação subjacente entre os Livros XVI e Livro XX. Conjuntos numéricos também podem ser encontrados em alguns capítulos do Livro XVII. Em XVII.8 Confúcio conta para Tzu-lu sobre "as seis qualidades e os seis erros à espreita", enquanto em XVII.16 Confúcio fala sobre "os três defeitos" das "pessoas comuns". Em contraste, nos primeiros quinze livros o único número que ocorre frequentemente é o três, mas nunca é usado com nada que pudesse ser descrito como um conjunto. É simplesmente usado para significar "muitos". O único caso em que um conjunto numérico ocorre é em II.23, em que Tzu-chang usava o termo "dez gerações". Como veremos, o Livro II é possivelmente tardio por causa de seu conteúdo misto, e o item 23 é o penúltimo capítulo do Livro e pode ser uma adição posterior.

Histórias apócrifas

No relato da vida de Confúcio, apontamos que histórias apócrifas existiram desde os primeiros tempos.* Algumas delas, de fato, abriram caminho até o *Lun yü*. Primeiro, há as histórias de encontros com eremitas, com um sabor um tanto taoista. Três dessas histórias são encontradas em bloco no Livro XVIII. A primeira é a história sobre Chieh Yü, o Louco de Ch'u, na qual Chieh Yü canta uma música. Há uma história similar sobre o Louco no capítulo 4 de *Chuang tzu***, na qual uma versão mais longa da música é dada. A letra da música nos dois casos é tão próxima que as duas histórias devem ser consideradas como variantes de uma mesma história.

As duas outras histórias (XVIII.6 e XVIII.7) são sobre encontros com eremitas e são igualmente taoistas no tom. O fato de que todas as três são encontradas juntas pode demonstrar que elas fazem parte de um conjunto, embora XVIII.7 se destaque por seu uso de "*tzu*" em vez de "*K'ung Tzu*".

Há uma característica linguística na segunda história que até agora escapou à observação dos especialistas. Em XVIII.6,

---

* Ver p. 175.
** *Nan hua chen ching*, 2.27b-29a.

a construção "*X wei shui* (quem é X?)" ocorre duas vezes. Em todas as obras do período pré-Han, essa construção só é encontrada uma vez, em uma forma ligeiramente diferente, no comentário de Kung-yang aos *Anais de Primavera e Outono*.* Sendo esse o caso, podemos apenas concluir que essa história é de uma data consideravelmente posterior ao corpo da obra.

Pertencendo a outra categoria aparecem as histórias apócrifas que buscam descreditar Confúcio moralmente. Duas dessas histórias sobre Confúcio sendo tentado a ir falar com rebeldes que o haviam chamado são encontradas no Livro XVII. As histórias são tão próximas (XVII.5 e XVII.7) que provavelmente formam um conjunto. À parte a inerente improbabilidade do tema, vimos que em XVII.7 *fu tzu* é usado como uma forma de tratamento para Confúcio e que tal era a prática de um período posterior. Como a história deve ter sido escrita em um período posterior, pouca credibilidade pode ser dada a ela. Se isso é verdade para uma história, é provavelmente verdade para a outra história, também.**

Relatos sobre personagens antigos

Notamos que o Livro XX abre com uma passagem sobre reis sábios da Antiguidade, de Yao ao rei Wu, de Chou. Esse não é o único lugar nos últimos cinco livros em que tais passagens são encontradas. O Livro XVIII abre com dois capítulos e termina com quatro sobre personagens históricos. XVIII.1 consiste em um comentário de Confúcio sobre "os três homens benevolentes na dinastia Yin", enquanto XVIII.2 registra um diálogo de Liu Hsia Hui. XVIII.8 registra o comentário de Confúcio sobre vários homens em Chou que hoje chamaríamos de "bicho do mato". XVIII.9 dá todo um catálogo de músicos da corte que emigraram, e XVIII.10 consiste de um dizer do duque de Chou. O livro

---
* "*Tzu ming wei shui* (Qual o seu nome?)" (*Kung-yang chu shu*, 15.14a.)
** Há uma terceira história que provavelmente pertence a essa categoria. Em VI.28 há um relato da fúria de Tzu-lu por causa da audiência que Confúcio tivera com Nan Tzu, a famosa esposa do duque Ling de Wei. Aqui, entretanto, não temos evidência de que a história seja apócrifa.

termina com XVIII.11, que é uma lista de oito cavalheiros de Chou. Essa preocupação com personagens históricos, muitas vezes sem relevância a Confúcio, mostra que textos históricos como o *Livro da História* devem ter sido usados como livro-texto por alguns dos discípulos de Confúcio, se não pelo próprio Confúcio. Examinamos várias características que ligam as partes dos últimos cinco livros e que mostram que elas provavelmente compartilharam uma mesma origem e vimos que algumas dessas características significam uma datação tardia. É hora de nos voltarmos aos primeiros quinze livros.

Os primeiros quinze livros

Vamos examinar os primeiros quinze livros sob dois aspectos: (1) a organização interna de cada um dos livros e (2) falas dos discípulos.

Organização interna de cada um dos livros

O leitor ocasional do *Lun yü* pode terminar a leitura da obra de Confúcio com a impressão de que os capítulos em cada um dos livros estão em uma ordem aleatória. Isso é porque assim acontece com o Livro I e Livro II. Mas isso certamente não é verdade com todos os livros. Vamos observar brevemente os primeiros quinze livros a partir desse ponto de vista. Há, entretanto, uma questão preliminar com a qual devemos lidar. O agrupamento dos capítulos, embora no geral seja feito por meio da similaridade de conteúdo, é algumas vezes realizado em bases puramente formais. Se um capítulo por acaso tem uma palavra-chave em comum com alguns outros capítulos, é passível de ser colocado com estes, mesmo que a palavra possa ser usada com um significado diferente ou com uma proposta diferente em mente. Por exemplo, III.23 e III.25 ambos tratam de música. III.24, entretanto, contém uma observação do fiscal de fronteira de Yi sobre o fato de que Céu iria usar Confúcio para levantar o Império, mas porque suas palavras são "O Céu vai usar o Mestre de vocês como o *tuo* de um sino", esse capítulo é colocado entre os outros dois sobre música, sendo *tuo* o badalo de um sino e sendo o sino um instrumento musical. Novamente, IV.7 é colocado ao final de uma série de capítulos sobre *jen* (benevolência) porque o ideograma *jen* aparece nele, mas embora o ideograma seja aquele que é usualmente utilizado para benevolência, aqui ele é usado para o significado homófono "homem". Assim, ao examinar a organização de capítulos em cada um dos livros, devemos estar preparados para aceitar alguma ambiguidade.

Os Livros I e II, conforme destacamos, não têm qualquer princípio óbvio de organização, e é bem possível que figurem juntos propositadamente.

Todos os capítulos do Livro III, sem qualquer exceção, lidam com os ritos e com a música.

O Livro IV divide-se em várias partes. Os primeiros sete capítulos tratam de benevolência, embora IV.7, conforme vimos, trate, na verdade, sobre o caráter de um homem. IV.8 e IV.9 tratam do Caminho, IV.10 a IV.17 tratam do cavalheiro e do homem vulgar. IV.18 a IV.21 tratam de piedade filial, enquanto os últimos capítulos parecem tratar do modo com que um cavalheiro deveria se comportar.

O Livro V é sobre pessoas. A primeira metade (V.1 a V.14) trata dos discípulos. Os próximos dez capítulos (V.15 a V.24), com a exceção de V.22, tratam de personagens antigos e contemporâneos. V.22 é sobre os discípulos que foram deixados para trás em Lu. Em V.26 Yen Yüan e Tzu-lu conversavam sobre seus desejos mais fortes, enquanto os dois últimos capítulos consistem em dizeres de Confúcio sobre si próprio.

Os primeiros dois terços (VI.1 a VI.21) do Livro VI são similares ao Livro V. O assunto são pessoas. Os primeiros quinze capítulos tratam dos discípulos, enquanto os sete capítulos seguintes tratam de contemporâneos e homens em geral. Os últimos nove capítulos são mistos.

O Livro VII é inteiramente dedicado a Confúcio. Os capítulos consistem ou em dizeres de Confúcio sobre si próprio ou naquilo que outras pessoas tinham a dizer dele. Até mesmo VII.36 e VII.37, que à primeira vista parecem exceções, podem ser interpretados como dizeres sobre o próprio sábio.

O Livro VIII consiste em dizeres sobre uma variedade de tópicos, com a exceção de dois blocos de capítulos. VIII.3 a VIII.7, conforme vimos, tratam de Tseng Tzu, enquanto que VIII.18 a VIII.20 são sobre reis antigos.

Do Livro IX, os primeiros dezenove capítulos são sobre Confúcio, e os três seguintes – possivelmente os quatro seguintes – são sobre Yen Yüan. Os restantes são bastante variados.

O Livro X é um registro da vida diária de Confúcio. Vimos que nas palavras de abertura Confúcio é referido como "*K'ung Tzu*", embora também seja usado o termo "*chün tzu* (o cavalheiro)" para Confúcio. X.17 é o único capítulo de todo o livro em que Confúcio é referido como "*tzu*". O capítulo final, como às vezes acontece, trata de outro assunto.

O Livro XI é inteiramente dedicado a Confúcio.

O Livro XII é interessante porque o princípio de organização não é o assunto, mas a forma. Vinte e dois de 24 capítulos são perguntas colocadas a Confúcio e eles invariavelmente abrem com as palavras "Fulano de tal *wen* (perguntou)". Os dois capítulos restantes tratam de cavalheiros, pois, embora em XII.15 não haja menção alguma ao cavalheiro, a variante em VI.27 mostra que é sobre o cavalheiro.

O Livro XIII divide-se em duas partes. A primeira parte, consistindo de dezessete capítulos, é sobre governo. Os próximos onze (XIII.18 a XIII.28) versam sobre como uma pessoa deve se comportar e sobre Cavalheiros (*shih*). Isso serve para mostrar a proximidade entre as duas expressões. O *shih* é apenas o *chün tzu* que assumiu um cargo. Os dois últimos capítulos são sobre educar pessoas para a guerra.

Embora os capítulos no Livro XIV pareçam à primeira vista um tanto variados em termos de conteúdo, há, na verdade, um tema central. Trata-se, mais uma vez, do tema de como ser um homem. Vários capítulos são sobre contemporâneos, presumivelmente utilizados como exemplos concretos. Os cinco capítulos finais parecem ser a exceção e podem ser adições posteriores. No Livro XV, igualmente, uma grande parte dos capítulos trata do tema de como ser um homem. A exceção parecem ser os primeiros cinco e os últimos cinco capítulos.

Dizeres de discípulos

O *Lun yü* é basicamente um trabalho dedicado a registrar as palavras de Confúcio e a registrar informações sobre ele como pessoa. Dizeres de discípulos são raramente registrados e, quando são, é por causa do comentário do mestre, e não pelo interesse intrínseco dos dizeres. Aqui estão alguns exemplos:

> O povo de Lu estava reconstruindo o tesouro. Min Tzu-ch'ien disse: "Por que não apenas restaurá-lo? Por que ele precisa ser totalmente reconstruído?".
> O Mestre disse: "Este homem ou não fala, ou vai direto ao âmago da questão". (XI.14)
>
> Chung-kung perguntou sobre Tzu-sang Po-tzu. O Mestre disse: "É sua simplicidade de estilo que o torna aceitável".
> Chung-kung disse: "Ao governar o povo, não é aceitável ser exigente consigo mesmo e condescendente ao tomar medidas? Por outro lado, não é exagerar na simplicidade ser condescendente consigo mesmo, assim como ao tomar medidas?".
> O Mestre disse: "Yung tem razão no que ele diz". (VI.2)

Em ambos os casos os dizeres foram registrados obviamente porque receberam aprovação do Mestre. Há um caso de uma conversa que foi registrada pela razão contrária:

> O duque Ai perguntou a Tsai Wo sobre o altar do deus da terra.
> Tsai Wo respondeu: "Os Hsia usavam o pinho, os Yin usavam o cedro, e os homens de Chou usavam castanheira (*li*), dizendo que fazia o povo tremer (*li*)".

O Mestre, ouvindo a resposta, comentou: "Não se explica o que já está feito, e não se discute sobre o que já foi realizado, e não se condena o que já passou". (III.21)

Aqui Confúcio condena Tsai Wo por tentar criticar o passado, que deveria ser deixado em paz. Nesse sentido notamos que o grupo dos últimos cinco discípulos sobressai-se do resto de uma maneira muito clara. Vimos que o Livro XIX consiste apenas de dizeres desse grupo, menos de Tzu-kung. Quando olhamos para os primeiros quinze livros, descobrimos que o Livro VIII tem um bloco de cinco capítulos (VIII.3-VIII7) que não apenas consiste nos dizeres de Tseng Tzu, mas que dois dentre eles (VIII.3, VIII.4) registram suas últimas palavras antes de morrer. O Livro I tem três dizeres de Yu Tzu (I.2, I.12, I.13), dois de Tseng Tzu (I.4, I.9) e um de Tzu-hsia (I.7). O Livro XII e o Livro XIV cada um tem uma fala de Tseng Tzu (XII.24, XIV.26), enquanto o Livro IV tem uma fala de Tzu-yu (IV.26).

Antes que continuemos, devemos tratar de Tzu-kung, cuja posição neste assunto parece ambivalente. Por um lado, em uma ou duas ocasiões aquilo que ele diz é registrado por causa do comentário de Confúcio, como, por exemplo:

> Tzu-kung disse: "Do mesmo modo que não quero que os outros mandem em mim, também não quero mandar nos outros".
> O Mestre disse: "Ssu, isso ainda está bem acima de você". (V.12)
>
> O *t'ai tsai* perguntou a Tzu-kung: "Com certeza o Mestre é um sábio, não é mesmo? De outra forma, por que teria ele tantas habilidades?". Tzu-kung disse: "É verdade, o Céu colocou-o no caminho da sabedoria. Entretanto, ele tem vários outros talentos".
>
> O Mestre, ao ouvir isso, disse: "Como o *t'ai tsai* me conhece bem! Eu era de origem humilde quando jovem. É por isso que tenho várias habilidades manuais. Mas deveria um cavalheiro ter várias habilidades? Não, de modo algum". (IX.6)

Por outro lado, Tzu-kung compartilha com o grupo dos últimos discípulos a distinção de ter um bloco de capítulos dedicados a ele no Livro XIX (XIX.20-XIX.25). Devemos observar duas coisas. A primeira, que Tzu-kung era o único dos três mais conhecidos discípulos de Confúcio a ter sobrevivido à morte do Mestre, e não há dúvida de que ele se relacionou de modo muito próximo com os discípulos do último grupo, como pode ser visto em alguns capítulos do *Li chi*. A segunda coisa é que há apenas uma ocasião em que ele diz:

> Chou não era tão malvado assim. É por isso que o cavalheiro detesta morar para os lados do sul, pois é lá que tudo o que é sórdido no Império abre caminho. (XIX.20)

À parte isso, todos os seus dizeres (V.13, XIX.21-XIX.25) são sobre o Mestre. Assim, embora ele se relacionasse com o grupo de últimos discípulos, ele era um pouco como um estranho. Seus dizeres são, de fato, registrados; mas não por valor próprio, mas pelo retrato que pintam do Mestre.

Se um livro contém ou não dizeres dos discípulos parece ser uma questão de alguma significância. O fato de que tais dizeres foram considerados dignos de registro deve significar que esses discípulos já tinham, então, estabelecido a si próprios como professores. Como os cinco discípulos do último grupo eram muito mais novos do que Confúcio, isso significaria que os dizeres deles próprios só poderiam ter sido registrados alguns anos após a morte de Confúcio. Os livros que contêm dizeres de discípulos são os Livros I, VIII e XIX. Os livros IV, XII e XIV são casos duvidosos. Tanto a fala de Tzu-yu no Livro IV quanto a de Tseng Tzu no Livro XII aparecem no final do livro e poderiam facilmente ter sido acrescentadas em uma data posterior à data de compilação daquele livro específico. O caso do Livro XIV é interessante. O dizer de Tseng Tzu aparece na forma de um comentário sobre uma fala de Confúcio, mas esta fala de Confúcio aparece também no Livro VIII. Como vários dizeres de Tseng Tzu podem ser encontrados no Livro VIII, é bem possível que o comentário de Tseng Tzu fosse originalmente um apêndice ao dizer de Confúcio no Livro VIII e que por algum acidente foi parar no Livro XIV.

Agora vimos que dos primeiros quinze livros, os Livros I, II e VIII são os três que mostram uma falta de organização interna, e, destes, os Livros I e VIII são também livros nos quais dizeres de discípulos são encontrados. O Livro X, com seu uso do "*K'ung Tzu*", provavelmente pertence ao mesmo grupo que os últimos cinco capítulos. Assim, podemos dividir grosseiramente o *Lun yü* em três camadas. A primeira consiste dos livros que são bem-ordenados e nos quais nenhuma fala de nenhum discípulo está incluída. O próximo estrato consiste do Livro I (e possivelmente do Livro II) e do Livro VIII. Embora esses livros mostrem uma falta de organização interna dos capítulos e contenham dizeres de discípulos, eles, entretanto, não usam "*K'ung Tzu*" para Confúcio. Finalmente, há o estrato que consiste do Livro X e dos últimos cinco capítulos. Eles são todos interligados por meio de várias características e provavelmente são de uma datação muito posterior do que o corpo da obra.

Concluirei com algumas hipóteses sobre o caminho por meio do qual o *Lun yü* foi colocado em sua presente forma. Primeiro, as unidades individuais devem ter sido organizadas como capítulos em algum tipo de ordem que levava em conta o assunto. Haveria unidades que ou não se encaixaram em nenhuma categoria ou que não foram consideradas importantes o suficiente para serem incluídas no *corpus*. Em segundo lugar, algumas dessas unidades restantes foram reunidas e colocadas, às vezes com informações que tratavam sobre os discípulos, em novos livros, enquanto outras unidades podem ter sido acrescidas ao final dos livros existentes. Isso não precisa necessariamente ter ocorrido de uma só vez. Os Livros I (possivelmente junto com o II) e VIII podem representar uma reunião anterior desses materiais que haviam sobrado junto com material que dizia respeito aos discípulos. Os últimos cinco livros (e possivelmente também o Livro X) podem representar uma repetição posterior do mesmo processo. O caso do Livro I é interessante. Que um livro de natureza tão heterogênea tenha sido colocado no início de toda a compilação deveu-se provavelmente ao desejo, por parte dos discípulos de Yu Tzu, Tseng Tzu e Tzu-hsia, de ressaltar o *status* de seus próprios professores na escola confuciana, não apenas incluindo os dizeres deles mas intercalando-os com dizeres do Mestre.

Obras citadas

Ching tien shih wen de Lu Te-ming, SPTK (*Ssu pu ts'ung k'an*).
Chou li chu shu, SSCCS (*Shih san ching chu shu*, Nanchang, 1815).
Ch'un shu chih yao, SPTK.
Han fei tzu, SPTK.
Han shu, Chung Hua Shu Chü, Pequim, 1962.
Hsün tzu, SPTK.
Huai nan tzu, SPTK.
K'ao hsin lu, por Ts'ui Shu, *Wan yu wen k'u*.
Kung-yang chu shu, SSCCS.
K'ung tzu chia yü, Yü hai t'ang ying sung ts'ung shu, 1898.
Kuo yü, Shih li chü Huang shih ts'ung shu.
Li chi chu shu, SSCCS.
Mencius, Trad. D.C. Lau, Penguin, 1976.
Meng tzu chi chu, 1811.
Meng tzu chu shu, SSCCS.
Nan hua chen ching (*Chuang tzu*), SPTK.
Po hu t'ung, SPTK.
Shih chi, Chung Hua Shu Chü, Pequim, 1959.
Shih ching chu shu, SSCCS.
Shu ching chu shu, SSCCS.
Ta tai li chi, SPTK.
Tao te ching. Trad. D.C. Lau, Penguin, 1963.
Yi chou shu, Ts'ung shu chi ch'eng.
Yin wen tzu, SPTK.

Glossário de nomes de pessoas e lugares

Todas as datas, salvo aquelas indicadas em contrário, são a.c.

Para os nomes com asterisco, ver também Apêndice 2

Ao, XIV.5. Uma figura mitológica conhecida por sua força física.
Ch'ai, XI.18, isto é, Kao Ch'ai. Ver Tzu-kao.
Chang, XIX.15, XIX.16, isto é, Tzu-chang.
Ch'ang-chü, XVIII.6. Um eremita.
Chao, XIV.11. Uma família nobre do reino de Chin.
Ch'en, V.22, XI.2, XV.2. Após a derrubada da dinastia Yin, o rei Wu de Chou buscou um descendente de Shun (ver) e enfeudou-o em Ch'en. Ocupava a parte leste da atual Honan e a parte norte da moderna Anhwei.
Ch'en Ch'eng Tzu, XIV.21. Um ministro de Ch'i. Seu nome era Ch'eng Heng, enquanto Ch'eng era seu nome póstumo. Era um descendente do príncipe Huan que, fugindo de Ch'en, estabeleceu-se em Ch'i. Ch'en Heng também é conhecido como T'ien Ch'eng, provavelmente porque Tien e Ch'en eram variações fonéticas naquela época. A família Ch'en se tornou progressivamente poderosa até que Ch'en Ch'eng Tzu assassinou o duque Chien, em 481.
Ch'en Heng, XIV.21. Ver Ch'eng Ch'eng Tzu.
Ch'en Kang, XVI.13. Ver Tzu-ch'in.
Ch'en Tzu-ch'in, XIX.25. Comentadores o identificaram como sendo Tzu--ch'in (ver).
Ch'en Wen Tzu, V.19. Ch'en Hsü-wu, um ministro de Ch'i que, fugindo de Ch'en, estabeleceu-se em Ch'i. Embora ele apareça no *Tso chuan*, não há ali registro dele deixando Ch'i.
Cheng, XV.11, XVII.18. Um pequeno reino que compreendia a parte central da moderna Hunan.
Chi, XIV.5. Ch'i, um ministro de Shun. Conhecido pela posteridade como Chi (grão), porque era encarregado da agricultura.
Chi, XVIII.3, isto é, a família Chi.
Família Chi, II.1, III.6, VI.9, XI.17, XIII.2, XVI.1, XVIII.3. Ver Três Casas de Huan.
Chi Huan Tzu, XVIII.4. Chi-sun Ssu, que teve o poder em Lu de 505 a 492, quando morreu.
Chi K'ang Tzu, II.20, VI.8, XI.7, XII.17, XII.18, XII.19. Chi-sun Fei, que sucedeu ao seu pai, Chi Huan Tzu, como ministro-sênior em Lu, em 492, e manteve-se no poder até sua morte, em 468.
Chi K'uo, XVIII.11.
Chi-lu, V.26, XI.3, XI.12, XVI.1. Ver Tzu-lu.

Chi Sui, XVIII.11.
Chi-sun, XVI.1. Ver Três Casas de Huan.
Chi Tzu-ch'eng, XII.8. Suposto ministro de Wei.
Chi Tzu-jan, XI.24. Provavelmente um membro da família Chi.
Chi Wen Tzu, V.20. Chi-sun Hsing-fu, que morreu em 568, dezessete anos antes do nascimento de Confúcio.
Ch'i, III.9. Um pequeno reino na moderna Honan onde os descendentes dos Hsia foram enfeudados.
Ch'i, VI.24, VII.14, XVIII.4, XVIII.9. Um reino compreendendo a parte norte da moderna Shantung e a parte sudoeste de Hobei.
* Ch'i-tiao K'ai, V.6. Um discípulo de Confúcio. No *Han fei tzu*, é dito que após a morte de Confúcio os confucianos se dividiram em oito escolas, das quais uma era a escola de Ch'i-tiao. Há uma obra intitulada *Ch'i-tiao tzu* listada na "bibliografia" do *Han shu* que não existe mais.
Chieh Ni, XVIII.6. Um eremita.
Chieh Yü, o Louco de Ch'u, XVIII.5.
Chih, o mestre de música, VIII.15.
Chih, o grande músico, XVIII.9. Trata-se provavelmente da mesma pessoa que Chih, o mestre de música (ver).
Ch'ih, V.8, VI.4, XI.26, isto é, Kung-hsi Ch'ih. Ver Kung-hsi Hua.
Ch'in, XVIII.9. Um reino no noroeste, compreendendo o sudeste da moderna Kansu, parte de Shensi e chegando até Honan.
Ch'iu, VII.24, XIV.32, isto é, Confúcio.
Ch'iu, V.8, VI.8, XI.17, XI.22, XI.24, XI.26, XVI.1, isto é, Jan Ch'iu. Ver Jan Yu.
Chou, II.23, III.14, III.21, VIII.20, XV.11, XVII.5, XVIII.11, XX.1. A dinastia Chou.
Chou, XIX.20. O tirano Chou, o último imperador da dinastia Yin, derrubada pelo rei Wu de Chou.
Chou Jen, XVI.1. Um sábio da Antiguidade cujas palavras são citadas várias vezes por Confúcio em *Os analectos* e em outros lugares.
Chu Chang, XVIII.8.
Ch'u, XVIII.9. Um grande reino no sul, compreendendo bastante da área da região do rio Han, incluindo a maior parte da moderna Hobei e Honan.
Chuan Yü, XVI.1. Um protetorado do reino de Lu, ao noroeste do Pi Hsian, na moderna Shantung.
Chuang Tzu de Pien, XIV.12. Um homem de valor, mencionado também no *Hsün tzu* e no *Chan kuo ts'e*.
Chung Hu, XVIII.11.
* Chung-kung, VI.2, VI.6, XI.3, XII.2. Jan Yung, que se acredita ser do mesmo clã de Jan Po-niu (ver). No *Hsün tzu*, o único discípulo de Confúcio a quem se faz elogios ilimitados é um homem chamado Tzu-kung. Foi sugerido que Tzu-kung é, na verdade, a mesma pessoa que Chung-kung.
Chung Mou, XVII.7. Uma cidade no reino de Chin, localizada na moderna Hopei.

Chung-ni, XIX.22, XIX.23, XIX.24, XIX.25, isto é, Confúcio.
Chung-shu Yü, XIV.19. Ver K'ung Wen Tzu.
Chung T'u, XVIII.11.
Chung Yu, VI.8, XI.24, XVIII.6. Ver Tzu-lu.
Chü Fu, XIII.17. Uma cidade em Lu.
Ch'ü Po-yü, XIV.25, XV.7. Um ministro de Wei. Como ele é mencionado no *Tso chuan* no ano de 559, devia ter cerca de noventa anos em 493, quando ele supostamente foi anfitrião de Confúcio, de acordo com o *Shih chi*.
Ch'üeh, XVIII.9.
Ch'üeh Tang, XIV.44. O distrito onde ficava a casa de Confúcio.
Confúcio (usado para traduzir "K'ung Tzu"), II.19, II.21, III.1, III.19,VI.3, VII.19, VII.31, VIII.20, IX.2, X.1, XI.6, XI.7, XII.11, XII.17, XII.18, XII.19, XIII.15, XIII.18, XIV.5, XIV.19, XIV.21, XIV.25, XIV.32, XV.1, XVI.1, XVI.2, XVI.3, XVI.4, XVI.5, XVI.6, XVI.7, XVI.9, XVI.10, XVI.11, XVII.1, XVII.6, XVII.20, XVIII.1, XVIII.3, XVIII.4, XVIII.5, XVIII.6, XX.2.

Duque Ai, II.19, III.21, VI.3, XIV.21. Duque Ai de Lu (c. 494-468) provavelmente sucedeu seu pai, o duque Ting (ver), quando ainda era muito novo e quando o poder estava nas mãos das Três Famílias (ver). Fugiu do reino quando fracassou na tentativa de retomar o poder. Morreu logo após seu retorno a Lu.

Duque Chao, VII.31. Duque Chao de Lu (c.541-509), de natureza pouco séria e desleixado quanto à observação dos ritos. Fugiu do reino após um conflito com um dos seus poderosos ministros e morreu no exílio.

Duque Chien, XIV.21. Duque Chien de Ch'i (c.484-481); foi assassinado por Ch'en Ch'eng Tzu (ver).

Duque Ching de Ch'i (547-490), XII.11, XVI.12, XVIII.3. Sem ser um governante particularmente sábio, sua sobrevivência deveu-se sobretudo à sua sorte de ter Yen P'ing-chung (ver) como primeiro-ministro.

Duque Huan, XIV.16, XIV.17. Ver duque Huan de Ch'i.

Duque Huan de Ch'i (c. 685-643), XIV.15. O mais ilustre dos senhores feudais do Período da Primavera e do Outono e considerado o primeiro dos chamados Cinco Líderes dos senhores feudais. Sua posição deveu-se em grande parte ao seu primeiro-ministro, Kuan Chung (ver).

Duque Ling de Wei (c. 534-493), XIV.19, XV.1. Sucedeu seu pai aos sete anos de idade e governou por 42 anos. Mimava Nan Tzu, sua mulher, assim causando o problema entre seu filho, K'uai K'ui, e seu neto, Che, o Duque Despossuído. Embora fosse um governante sem princípios, escapou da desgraça por ter em sua corte vários homens bons. Foi durante os últimos anos de seu reinado que Confúcio visitou Wei.

Duque de Chou, VII.5, VIII.11, XVIII.10. O irmão mais novo do rei Wu (ver), o fundador da dinastia Chou, ele ajudou seu sobrinho, King Ch'eng, a acabar com uma rebelião de seus dois irmãos.

Duque de Lu, XVIII.10. Po-ch'in, o filho do duque de Chou (ver).
Duque Ting, III.19, XIII.15. Duque Ting de Lu (c. 509-495), sucedeu seu irmão, duque Chao. Foi durante seu reinado que Confúcio esteve mais ativo politicamente. Ver apêndice 1.
Duque Wen de Chin (c. 636-628), XIV.15. Um governante ilustre, considerado o segundo dos Cinco Líderes dos senhores feudais.
* Fan Ch'ih, II.5, VI.22, XII.21, XII.22, XIII.4, XIII.19. Diz-se que era um jovem quando partiu para a batalha com Jan Yu (ver), em 484.
Fan Hsü, XIII.4. Ver Fan Ch'ih.
Fang, XIV.14. Uma cidade próxima à fronteira Ch'i, situada ao nordeste de Pi Hsien, na moderna Shantung.
Fang Shu, XVIII.9.
Governador de She, VII.19, XIII.16, XIII.18. Shen Chu-liang, mais conhecido como governador de She, é melhor lembrado por sua colaboração para acabar com a rebelião de Po Kung Sheng, o neto do rei P'ing de Ch'u, em 479.
H'sai, II.23, III.9, III.21, XV.11. A dinastia Hsia.
Hsiang, XVIII.9.
Hsien, XIV.1, isto é, Yüan Hsien. Ver Yüan Ssu.
Hsüeh, XIV.11. Um pequeno reino próximo de Lu, situado no sudoeste de T'eng Hsien, na moderna Shantung.
Hu Hsiang, VII.29. Um distrito cuja localização é desconhecida.
Huan T'ui, VII.23. Descendente do duque Huan de Sung e comandante das forças armadas nesse reino. De acordo com o *Shih chi*, durante o tempo em que Confúcio esteve em Sung, Huan T'ui atentou contra sua vida.
Hui, II.9, V.9, VI.7, VI.11, IX.20, XI.4, XI.19, XI.23, isto é, Yen Hui. Ver Yen Yüan.
Jan Ch'iu, III.6, VI.12, XI.24, XIV.12. Ver Jan Yu.
* Jan Po-niu, XI.3. Discípulo de Confúcio.
Jan Tzu, VI.4, XIII.14. Ver Jan Yu.
* Jan Yu, VII.15, XI.3, XI.13, XI.22, XI.26, XIII.9, XVI.1. Discípulo de Confúcio.
Ju Pei, XVII.20. Mencionado no *Li chi* como tendo sido mandado pelo duque Ai de Lu a Confúcio para receber instrução sobre os ritos funerários.
Kan, XVIII.9.
K'ang Tzu, X.16, XIV.19. Ver Chi K'ang Tzu.
Kao Tsung, XIV.40. Wu Ting, rei da dinastia Yin (c. 1324-1291), foi um importante governante, responsável pela renascença da dinastia.
Kao Yao, XII.22. Um sábio ministro do lendário imperador Shun (ver).
Rei Wen (d. 1027), IX.5, XIX.22. Pai do rei Wu (ver), que fundou a dinastia Chou, considerado o responsável pela criação dos 64 hexagramas tirados de oito trigramas. A julgar pelo que ele disse, Confúcio o considerava responsável pela resplandecente cultura da dinastia Chou.

Kuang Chung, III.22, XIV.9, XIV.16, XIV.17. Quando o príncipe Chiu foi morto por encomenda do duque Huan de Ch'i, de seus dois ministros mais próximos, Shao Hui morreu, mas Kuan Chung viveu para servir ao assassino do seu senhor e, no processo, tornou-se um grande homem do governo. Foi devido a ele que Ch'i tornou-se um reino rico e poderoso e duque Huan tornou-se o primeiro dos líderes dos senhores feudais.
K'uang, IX.5, XI.23. Possivelmente a cidade de K'uang, alguns quilômetros ao sudoeste de Ch'ang Yüan Hsien, na moderna Honan.
Kung-ch'uo, XIV.12. Ver Meng Kung-ch'uo.
* Kung-hsi Hua, VII.34, XI.22, XI.26. Kung-hsi Ch'ih, um discípulo de Confúcio. No capítulo *T'an kung* de *Li chi* é dito que foi o encarregado do funeral de Confúcio.
Kung-ming Chia, XIV.13. Desconhecido, a não ser por esta citação.
* Kung-po Liao, XIV.36.
Kung-shan Fu-jao, XVII.5. De acordo com *Tso chuan*, quando Confúcio tentou demolir as fortalezas das Três Famílias em Lu, um homem chamado Kung--shan Fu-niu liderou os homens de Pi no ataque a Lu, e Confúcio ordenou um ataque a Pi. Se Kung-shan Fu-jao são a mesma pessoa que Kung-shan Fu-niu, então a história de que ele mandou chamar Confúcio e de que Confúcio ficou tentado a ir é completamente infundada.
Kung-shu Wen Tzu, XIV.13, XIV.18. Kung-shu Fa, um ministro de Wei, é mencionado no *Tso chuan*, no qual seu nome aparece como Kung-shu Pa. Uma conversa entre ele e Ch'ü Po-yü (ver) é registrada no capítulo *T'an kung* do *Li chi*, no qual também é registrado que seu filho, após a sua morte, requereu um título póstumo para o pai.
Kung-sun Ch'ao, XIX.22. Um ministro de Wei, mencionado no *Tso chuan*.
* Kung-yeh Ch'ang, V.1. Discípulo de Confúcio. Há uma ideia tradicional, registrada por Huang K'an (488-545 d.C.) no seu comentário dos *Analectos*, de acordo com a qual Kung-yeh Ch'ang entendia a linguagem dos pássaros.
K'ung, XIV.38.
K'ung Ch'iu, XVIII.6, isto é, Confúcio.
K'ung Wen Tzu, V.15. Um ministro de Wei.

* Lao, IX.8. Identidade desconhecida.
Li, XI.8. Ver Po-yü.
Liao, XVIII.9.
Lin Fang, III.4, III.6.
Ling Yin Tzu-wen, V.19. Tou Kou-wu-t'u, um homem de grande integridade. O *Kuo yü* também registra o fato de ele ter renunciado ao cargo de *ling yin* três vezes. No *Tso chuan* é dito que em 664, quando ele foi feito *ling yin*, ele arruinou a fortuna da sua família em uma tentativa de remediar as dificuldades financeiras do reino e que em 637 ele cedeu sua posição de *ling yin* para Tzu-yü, que havia acabado de obter um êxito militar de grande repercussão, já que o desafeto de tão proeminente líder militar teria constituído um assunto muito importante.

Liu Hsia, XV.14, XVIII.8. Chan Ch'in, um ministro de Lu, comumente conhecido como Liu Hsia Hui. A razão para isso não é muito clara, mas há uma teoria de que Hui era seu nome póstumo e que Liu Hsia era o nome da cidade que era seu feudo. Sua carreira oficial parece ter ocorrido durante o tempo em que Tsang Wen-chung (ver) estava no poder em Lu, já que as poucas ocasiões em que ele é mencionado no *Tso chuan* e no *Kuo yü* sempre têm conexão com Tsang Wen-chung. Liu Hsia Hui era tido em alta estima pela escola Confuciana. Mêncio disse: "O sábio é um professor de cem gerações" (VII.B.15) e o citou como um exemplo.

Senhor de Ch'i, V.19. Isso se refere ao duque Chuang de Ch'i, que foi assassinado por Ts'ui Chu em 548.

Senhor de Wei, VII.15, XIII.3. A referência em VII.15 é certamente ao Duque Despossuído (ver Duque Ling de Wei), enquanto a referência em XIII.3 foi interpretada por comentadores como sendo também a ele.

Lu, III.23, V.3, VI.24, IX.15, XI.14, XIII.7, XIV.14. O reino no qual o duque de Chou foi enfeudado e o reino natal de Confúcio, compreendendo a maior parte sudeste da moderna Shantung.

Lü, XX.1. O nome de T'ang, o fundador da dinastia Yin.

Mestre, o (usado para traduzir "*tzu*"), em vários lugares.

Meng, XVIII.3, isto é, a família Meng.

Meng chih Fan, VI.15.

Meng Ching Tzu, VIII.4. Filho de Meng Wu-po (ver) a quem ele sucedeu como ministro e que, de acordo com o capítulo *T'an kung* de *Li chi*, ainda estava vivo na época do duque Tao de Lu, em 473.

Meng Chuang Tzu, XIX.18. Filho de Meng Hsien Tzu e tio de Meng Yi Tzu (ver), sucedeu seu pai como ministro em 554 e morreu em 550.

Família Meng, XIX.19. Ver as Três Casas de Huan.

Meng Kung-ch'uo, XIV.11, XIV.12. Um ministro de Lu, mencionado uma vez no *Tso chuan* por seu sábio julgamento durante uma invasão em Ch'i, em 548.

Meng-sun, II.5, isto é, Meng Yi Tzu (ver).

Meng Wu Po, II.6, V.8. Filho de Meng Yi Tzu (ver), a quem ele sucedeu como ministro em Lu, em 481. Mencionado várias vezes no *Tso chuan*. Quando o duque Ai teve que fugir do reino, após uma tentativa malsucedida de derrubar as três poderosas famílias em 468, Meng Wu Po tornou-se o líder da família Meng.

Meng Yi Tzu (531-481), II.5. Pai de Meng Wu Po (ver), Meng Yi Tzu sucedeu seu pai, Meng Hsi Tzu em 518. Em 517, durante o conflito entre o duque Chao e a família Chi, ele se aliou com a última. Quando Confúcio tentou destruir os fortes das Três Famílias, em 498, foi Meng Yi Tzu que se opôs a esse plano.

Mien, o mestre de música, XV.42.

Ministro Chuan, XIV.18.

Min Tzu, XI.13. Ver Min Tzu-ch'ien.

* Min Tzu-chien, VI.9, XI.3, XI.5, XI.14. Discípulo de Confúcio que em épocas posteriores se tornou o sinônimo de bom filho.
Montanha Tung Meng, XVI.1. Sul de Meng Hsien, na moderna Shantung.
Monte Shou Yang, XVI.12. Localização exata desconhecida.
Monte T'ai, III.6. Parte central da moderna Shantung e uma das montanhas mais reverenciadas na China.
* Nan Jung, V.2, XI.6. Discípulo de Confúcio. Ver também Nan-kung K'uo.
Nan-kung K'uo, XIV.5. Não há concordância entre os especialistas sobre a identidade de Nan-kung K'uo, mas há uma tradicional linha de interpretação que o identifica com Nan Jung (ver). Para uma discussão dessa questão, ver apêndice 3, p. 246.
Nan Tzu, VI.28. Célebre esposa do duque Ling de Wei. O príncipe K'uai K'ui, o filho do duque Ling, fez uma tentativa frustrada contra a vida dela e teve de fugir do reino, em 494.
Ning Wu Tzu, V.21. Um ministro de Wei que é mencionado várias vezes no *Tso chuan* no período de 632 a 623 como um sábio e um súdito leal.
Pi, VI.9, XI.25, XVI.1, XVII.5. Perto de Pi Hsien, na moderna Shantung.
Pi Hsi. XVII.7. Não é mencionado no *Tso chuan*, mas é dito em *Shih chi* que era o administrador de Chung Mou, o feudo de Chao Chien Tzu, poderoso ministro do reino de Chin.
Pi Kan, XVIII.1, isto é, príncipe Pi Kan, o tio do tirano de Chou (ver), de quem se diz que o matou e que tirou o coração para fora para ver se a crença popular de que o coração de um sábio tinha sete válvulas era verdadeira.
P'i Ch'en, XIV.8. Um ministro de Cheng retratado como um homem muito talentoso em *Tso chuan*.
P'ien, XIV.9. No Lin Chü Hsien, na moderna Shantung.
Po, XIV.9.
Po K'uo, XVIII.11.
Po-niu, VI.10. Ver Jan Po-niu.
Portão de Pedra, XIV.38. Diz-se que era a muralha externa da capital de Lu.
Po Ta, XVIII.11.
Po Yi, V.23, VII.15, XVI.12, XVIII.8. Po Yi e Shu Ch'i eram os filhos do senhor de Ku Chu. O pai pretendia que Shu Ch'i, o filho mais novo, o sucedesse, mas quando ele morreu nenhum de seus filhos quis privar o outro da sucessão e ambos fugiram para as montanhas e, quando o rei Wu derrubou o Yin, eles jejuaram até morrer no monte Shou Yang, tendo vergonha de comer os grãos de uma dinastia que chegou ao poder por meio do uso da força.
Po-yü, XVI.13, XVII.10. Filho de Confúcio.
Príncipe Ching de Wei, XIII.8. Elogiado pelo príncipe Chi Cha de Wu como sendo um cavalheiro, em *Tso chuan*.
Príncipe Chiu, XIV.16, XIV.17. Irmão do duque Huan de Ch'i (ver), que o matou em uma disputa pelo trono de Ch'i.

Rei Wu (c. 1027-1005), VIII.20, XIX.22. Fundou a dinastia Chou ao derrubar o tirano Chou de Yin. Confúcio parecia criticá-lo por ter feito uso da força.

Rio, o, XVIII.9, isto é, o rio Amarelo.

Rio Han, XVIII.9.

Rio Wen, VI.9.

Rio Yi, XI.26. De sua nascente no noroeste de Tsou Hsien em Shantung corria para o oeste além de Ch'ü Fu e juntava-se ao rio Chu antes de desaguar no rio Ssu.

Sacerdote T'uo, VI.16, XIV.19. Sacerdote de Wei. Ele demonstrou sua eloquência na ocasião em que ele foi levado pelo duque Ling, em 504, a uma reunião dos senhores feudais.

Shang, III.8, XI.16, isto é, Pu Shang. Ver Tzu-hsia.

Shao Hu, XIV.16. Ver Kuang Chung.

Shao Lien, XVIII.8.

* Shen Ch'eng, V.11.

Shih, XI.6, XI.18, isto é, Chuan-sun Shih. Ver Tzu-chang.

Shih-shu, XIV.8. Yu Chi, um ministro de Cheng, cujos talentos na linguagem diplomática também ficam evidentes nos relatos de *Tso chuan*.

Shih Yü, XV.7. Ministro de Wei.

Shu Ch'i, V.23, VII.15, XVI.12, XVIII.8. Irmão mais novo de Po Yi (ver).

Shu Hsia, XVIII.11.

Shu-sun Wu-shu, XIX.23, XIX.24. Um ministro de Lu.

Shu Yeh, XVIII.11.

Shun, VI.30, VIII.18, VIII.20, XII.22, XIV.42, XV.5, XX.1. Um rei sábio da Antiguidade.

Ssu, I.15, III.17, V.12, VI.8, XI.19, XIV.29, XV.3, XVII.24, XIX.23, isto é, Tuan-um Ssu. Ver Tzu-kung.

* Ssu-ma Niu, XII.3, XII.4, XII.5. Irmão de Huan T'ui (ver).

Sung, III.9. Um reino compreendendo parte das províncias de Honan e Kiangsu.

Sung Chao, VI.16. Príncipe Chao de Sung, conhecido por sua beleza. Diz-se que foi amante de Nan Tzu (ver).

Ta Hsiang, IX.2. Nome de um distrito.

T'ai Po, VIII.1. O mais velho dos três filhos de Ku Kung Tan Fu. Percebendo que seu pai pretendia que o filho mais velho, Chi Li, o sucedesse, ele e seu outro irmão, Yü Chung, fugiram para o sul, entre os bárbaros, onde T'ai Po se tornou o fundador do reino de Wu. Chi Li foi sucedido por seu filho, que entrou para a história como rei Wen (ver) de Chou.

* T'an-t'ai Mieh-ming, VI.14. A mais antiga menção de T'an-t'ai Mieh-ming está no *Ta Tai li chi* e pouco crédito pode ser dado a referências posteriores sobre ele.

T'ang, VIII.20. O nome da dinastia Yao.

T'ang, XII.22. Fundador da dinastia Yin.

T'eng, XIV.11. Um pequeno reino no sudoeste de T'eng Hsien, na moderna Shantung.

Três Famílias, III.2. Ver Três Casas de Huan.
Três Casas de Huan, XVI.3. As três nobres famílias descendiam dos três filhos do duque Huan de Lu: Meng-sun, Shu-sun e Chi-sun.
Tien, XI.26. Ver Tseng Hsi.
* Tsai Wo, III.21, VI.26, XI.3, XVII.21. Discípulo de Confúcio.
Tsai Yü, V.10. Ver Tsai Wo.
Ts'ai, XI.2, XVIII.9. Um pequeno reino originalmente em Shang Ts'ai Hsien, na moderna Honan; mudou em 493 para Chou Lai que é Feng T'ai Hsien na moderna Anhwei.
Ts'an, IV.15, XI.18, isto é, Tseng Ts'an. Ver Tseng Tzu.
Tsang Wen Chung, V.18, XV.18. Tsang-sun Ch'en, um ministro de Lu que morreu em 617. Embora os comentários de Confúcio sobre ele aqui e em outros lugares sejam desfavoráveis, ele tinha, de fato, uma reputação de sabedoria enquanto vivo e mesmo após sua morte.
Tsang Wu Chung, XIV.12, XIV.14. Tsang-sun He, um ministro em Lu e neto de Tsang Wen Chung, também conhecido por sua sabedoria.
Tseng Hsi, XI.26. Pai de Tseng Tzu.
* Tseng Tzu, I.4, I.9, IV.15, VIII.3, VIII.4, VIII.5, VIII.6, VIII.7, XII.24, XIV.26, XIX.16, XIX.17, XIX.18, XIX.19. Tseng Ts'an, discípulo de Confúcio que teve um papel importante no princípio do confucianismo. Ele é mencionado no *Mencius* e no *Hsün tzu* e há bastante material sobre ele tanto no *Li chi* quanto no *Ta Tai li chi.*
Tso-ch'iu Ming, V. 15. Embora a identidade de Tso-ch'iu ming seja aqui incerta, é improvável que seja a mesma de Tso-ch'iu Ming que é creditado como o autor de *Tso chuan.*
Tsou, III.15. Nome de um pequeno lugarejo perto de Ch'ü Fu, na moderna Shantung.
Ts'ui Tzu, V. 19. Ts'ui Chu, um ministro de Ch'i, que assassinou o duque Chuang de Ch'i, em 548.
Tung Li, XIV.8. O lugar nativo de Tzu-ch'an (ver) de Cheng.
Tzu-ch'an (d.522), V.16, XIV.8, XIV.9. Kung-sun Ch'iao, primeiro-ministro de Cheng, um grande homem de governo com visões esclarecidas, muito admirado por Confúcio.
* Tzu-chang, II.18, II.23, V.19, XI.20, XII.6, XII.10, XII.14, XII.20, XIV.40, XV.6, XVII.6, XIX.1, XIX.2, XIX.3, XX.2. Chuan-sun Shih, discípulo de Confúcio, de quem pouco se sabe, embora ele seja mencionado no *Hsün tzu*, no *Lü shih ch'un'ch'iu'* no *Li chi* e no *Ta Tai li chi.*
* Tzu-chien, V.3. Fu Tzu-chien, discípulo de Confúcio sobre quem tradicionalmente se diz governador de Shan Fu, que ele teria mantido em perfeita ordem sem fazer nada além de tocar o alaúde. Em oposição, Wu-ma Ch'i (ver), que, quando era governador da mesma Shan Fu, teve que trabalhar duro para conseguir o mesmo resultado.
* Tzu-ch'in, I.10.

Glossário | 267

Tzu-fu Ching-po, XIV.36. Tzu-fu He, um ministro de Lu que era proeminente no período de 492 a 480 e que se mostrava como um homem de integridade e coragem.

Tzu-hsi, XIV.9. Havia três homens com esse nome no Período de Primavera e Outono, mas este Tzu-hsi é provavelmente Kung-sun Hsia, um primo de Tzu-ch'an que o sucedeu na sua posição como o homem encarregado do governo em Cheng.

* Tzu-hsia, I.7, II.8, III.8, VI.13, XI.3, XII.5, XII.22, XIII.17, XIX.3, XIX.4, XIX.5, XIX.6, XIX.7, XIX.8, XIX.9, XIX.10, XIX.11, XIX.12, XIX.13. Po Shang, discípulo de Confúcio. Figura proeminente em vários capítulos de *Li chi* de quem se diz que teve um papel fundamental na transmissão dos clássicos confucianos.

Tzu-hua, VI.4. Ver Kung-hsi Hua.

* Tzu-kao, XI.15. Kao Ch'ai, discípulo de Confúcio. Como Tzu-lu se tornou o administrador da família Chi em 498, deve ter sido então que Tzu-kao, ainda jovem, foi feito administrador de Pi. Ele sobreviveu ao golpe em Wei quando Tzu-lu morreu e é mencionado pela última vez no *Tso chuan* em 478, quando ele provavelmente tinha um cargo em Lu.

* Tzu-kung, I.10, I.15, II.13, III.17, V.4, V.9, V.12, V.13, V.15, VI.30, VII.15, IX.6, IX.13, XI.3, XI.13, XI.16, XII.7, XII.8, XII.23, XIII.20, XIII.24, XIV.17, XIV.28, XIV.29, XIV.35, XV.10, XV.24, XVII.19, XVII.24, XIX.20, XIX.21, XIX.22, XIX.23, XIX.24, XIX.25. Tuan-mu Ssu, discípulo de Confúcio. Primeiramente mencionado em 495, quando devia ser um jovem, ele foi o único dos três discípulos mais conhecidos a ter sobrevivido ao Mestre. Teve uma carreira bem-sucedida como diplomata e comerciante. Ele é mencionado pela última vez no *Tso chuan* em 468, quando ele provavelmente ocupava um cargo em Wei.

* Tzu-lu, V.7, V.8, V.14, V.26, VI.28, VII.11, VII.19, VII.35, IX.12, IX.27, X.27, XI.13, XI.15, XI.22, XI.25, XI.26, XII.12, XIII.1, XIII.3, XIII.28, XIV.12, XIV.16, XIV.22, XIV.36, XIV.38, XIV.42, XV.2, XVII.5, XVII.7, XVII.23, XVIII.6, XVIII.7. Chung Yu, discípulo de Confúcio. Era administrador da família Chi em 498 e morreu em Wei, em 480, lutando por seu senhor.

Tzu-sang Po-tzu, VI.2. Identidade desconhecida.

* Tzu-yu, II.26, VI.14, XI.3, XVII.4, XIX.12, XIX.14, XIX.15. Yen Yen, discípulo de Confúcio. Pouco se sabe sobre ele, mas deve ter sido um dos rapazes que foram estudar sob a tutela de Confúcio depois do retorno deste de suas viagens, em 484.

Tzu-yü, XIV.8. Kung-sun Hui de Cheng, que era mestre de Protocolo. Elogiado por sua habilidade em linguagem diplomática no *Tso chuan* nos mesmos termos que em *Os analectos*.

Velho P'eng, VII.1. Identidade incerta.
Visconde de Chi, XVIII.1. Tio do tirano Chou (ver) de Yin.

Visconde de Wei, XVIII.1. Irmão mais velho do tirano Chou (ver) de Yin.
Wang-sun Chia, III.13, XIV.19. Um ministro de Wei, mencionado uma vez no *Tso chuan* em 502 como um íntimo confidente do duque Ling de Wei (ver).
Wei, IX.15, XIII.7, XIII.9, XIV.39, XIX.22. Um reino na moderna Honan.
Wei, XIV.11. Uma família nobre de Chin.
Wei-sheng Kao, V.24. Alguns comentadores o identificam com o Wei-sheng Kao, que se afogou porque insistiu em esperar, conforme havia prometido, por uma mulher que faltou a um encontro marcado ao pé de uma ponte.
Wei-sheng Mu, XIV.32.
Wu, VII.31. Um reino semibárbaro compreendendo partes das modernas Kiangsu e Chekiang.
Wu, XVIII.9.
Wu Ch'eng, VI.14, XVIII.4. Sudoeste de Pi Hsien na moderna Shantung.
* Wu-ma Ch'i, VII.31. Ver Tzu-chien.
Wu Meng Tzu, VII.31. A mulher do duque Chao de Lu.
Yang, XVIII.9.
Yang Fu, XIX.19.
Yang Huo, XVII.1. Desconhecido a não ser por essa referência, mas tradicionalmente identificado com Yang Hu, um oficial da mansão da família Chi. Para uma discussão sobre essa questão, ver apêndice 1, p. 182.
Yao, VI.30, VIII.19, XIV.42, XX.1. Um rei sábio da Antiguidade.
Yen, VI.14, XVII.4, isto é, Yen Yen. Ver Tzu-yu.
Yen Hui, VI.3, CI.7. Ver Yen Yüan.
* Yen Lu, XI.8. Pai de Yen Yüan.
Yen P'ing-chung, V.17. Yen Ying, um distinto homem do governo que serviu a três governantes em Ch'i: duque Ling, duque Chuang e duque Ching, e que em cinquenta anos viu muitos problemas no reino, mas conseguiu manter-se a salvo. Mesmo quando Ts'ui Chu assassinou o duque Chuang em 548, ele foi poupado apesar do fato de ter se recusado a fazer um juramento de aliança com Ts'ui Chu. No reino do duque Ching ele se tornou primeiro-ministro e era conhecido pela vida simples e frugal que levava.
Yen Yu, XIX.12. Ver Tzu-yu.
* Yen Yüan, V.26, VII.11, IX.11, IX.21, XI.3, XI.8, XI.9, XI.10, XI.11, XI.23, XII.1, XV.11. O mais dotado dos discípulos de Confúcio, cuja morte precoce entristeceu os últimos anos do Mestre.
Yi, III.24. Um lugar em Wei.
Yi, XIV.5. Há três homens com esse nome na Antiguidade, todos conhecidos pelo talento com o arco. Aquele a quem se refere aqui é provavelmente o governante de Yu Ch'iung na dinastia Hsia.
Yi Yi, XVIII.8.
Yi Yin, XII.22. Um sábio ministro com cuja ajuda T'ang venceu o império.
Yin, II.23, III.9, III.21, VIII.20, XV.11, XVIII.1. A dinastia Yin.
Yu, II.17, V.7, V.8, VI.8, IX.27, XI.13, XI.15, XI.18, XI.22, XI.24, XI.26,

XII.12, XIII.3, XV.4, XVI.1, XVII.7, XVII.8, isto é, Chung Yu. Ver Tzu-lu.
Yu Juo, XII.9. Ver Yu Tzu.
* Yu Tzu, I.2, I.12, I.13. Discípulo de Confúcio. Ocupou uma posição muito especial na escola confuciana após a morte de Confúcio.
Yung, V.5, VI.1, isto é, Jan Yung. Ver Chung-kung.
Yü, V.10, XVII.21, isto é, Tsai Yü. Ver Tsai Wo.
Yü, VII.18, VIII.21, XIV.5, XX.1. Fundador da dinastia Hsia.
Yü, VIII.20. Nome da dinastia de Shun (ver).
Yü Chung, XVIII.8. O segundo filho de Ku Kung Tan Fu e irmão mais novo de T'ai Po (ver).
Yüan Jang, XIV.43. No capítulo *T'an kung de Li chi* diz-se que era um velho amigo de Confúcio.
* Yüan Ssu, VI.5. Discípulo de Confúcio. A descrição dele em *Os analectos* como um homem escrupuloso em relação àquilo que ele se dispunha a aceitar deve ter influenciado escritores tardios a inventar histórias nas quais ele é pintado como um taoista recluso e totalmente acima de atrações materiais e mundanas.

lepmeditores
www.lpm.com.br
o site que conta tudo

IMPRESSÃO:

PALLOTTI
GRÁFICA

Santa Maria - RS | Fone: (55) 3220.4500
www.graficapallotti.com.br